■ 山西省普通高校特色重点学科建设资助项目

龙／著

经济转型期
金融创新与经济增长研究

JINGJI ZHUANXINGQI
JINRONG CHUANGXIN YU JINGJI ZENGZHANG YANJIU

中国财经出版传媒集团
经济科学出版社
Economic Science Press

图书在版编目（CIP）数据

经济转型期金融创新与经济增长研究/沈沛龙著. —北京：经济科学出版社，2017.12
ISBN 978 - 7 - 5141 - 8936 - 0

Ⅰ.①经… Ⅱ.①沈… Ⅲ.①金融改革 - 关系 - 经济增长 - 研究 - 中国 Ⅳ.①F832.1②F124.1

中国版本图书馆 CIP 数据核字（2017）第 327476 号

责任编辑：李　雪　张庆杰
责任校对：王肖楠
版式设计：齐　杰
责任印制：邱　天

经济转型期金融创新与经济增长研究

沈沛龙　著

经济科学出版社出版、发行　新华书店经销
社址：北京市海淀区阜成路甲 28 号　邮编：100142
总编部电话：010 - 88191217　发行部电话：010 - 88191522
网址：www.esp.com.cn
电子邮件：esp@esp.com.cn
天猫网店：经济科学出版社旗舰店
网址：http://jjkxcbs.tmall.com
固安华明印业有限公司印装
710×1000　16 开　11.75 印张　230000 字
2017 年 12 月第 1 版　2017 年 12 月第 1 次印刷
ISBN 978 - 7 - 5141 - 8936 - 0　定价：39.00 元
（图书出现印装问题，本社负责调换。电话：010 - 88191510）
（版权所有　侵权必究　举报电话：010 - 88191586
电子邮箱：dbts@esp.com.cn）

前　言

　　改革开放以来，我国经济经历了高速发展，取得的巨大成绩世界瞩目，党的十八大报告在论述加快完善社会主义市场经济体制和加快转变经济发展方式时明确提出，要实施创新驱动发展战略。金融是经济发展的内生推动力，是经济发展的先导，转变经济发展方式对金融体制改革提出了新的要求。金融体系作为配置金融资源的核心环节，在推动经济转型过程中无疑发挥着关键作用。现有的金融体制已经不能很好地为经济转型提供强劲持久的动力支持，主要表现在：间接融资渠道虽应用广泛，但传统金融产品的落后以及对中小微企业的支撑乏力等问题已经无法为经济的顺利转型提供有力的支撑。直接融资渠道——资本市场的融资作用正在逐步扩大，且对经济的金融支持更优于间接融资，然而，直接融资渠道的不够深化，层次结构、品种结构以及交易机制的单一、不完善，也同样阻碍着我们利用资本市场来推动经济转型。因而，经济的转型，必然会涉及金融创新或必须进行金融创新，且金融创新要优于、快于经济的转型，唯有此，才能发挥金融对经济的先导和推动作用。

　　本书紧密围绕经济转型期金融创新理论进行研究，主要研究金融创新与经济发展的关系，基于直接和间接融资的金融产品创新问题，与金融产品创新密切相关的金融制度创新问题，金融创新的风险管理问题，基于金融创新的监管问题。

　　本书在理论方面意欲探讨经济转型期我国金融业产品创新的若干问题，在金融产品创新的同时，进行风险监管，以此达到金融转型优于快于经济转型，并更好地服务于经济转型的目的。研究转型经济环境下的金融产品创新的技术设计，通过研究金融产品创新与转型期经济发展的关联性，探索金融产品创新与我国转型期经济良性互动的发展机制；有针对性地解决金融产品创新过程中的制度"瓶颈"，通过开发设计商业银行金融创新产品、资本市场金融创新产品，形成我国转型期经济发展的金融助推力和资源型经济转型发展的金融驱动力；通过探讨金融制度创新，为金融产品创新提供强有力的制度保障；通过研究金融产品创新的风险传染特性，进而构建风险免疫机制，从而最大限度地降低金融产品创新可能对转型期中国经济发展造成的风险；基于金融机构的创新动机，通过研究监管与创新的动态均衡，保持监管能够及时跟踪创新过程，并指导金融产品创新服务于经济转型发展。

本书共分九章。第 1 章是绪论，主要阐述本书的研究背景和意义、研究内容和方法，以及主要结论和创新。第 2 章和第 3 章研究金融创新和经济增长的关系，分别运用了系统动力学分析方法和改进的罗默（Romer）经济增长模型。第 4 章主要阐述了商业银行三类主要业务的创新问题，特别关注了针对中小企业和农村金融的创新。第 5 章则主要分析资本市场创新，并考察了该方面的重点案例。第 6 章运用制度变迁理论和博弈论分析了金融制度对金融产品创新的影响。第 7 章运用网络模型研究了金融创新与金融风险传染问题，并提出了风险免疫策略。第 8 章专门对信用风险转移市场的发展及其对金融机构的影响进行了研究。第 9 章则基于演化博弈理论研究了金融创新微观动机与金融监管问题。

本书是山西省普通高校特色重点学科建设项目《经济转型期金融产品创新理论及促进山西省资源型经济转型的金融策略研究》的部分主要成果的汇集，有些成果在一定场合进行过交流，有些成果已公开发表。

由于著者水平有限，不足之处在所难免，希望读者批评指正。

沈沛龙
2017 年 10 月 15 日
于太原

目 录

第 1 章 绪论 ··· 1
1.1 研究背景及意义 ··· 1
1.1.1 研究背景 ··· 1
1.1.2 研究意义 ··· 2
1.2 研究内容与方法 ··· 3
1.2.1 研究内容 ··· 3
1.2.2 研究方法 ··· 5
1.3 主要结论与创新 ··· 6
1.3.1 主要结论 ··· 6
1.3.2 主要创新 ··· 8

第 2 章 金融创新与经济增长关系研究:基于系统动力学模型的分析 ··· 10
2.1 引言 ·· 10
2.2 文献综述 ··· 12
2.2.1 金融创新理论研究 ··· 12
2.2.2 金融创新与经济增长关系 ······································· 12
2.3 经济增长理论分析 ··· 16
2.4 研究方法 ··· 17
2.4.1 计量经济学方法 ··· 17
2.4.2 系统动力学方法 ··· 18
2.5 实证研究 ··· 19
2.5.1 系统因果关系图的构建 ·· 20
2.5.2 系统流图的构建 ·· 22
2.5.3 系统动力学模型的建立 ·· 23

2.5.4　模型有效性检验 ………………………………………… 25
　　2.5.5　模型仿真结果分析 ……………………………………… 26
2.6　小结 ………………………………………………………………… 28

第3章　金融创新与经济增长关系研究：基于扩展的罗默模型的分析 …… 29

3.1　引言 ………………………………………………………………… 29
3.2　文献综述 …………………………………………………………… 30
3.3　经典经济增长理论模型 …………………………………………… 33
　　3.3.1　新古典经济增长理论 ……………………………………… 33
　　3.3.2　内生经济增长理论 ………………………………………… 33
3.4　新经济增长理论模型的构建 ……………………………………… 38
3.5　实证研究 …………………………………………………………… 39
　　3.5.1　模型设定 …………………………………………………… 39
　　3.5.2　实证分析 …………………………………………………… 40
　　3.5.3　结果分析 …………………………………………………… 45
3.6　金融创新促进经济发展的建议 …………………………………… 45
3.7　小结 ………………………………………………………………… 47

第4章　经济转型期商业银行金融产品创新研究 …………………………… 48

4.1　引言 ………………………………………………………………… 48
4.2　资产业务创新 ……………………………………………………… 49
　　4.2.1　针对个人生活贷款的创新 ………………………………… 49
　　4.2.2　推动企业发展的创新 ……………………………………… 50
　　4.2.3　针对农村问题的创新 ……………………………………… 53
　　4.2.4　P2P网络信贷创新 ………………………………………… 54
　　4.2.5　证券投资业务创新 ………………………………………… 55
4.3　负债业务创新 ……………………………………………………… 55
4.4　中间业务产品创新 ………………………………………………… 56
　　4.4.1　第三方支付平台创新 ……………………………………… 57
　　4.4.2　互联网理财创新 …………………………………………… 57
　　4.4.3　代销基金创新 ……………………………………………… 58
　　4.4.4　银保产品创新 ……………………………………………… 58
　　4.4.5　银信合作创新 ……………………………………………… 59

  4.4.6 银证合作创新 ………………………………………… 59
  4.4.7 银行理财管理计划创新 ……………………………… 59
 4.5 小结 …………………………………………………………… 60

第5章 经济转型期资本市场产品创新研究 …………………… 61
 5.1 引言 …………………………………………………………… 61
 5.2 中国资本市场体系 …………………………………………… 63
 5.3 发达国家资本市场创新 ……………………………………… 64
 5.4 中国资本市场创新 …………………………………………… 64
  5.4.1 股票市场创新 ………………………………………… 64
  5.4.2 债券市场创新 ………………………………………… 65
  5.4.3 衍生产品创新 ………………………………………… 65
 5.5 资本市场金融产品创新典型案例 …………………………… 68
  5.5.1 房地产金融产品创新 ………………………………… 68
  5.5.2 农村金融产品创新 …………………………………… 69
  5.5.3 互联网金融产品创新 ………………………………… 69
  5.5.4 供应链金融产品创新 ………………………………… 71
 5.6 小结 …………………………………………………………… 72

第6章 金融制度对金融产品创新的影响研究 ………………… 73
 6.1 引言 …………………………………………………………… 73
 6.2 文献综述 ……………………………………………………… 74
 6.3 金融制度与金融产品概念 …………………………………… 76
  6.3.1 金融制度 ……………………………………………… 76
  6.3.2 金融产品 ……………………………………………… 77
 6.4 金融制度与金融产品创新理论 ……………………………… 78
  6.4.1 不同主体间的博弈分析 ……………………………… 78
  6.4.2 我国金融制度的演进 ………………………………… 83
 6.5 实证研究 ……………………………………………………… 86
  6.5.1 变量选取 ……………………………………………… 86
  6.5.2 模型检验 ……………………………………………… 88
 6.6 金融制度创新的对策建议 …………………………………… 94
 6.7 小结 …………………………………………………………… 96

第7章 金融产品创新与风险传染研究 ········· 97

- 7.1 引言 ········· 97
- 7.2 文献综述 ········· 98
  - 7.2.1 金融产品创新与风险防范研究 ········· 98
  - 7.2.2 金融风险传染路径研究 ········· 100
  - 7.2.3 金融网络结构研究 ········· 101
- 7.3 金融产品创新的内涵、特征、效应 ········· 103
  - 7.3.1 金融产品创新的内涵 ········· 103
  - 7.3.2 金融产品创新的特征 ········· 104
  - 7.3.3 金融产品创新的效应 ········· 104
- 7.4 金融风险传染模型 ········· 105
- 7.5 金融网络 ········· 109
- 7.6 数值模拟 ········· 111
  - 7.6.1 第一类初始冲击 ········· 111
  - 7.6.2 第二类初始冲击 ········· 113
- 7.7 风险免疫策略 ········· 115
- 7.8 小结 ········· 115

第8章 信用风险转移市场对金融机构的影响研究 ········· 116

- 8.1 引言 ········· 116
- 8.2 文献综述 ········· 117
- 8.3 信用风险转移市场的发展 ········· 118
  - 8.3.1 信用风险转移市场发展现状 ········· 118
  - 8.3.2 信用风险转移工具及其特征 ········· 120
  - 8.3.3 信用风险转移市场参与机构 ········· 121
- 8.4 信用转移市场对商业银行的影响分析 ········· 122
  - 8.4.1 信用转移市场的信息不对称问题分析 ········· 122
  - 8.4.2 信用转移市场参与者的博弈问题分析 ········· 123
  - 8.4.3 信用转移市场对商业银行影响的实证分析 ········· 127
- 8.5 信用风险转移市场健康发展的建议 ········· 129
- 8.6 小结 ········· 131

第9章 金融创新微观动机与金融监管的演化博弈研究 ········· 132

- 9.1 引言 ········· 132

  9.1.1 研究背景 …… 132
  9.1.2 研究意义 …… 134
 9.2 文献综述 …… 135
  9.2.1 霍特林模型 …… 135
  9.2.2 金融创新与金融监管博弈模型 …… 138
 9.3 金融创新微观动机研究 …… 141
  9.3.1 模型建立 …… 141
  9.3.2 模型分析 …… 142
 9.4 金融创新与金融监管的演化博弈研究 …… 145
  9.4.1 模型假设 …… 145
  9.4.2 模型分析 …… 146
  9.4.3 演化均衡点分析 …… 147
 9.5 金融创新与金融监管的实证分析 …… 148
  9.5.1 指标选取 …… 148
  9.5.2 模型构建 …… 149
  9.5.3 实证分析 …… 151
 9.6 金融创新与金融监管的建议 …… 153
 9.7 小结 …… 154

参考文献 …… 156
后记 …… 175

第 1 章

绪　　论

1.1　研究背景及意义

1.1.1　研究背景

经济转型期是指我国当前所处的经济体制由计划经济体制向社会主义市场经济体制转变、企业制度由传统企业制度向现代企业制度转变的特定历史时期。在这一时期，我国将逐步淡化传统经济体制对资源配置的影响，建设现代市场经济体制，使市场机制在资源配置中起主导作用。在经历了过去 30 多年的快速发展之后，我国经济遇到了发展瓶颈，为了实现经济顺利转型，金融业需要为新兴行业与创新型企业提供更多更优质的金融资源支持，而当前传统金融业无法满足这一要求，因此，亟待金融创新。习近平总书记指出我国经济正处于以"中高速增长、结构优化升级、创新驱动"为标志的"经济新常态"，并提出"供给侧改革"，供给侧改革的主要目的就是通过经济结构调整，使得生产要素实现最优配置，进而提升经济增长的质量。全面深化改革是适应经济新常态、抓住时代发展机遇的关键，那么，如何抓住新常态下的发展机遇，如何推进"供给侧改革"，如何应对可能面临的各种挑战与风险，已经成为政府和市场决策者们关心的重要问题。金融是现代经济的核心，银行又是我国金融的主体，经济社会的全面转型不仅离不开银行，也离不开银行与之协同转型。改革开放近 40 年来，我国经济迅猛发展，利率市场化进程加快，参与国际金融与贸易市场的竞争都使得国内银行不断发展特色经营、提高金融服务质量，金融制度体系和金融监管从无到有，获得了巨大的发展。但是，经济发展长期依靠规模效应，产业结构不合理，生产效率不高，创新力度不足，从现代金融市场的发展角度来看，我国金融市场还不完善，不仅金融工具不丰富，金融制度体系也不健全。近年来，随着我国资本市场，特别是股票市场和债券市场的不断扩大，直接融资渠道不断扩宽，对商业银行的传统业务带来巨大的影响。当前，随着互联网技术的迅猛发展，以互联网为基础的金融创新正在迅速冲击着人们的金融观念，新兴的金融科技正成为金融领域不得不高度关注的新生事物。与此同时，在开放经济下，国内金融机构还面临着外资金融机构的竞争压力，增加了我国金融业发展的不确定性与不稳定性。因此，我国金融机构必须积极主动地开展金融创新，有效提高自身竞争力，适应经济发展需要，满足市场中不同参与者的投融资需求和风险偏好，充分发挥金融对经济的支持作用，有效推进金融市场本身及微观经济主体和宏观经济的发展。

创新是一个民族进步的灵魂，金融创新是新常态下刺激金融与经济发展最根本的生存和发展手段。1912 年约瑟夫·熊彼特（Joseph Schumpeter，1912）提出了创新理论，他认为"创新是指企业家实行对生产要素的新的结合"，并将创新模式分成五种，即新产品、新生产方法、新市场、新供应来源和新组织形式。金融创新是指金融企业通过重新组合各种要素，创造性地变革或者引进新事物。对商业银行来说，为了适应经济发展的要求，商业银行通过引入新技术、采取新方法、开辟新市场、构建新组织进行金融创新，并在战略决策、制度安排、机构设置，以及人员准备、管理模式、业务流程和金融产品等方面开展一系列创新性活动，不断提高其盈利能力和风险管理能力，不断为客户提供产品与服务的创造与更新。然而，金融创新是一把"双刃剑"。金融创新使金融产品日益丰富，金融市场效率得到有效提高，资源配置得到优化，社会投融资需求更容易满足，与此同时，金融创新又将带来很多新的问题和风险。20 世纪 80 年代以来，以美国华尔街为代表的发达金融市场，各种金融创新产品层出不穷，但过度创新加上金融监管不到位，也造成了负面影响，至今仍未完全消散的全球金融危机——美国次贷危机及其影响是该方面的典型代表。金融创新的本意是为了规避金融市场中的风险，提高金融市场的运行效率，但过度的使用和以投机为目的的利用，却因杠杆效应以及更加复杂的业务联系，加倍放大了金融市场的风险，导致金融市场大幅震荡，形成的"多米诺骨牌"效应诱发了金融危机，这不仅给市场投资者带来重大损失，而且导致金融机构本身的破产（如雷曼兄弟等大型金融机构），倘若金融危机进一步恶化，金融市场的动荡将转为全面的经济危机。

1.1.2 研究意义

我国金融市场尚不完善，金融制度和金融监管也处于不断发展中，如何在经济转型期全面提升我国金融业的金融产品创新能力，增强我国金融业的竞争力已成为新的研究课题。首先，研究转型期经济增长与金融创新的关联性，有助于认识金融创新与对经济增长的关系，有助于理解金融创新对经济增长的促进作用。其次，金融制度是一国金融体系稳定运行的保证，金融制度变化会改变金融创新的外部环境进而对其产生影响，因此研究金融制度如何对金融产品创新产生影响变得极为重要。此外，以次贷危机为肇始的金融危机以一种震撼人心的方式向全世界人民展示了金融风险产生、积累、交互、传染和释放等过程性活动对实体经济的深远影响。因此，对金融产品创新带来的风险传染特性进行研究，并基于此构建风险免疫机制，有助于完善金融创新过程管理。金融发展促进经济增长是被世界公认的，而在经济全球化背景下，金融发展的内部机理，即金融创新如何推动金融发展，进而推动经济增长，以及金融监管如何随着金融创新动态发展等问题仍有待研究。纵观发达国家金融体系的发展，不难看出金融创新与金融监管经历了"自由放任→加强监管→金融创新→放松监管→金融危机→加强监管……"的发展历程。金融创新与金融监管在现实中的博弈从未停止，既要以金融监管预防过度创新，又要避免过度监管抑制金融创新。深刻理解金融创新的微观动机、金融创新与金融监管的演化博弈是理解金融体制改革创新的关键。研究我国金融机构的金融创新策略，寻求金融创新的纳什（Nash）均衡结果，可以有效促进金融机构主动创新，积极开发金融新产品，完善金融市场，促使金融创新和金融深化改革更好地服务于我国经济转型。此外，与金融创新动态匹配的金融监管是必不可少的，研究金融创新与金融监管之间的演化博弈和动态均衡，可以使金融监管及时跟踪金融创新动态，更有针对性地指导监管当局对金融机构的监管，有效防范金融创新带来的不良影响，避免其可能引起的系统性风险乃至金融危机发生，最终高效推进我国金融业改革深化。综上所述，结合我国宏观经济政策和现实金融体系的运行情况，研究经济转型期金融产品创新与经济增长的关系及其风险控制问题具有比较重要的理论意义和现实意义。

1.2 研究内容与方法

1.2.1 研究内容

本书着重选取对经济转型起关键作用的金融产品创新问题进行研究，主要包括经济增长与金融创新的关联性问题、商业银行金融产品创新问题、资本市场金融产品创新问题、金融创新的制度约束问题、金融创新风险及传染问题、金融创新与金融监管问题等等。具体研究内容如下：

对经济转型期金融创新与经济发展的关系的研究，目的在于探索金融创新与转型期经济良性互动的发展机制。一种方法是，结合计量经济学与系统动力学研究方法，构建因果关系图，建立系统动力方程，并进行模型有效性检验，深入分析经济增长与金融创新之间的关联性，在此基础上构建转型期经济增长与金融创新的良性互动模式。另一种方法是，通过对罗默（Romer）和卢卡斯（Lucas）等人内生经济增长模型的拓展运用，加入监管因素和人力资本因素，对经济转型期金融监管环境下，金融创新、金融监管和经济增长之间的关系进行研究，探究我国金融产品创新推动经济增长的理论过程，通过实证检验理论模型是否与实证结果相符合，并提出相关对策建议。

对经济转型期商业银行金融产品创新的研究，主要包括资产业务的产品创新、负债业务的产品创新和中间业务的产品创新，以及转型期能为经济和社会发展提供强劲支持的经济主体（如中小微企业）提供稳定资金保障的金融产品。结合中小微企业对资金需求快速、频繁等特点，设计不同担保资产的抵押贷款，结合农村土地流转实践，构建土地流转型金融支农服务平台，设计土地承包经营权质押贷款等产品。

对经济转型期资本市场产品创新的研究，首先考察我国资本市场发展现状，然后研究发达国家资本市场的发展经验和产品创新，进而结合我国资本市场发展的新趋势，考察股票市场、期货市场、私募等方面的最新创新成果，并对农村金融、互联网金融和供应链金融等与资本市场有关的金融创新进行分析。

对经济转型期金融制度创新的研究，将金融制度与金融产品创新的理论研究与实证分析相结合，分析我国金融制度对金融产品创新产生的影响。运用制度变迁理论、金融发展理论和博弈理论对金融产品创新中的制度因素进行比较系统的研究，探索二者间的理论联系，并将金融制度和金融产品创新量化，建立金融创新函数模型与向量自回归（Vector Auto Regression，VAR）模型，对其理论关系进行实证检验。

对经济转型期金融产品创新主要风险的研究，目的在于研究金融产品创新过程中存在的风险传染特性，从监管角度构建风险免疫机制。具体将空间网络模型应用于金融系统性风险研究，针对我国在经济转型过程中可能产生的主要风险，建立基于不同网络结构的金融风险传染模型，深入探究由金融产品创新所带来的潜在风险传染途径，最大限度地降低金融产品创新可能对我国转型期经济发展造成的风险。

对经济转型期信用风险转移市场的研究，首先阐述我国发展信用风险转移市场的重要性，在已有的理论基础上，通过建立多主体博弈模型，研究信用风险转移市场因信息不对称问题而引发的借贷者之间、银行和信用保护提供者之间的博弈问题。并选取16家上市银行信用衍生产品的市场数据，实证分析信用风险转移市场被引入后商业银行信贷监督和风险收益水平的变化，并针对我国信用风险转移市场建设提出若干对策建议。

对经济转型期金融创新动机及监管的研究，基于改进的两期霍特林（Harold Hotelling）模型研究金融机构创新的微观动机，研究潜在引领金融创新商业银行与跟风创新商业银行的纳什均衡价格及其影响因素；基于演化博弈模型求解金融创新与金融监管的演化均衡，分析影响均衡的各个因素。同时，运用面板数据模型实证分析金融创新与金融监管的动态关系，提出金融创新监管建议。

1.2.2 研究方法

本书的基本研究思路是，首先分析我国经济转型期金融产品创新需求，然后探讨经济转型与金融产品创新长期、复杂的经济社会系统问题，其次研究银行、资本市场的金融产品以及金融制度创新，并结合我国金融创新与金融监管的发展现状，提出若干建议。

本书的研究方法是规范分析与实证研究相结合。经济转型期的金融产品创新及其风险控制不仅是一个理论问题，而且是一个实践问题，二者具有很强的关联性。本书在充分把握国内外相关研究成果和政策的基础上，收集我国商业银行金融产品创新及其相关活动的大量数据，结合恰当的数学模型和计量方法进行实证分析，给予理论有力的支撑。具体而言，第2章结合计量经济学与系统动力学方法，构建因果关系图，建立金融创新与经济转型发展的关联系统动力学模型，定量分析金融创新以及经济转型发展的复杂关联性。第3章在拓展运用罗默和卢卡斯模型的基础上，增加人力资本生产部门和监管因子，运用时间序列 VAR 模型检验金融创新、金融监管、金融发展、人力资本以及经济增长变量之间的关系和影响程度。第4章和第5章主要针对商业银行和资本市场运用比较分析法、案例分析法研究国内外金融创新问题及金融创新产品主要案例，分析这些产品创新对转型期我国经济发展的作用。第6章将金融制度指标和金融产品创新指标量化，建立金融创新函数模型，分析不同金融制度因素对金融产品创新所产生的影响，建立 VAR 模型，并通过脉冲响应图对其进行进一步检验。第7章将空间网络模型应用于金融系统性风险研究，针对我国在经济转型过程中可能产生的主要风险，建立基于不同网络结构的金融风险传染模型，深入探究由金融产品创新所带来的潜在的风险传染途径，最后提出风险免疫策略。第8章通过构建多主体博弈模型，考察金融风险转移对金融机构风险规避效率的影响，并建立短面板模型进行实证分析，定量测度风险转移市场引入后的商业银行信贷监督和风险收益水平变化。第9章通过构建霍特林模型研究商业银行金融创新的微观动机，构建演化博弈模型研究金融创新与金融监管的演化博弈过程及均衡结果；此外，建立面板模型分析各上市银行的金融创新能力和金融监管程度对商业银行金融创新能力的影响效果，将实证分析与规范研究相结合，以期引导金融机构进行有效创新，监管部门动态监管并给予其规范支持。

1.3 主要结论与创新

1.3.1 主要结论

在对经济转型期金融创新与经济发展关联性的研究中，首先从加入技术进步的索洛（Solow）模型出发，将资本量、劳动量、全要素生产率（用金融创新水平来代表）作为经济增长系统的增长引擎，同时加入环境污染因素为增长引擎的"刹车"功能，设计了四种仿真策略，其中策略一、策略二和策略三相当于给经济增长系统的增强回路"踩下油门"，策略四则相当于放松经济增长系统增强回路的约束而"松开刹车"。仿真结果表明：长期来看，策略四对经济增长的作用效果最显著，策略一次之，策略二和策略三居末，并且作用效果相差不大。就我国目前经济发展阶段而言，全要素生产率较西方欧美发达国家偏低，金融创新水平远远不够，因此策略三就我国国情而言同样可取。

在对经济转型期金融创新与经济发展关系的研究中，还将罗默和卢卡斯模型相结合，创新性地加入了人力资本部门和监管因子，求出了新模型的均衡增长率，得到了均衡时经济增长率与人力资本生产部门的知识积累因子成正比的结论。从实证结果可知，金融创新和人力资本初期会对经济产生下行压力，但是后期将推动经济增长。基于理论和实证模型，提出了相关建议：对政府来说，应该加大对教育部门的投入，对金融部门的研究与开发（Research & Development，R&D）进行补贴，完善监管体制，加强信息披露机制的建设；对金融机构来说，应该加强机构间的合作，加大对企业研发投入的支持力度，并且注重专门人才的培育。

在对经济转型期商业银行金融产品创新的研究中，从资产业务、负债业务和中间业务三个方面阐述了经济转型期商业银行的金融产品创新情况，分析了这些创新对经济转型的推进作用。其中，对为经济和社会发展提供强劲支持的经济主体（如中小微企业）进行了研究，结合中小微企业对资金需求快速、频繁的特点，比较详细地考察了不同融资创新工具；结合农村土地流转的实践，借助互联网对构建土地流转型金融支农服务平台等提出了建议。

在对经济转型期资本市场金融产品创新的研究中，从揭示资本市场发展与金融产品创新紧密联系的本质出发，指出不成熟的资本市场需要不断地进行创新来提高其成熟度。目前，我国多层次资本市场体系已经初步建立，各类板种的资本市场均已进入规范发展的轨道。在我国经济转型、产业结构优化升级、"双创"活动日益高涨的时期，多层次资本市场体系的建立和健康发展，对经济稳步发展具有重要的现实意义。

在对经济转型期金融制度创新的研究中，从我国金融制度变迁史出发，将金融制度要素归纳为产权制度、金融市场发育程度、对外开放程度、政府管制程度、金融文化水平等五个方面。通过演化博弈理论，发现我国金融机构是否进行金融创新，取决于创新的收益、成本以及其所处的初始状态；而金融制度的倾向性，即是否鼓励或者抑制创新会对金融机构创新的收益、成本等产生很大影响，从而影响金融机构进行金融创新的努力程度。将金融制度和金融产品创新量化进行实证分析后发现，产权制度、金融市场发育程度、对外开放程度、政府管制程度、金融文化水平与金融产品创新间关系密切，金融制度的发展变化对金融产品创新的发展程度有较大影响。因此，金融制度是制约金融产品创新的重要因素之一，应该加快完善我国的金融制度，为我国的金融产品创新创造良好的制度环境。

在对经济转型期金融产品创新风险的传染特性研究中，总体来看，随着金融产品创新进程的推进，金融机构的资产多样化程度以及资产重叠程度不断增加，金融机构间联系程度不断增强，使风险传染发生概率以及传染范围不断上升，要求监管机构密切关注当前金融网络中的资产重叠比例，稳步推进金融产品创新，尽快度过风险传染窗口区间，进入资产多样化程度较高的区间。此外，金融创新使金融网络中单个金融机构联系不断加强，金融网络结构将会由环状金融网络向全连接金融网络转型，呈现出两者的 γ 凸组合，随着 γ 值的不断增加，网络稳定性增强，说明金融创新有利于规避对手风险的传染；与此同时，研究表明 δ 连接的金融网络在遭遇冲击时，也展现出较高的稳定性，提示我们尽量避免覆盖全部金融机构的金融产品创新过多出现，适当鼓励地域性、差异性的金融产品创新，以此控制 δ 值在较小范围。

在对经济转型期信用风险转移对金融机构风险规避效率影响的研究中，基于对信用风险转移市场中信息不对称对借贷者、银行和信用保护提供者的分析，通过建立多主体博弈模型以考察金融风险转移对金融机构风险规避效率的影响，研究表明：贷款银行可能会利用自己的信息优势，将其认为违约可能性较大的贷款转移出去；同时，信用风险转移市场不仅会弱化贷款银行对借款企业的贷前审查动机，也会弱化银行发放贷款后的监督意愿；对于信用保护提供者来说，还需要考虑到贷款银行提前触发信用事件的概率，应该在合约中明确规定相对应的条款；由于贷款银行与信用保护者对合约条款理解的不同，信用保护者可能会延缓或者拒绝对贷款银行进行赔付。从实证分析结果可以得到以下结论：在引入信用风险转移市场后，银行可能过分放松监督，但在最优的信用风险转移水平下，银行反而会加强对贷款组合而非单笔贷款的监督，同时银行监督成本也会大大增加，又由于衍生品交易之间的关联性，使得银行更可能因系统性风险遭到损失，减少收益；为了解决企业不履行合约造成贷款银行期望收益减少的问题，增加惩罚成本，使得企业的违约风险损失远远大于履约收益；信用风险转移市场会将保险公司等其他金融机构加入到信贷市场，扩大实际可贷资金，非利息收益与利息收益随之增加；在引入信用风险转移市场后，为了达到降低成本、提高效率和增加收益目标，商业银行的风险转移比例需要适中。

在对金融创新微观动机及金融监管的演化博弈研究中，基于霍特林模型得到了商业银行金融创新前后的纳什均衡结果：潜在引领创新商业银行与潜在跟风创新商业银行均不进行金融创新时，传统金融产品均衡价格与投资者网点交易概率、网点购买产品产生的单位交通成本，以及双方发行传统金融产品的边际成本正相关；当一方创新，另一方反应滞后，仍出售传统金融产品时，创新的银行将促进自身产品需求量增加，不创新的银行利润则因创新银行强大的竞争压力而减少；当不创新银行选择跟风创新时，其学习和吸收创新银行研发成果的能力越强，越不利于创新银行因金融创新而获得更高的利润；此外，双方金融创新后的利润将随着投资者选择线下网点交易概率的增加而降低。基于商业银行与监管机构的演化博弈模型得出，商业银行过度创新可获得的额外收益、被罚款额和风险成本的相对大小影响着双方演化博弈均衡。此外，由实证结果可知，上市银行的金融创新能力不仅具有个体效应而且具有时间效应，影响上市银行风险水平的不良贷款率、资本充足率、流动性比例和存贷比等均通过各自的反应链，引起监管机构监管程度的改变，进而影响金融创新能力，金融创新能力的改变又将引起银行的风险、收益水平变化，从而反过来再影响监管程度的变化。随着时间的变化，商业银行金融创新能力与监管机构的监管进行动态博弈，最终将使二者趋于均衡状态。

1.3.2 主要创新

本书的主要创新如下：

第一，结合计量经济学模型与系统动力学研究方法，既采用系统思维的模式探究金融创新与经济增长之间的关联性,又利用计量经济学方法来量化系统动力学模型中难以量化的因果关系,增加模型结果的可信度。系统动力学方法虽然在经济、能源、交通和环境等领域有着广泛的应用,但由于系统动力学模型缺乏严格的理论基础,模型的结构关系又难以量化,其有效性和适用性常常遭到怀疑。反观计量经济学,其原理是将经济理论表示为可计量的数学模型,用数学公式描述经济运行规律,本研究弥补了系统动力学模型结构关系难以量化的缺陷。

第二,在对金融创新和经济发展之间关系的研究中,本书在罗默和卢卡斯等人的内生经济增长理论框架下,对罗默模型进行了拓展,创新性地加入了人力资本部门和监管因子,从更加综合全面的角度分析金融创新与经济发展的内生关系。

第三,对金融制度创新的研究,在理论分析的基础上,本书分析国内外学者对金融制度和金融产品创新的演变发展及其相关性研究,结合我国经济的实际发展状况与金融体系发展水平,将金融制度和金融产品创新进行了量化以分析二者之间的关系。将理论研究与实证分析相结合,使得本研究对金融制度与金融产品创新关系的研究更加具体科学,所提出的对策建议也更具有针对性。

第四,对金融创新风险传染特性的研究,在当前的国内外研究基础上,本研究将资产重叠与对手违约两大风险传染途径纳入微观金融网络模型,分析在不同网络结构下,金融产品创新所带来的资产重叠程度的增加与初始冲击程度对于风险传染概率与风险传染范围的影响。为使模型更加贴近现实,本研究还将以往对于金融网络结构的假设由整齐的金融网络放松至非整齐的金融网络,使结论对当今金融监管具有更现实的指导意义。

第五,在对经济转型期信用风险转移市场发展的研究中,基于对信用风险转移市场中信息不对称对借贷者、银行和信用保护提供者的分析,通过建立多主体博弈模型考察了金融风险转移对金融机构风险规避效率的影响,并进行了实证分析。

第六,对金融创新微观动机及金融监管的研究,本书创新性地将霍特林模型运用于商业银行金融创新微观动机分析,并使用博弈理论求解出潜在引领金融创新的商业银行与潜在跟风创新的商业银行进行动态博弈的纳什均衡结果,使对金融创新动机的分析更具价值。此外,在演化博弈模型的设计中,舍去了金融适度创新的收益和放松监管的普通成本,根据不同战略选择造成商业银行与监管机构支出的不同来选取变量,使博弈分析更具针对性、合理性和科学性。

第 2 章

金融创新与经济增长关系研究：基于系统动力学模型的分析

本章主要研究转型期间金融创新与经济增长的关联性，探索金融创新与转型期经济的良性互动发展机制，即研究金融创新与经济转型发展的动态关联性特点、作用机理等内容。本章通过构建金融创新与经济转型发展的关联系统动力学模型，定量分析金融创新与经济转型发展的复杂关联性，并以此基础，构建转型期经济增长与金融创新之间的良性互动决策模式。

2.1 引　　言

自1978年改革开放以来，我国经历了一轮影响巨大的经济转型，市场经济体制的建立使我国经济实现了快速增长。在过去的30多年，我国经济增长率一度达到10%以上，远远超过世界平均水平，成功跻身为世界第二大经济体。2008年金融危机之后，我国进入新一轮的经济转型阶段，经济由原来高速增长转向中高速增长，需求结构和供给结构都发生了重大变化。在这一阶段，党中央根据中国的经济现实状况，指出其两个经济特征，即"新常态"和"供给侧改革"。如何抓住"新常态"机遇，推进"供给侧改革"，应对各种风险与挑战，已成为我国政府决策者们关注的中心议题。我国当前经济无论是基本面，还是基本发展模式、产业业态或经济增长动力都大为改观，已今非昔比，但相对于欧美等发达国家而言还有一定差距。究其原因，一方面是我国经济改革发展时间较短，底子薄，技术弱；另一方面是我国金融发展不完善，金融市场尚不健全，企业缺乏多样化的有效融资渠道，居民缺少多样化的投资机会。

金融业作为经济体系的重要组成部分，在一国经济发展中占据着举足轻重的地位。20世纪80年代以来，在以美国华尔街为代表的国际金融市场中，各种金融创新产品层出不穷。例如，在浮动汇率制度下，为了规避通货膨胀风险、利率风险和汇率风险，期货、期权等各种金融衍生工具应运而生；为增加资产流动性，改善银行资产负债结构，资产证券化迅猛发展；为规避信用风险，信用违约互换（Credit Default Swap，CDS）等信用衍生工具得到创新与快速发展。毫无疑问，在过去30多年中，金融创新为世界各国带来了巨大的发展机会。然而，由于金融监管不到位，金融创新在极大地促进经济增长的同时，也埋下了祸患的种子。2008年，全世界遭受了一场严重的金融危机，各国经济至今仍处于恢复之中。这场危机起源于美国，因产生于次级抵押贷款市场，又称为"次贷危机"，引爆此次危机的导火线是房地产泡沫，而危机的根源正是金融创新。资产证券化是近年来最火热的金融创新，这种新的金融工具以特定资产组合与特定现金流为支持，成为可交易证券的一种融资形式。通过证券化，不仅社会资金流动加快，企业贷款和个人消费贷款更加方便，银行的不良贷款也通过打包出售得以化解，而房地产市场长期积累起来的泡沫一旦破裂，处于该金融创新链条始端的房地产企业将通过这一链条影响整个金融系统。金融创新本意是为了规避风险，但如果过度使用，反而会加倍扩张风险，杠杆效应会给投资者带来重大损失，甚至导致大型金融机构（如雷曼兄弟等）的破产，进而诱发金融危机，给实体经济带来沉重的伤害。詹姆斯（James，1985）曾指出：金融创新是金融系统的基石之一，是资本市场保持活力的血液；过度的金融创新往往会形成泡沫，泡沫破裂最终将引发金融危机。

中国属于发展中国家，金融市场还不发达，这既是我国经济发展水平与欧美发达国家存在差距的原因，也是我国经济增长更为稳定的巧合。我国金融环境与美国等发达国家存在根本性的区别，美国金融创新层出不穷，以至于相应的金融监管不匹配，增加诱发金融危机的可能性，减缓经济增长；而我国金融创新不足，以至于金融创新对经济增长的促进作用没有得到充分的发挥。因此，对我国而言，真正需要做的不是金融抑制，而是金融深化，鼓励金融创新，使金融创新成为经济增长的助推器，减小与发达国家的差距，跻身成为金融创新与经济增长的强国。如何发挥金融创新对经济增长的促进作用，以及如何利用经济增长对金融创新的反向促进作用，是我国经济转型阶段摆在大家面前的难题。本章结合计量经济学与系统动力学的研究方法，通过构建因果关系图，建立系统动力方程，进行模型有效性检验，深入分析经济增长与金融创新之间的关联性，不仅对我国经济增长与金融创新方式转变形成良性循环具有一定指导意义，也可为其他相关研究提供一定的理论与实践方面的借鉴。

2.2 文献综述

2.2.1 金融创新理论研究

西方发达国家金融创新自 20 世纪 60 年代后期开始,至 70 年代各项创新活动日益活跃,到 80 年代已形成全球性的大趋势。金融创新是金融深化的必然结果,也是经济发展到一定程度的客观要求,给国家的金融体制、金融宏观调控和国民经济发展带来深远影响。创新理论最早由熊彼特(1912)提出,熊彼特用创新来解释经济的繁荣与衰退,认为创新为企业带来了盈利机会,银行信用随之扩大,引起经济的繁荣;当盈利机会消失时,银行信用随之收缩,引起经济的衰退。随着商品贸易的不断发展,金融领域也出现了一些创新,大多数人认为金融监管在金融创新中起着重要的作用,金融创新被称为金融监管的副产品,然而威廉(William, 1983)认为这种看法不足以解释金融创新的整个过程,因而提出了一个微观框架来解释金融创新过程,更好地解释金融创新的动力源泉。韦尔盖塞(Verghese, 1990)指出不同国家间金融创新的方式不同,引发金融创新的原因也不尽相同。伍德(Wood, 1993)结合巴贝多人的案例考察发现,在发展中国家中,居民对金融服务需求的匮乏是造成金融创新不足的重要原因。约翰和文森特(John & Vincent, 1997)开发了一个金融创新动态模型,指出金融创新可以提高社会福利。斯科特和劳伦斯(Scott & Lawrence, 2004)指出个人和企业的逐利特性使他们创造新产品,减少成本,满足客户需求,从而推动金融创新。与此同时,国内学者对金融创新理论也做了相关研究,许崇正(1996)认为金融创新是推动经济发展不可或缺的动力之一,因此必须大力推进金融创新。吴敬琏(2006)指出中国金融体系存在资产配置效率低下的问题,迫切需要金融创新。毛佳文(2008)提出金融创新体系中最重要的是制度创新,同时限制政府的行政干预,确立微观金融的核心地位,并且提议在推进金融市场化改革中,实行金融创新的区域差异化政策。

2.2.2 金融创新与经济增长关系

国内外学者对金融创新与经济增长之间的关系进行了深入研究,国外研究成果有:艾伦和盖尔(Allen & Gale, 1994)认为金融创新可以减少代理成本,促进风险共担，完善市场，最终促进经济增长。乔纳森和威廉（Jonathan & William，1997）选取1970~1988年间的数据构建回归模型，研究了金融创新与经济增长之间的关系，发现金融创新对经济增长具有正向效应。科林等（Colin et al.，2000）通过分析金融创新与经济增长之间的关系，发现金融创新可以在一定程度上解决发展中国家的贫穷问题。梅罗（Mero，2003）研究了匈牙利、捷克和波兰三个欧洲国家的金融创新与经济增长之间的关系，发现二者之间存在紧密的直接联系。默顿（Merton，2004）基于中国的经济状况，发现金融创新与经济增长之间存在显著的因果关系。尼古拉斯（Nicholas，2004）通过建立 VAR 和向量误差修正模型（Vctor Error Correction Model，VECM）对南非进行实证研究，发现金融创新与经济增长之间存在显著的因果关系。沙比利等（Shabri et al.，2007）通过建立自回归分布置后（Auto Regressive Distributd Lag，ARDL）和 VECM 等模型，对1997年以来的印度尼西亚、马来西亚、泰国和菲律宾四个亚洲国家进行了实证分析，研究表明，经济增长、金融深化、股权投资和通货膨胀之间具有长期均衡关系。尼古拉斯等（Nicholas et al.，2007）选取15个属于经济合作与发展组织（Organization for Economic Co-operation and Development，OECD）国家与50个不属于 OECD 的1975~2000年间的面板数据，研究发现金融创新与经济增长之间存在长期的均衡关系，同时存在双向格兰杰因果关系；圣地亚哥等（Santiago et al.，2007）研究西班牙地区1986~2001年的数据发现，金融创新与经济增长之间具有相关性。祖德和克莱图斯（Jude & Cletus，2009）建立了多元 VECM 模型，对尼日利亚1971~2008年间的金融创新与经济增长的关系进行实证研究，结果发现二者之间存在长期稳定的关系。布伦纳迈尔（Brunnermeier，2009）研究发现，前所未有的信用扩张孕育了繁荣，随之而来的房地产泡沫破灭引发了全球性金融危机，因而认为金融创新是金融危机爆发的根源。斯蒂芬（Stephen，2009）指出一些金融创新可以使资源得到有效利用，从而促进经济增长，而另一些金融创新运用不当则会导致银行破产，从而危害实体经济，说明金融创新是一把"双刃剑"，必须在利弊之间保持平衡。布特和马林茨（Boot & Marinč，2010）认为金融创新受信息技术的驱动可能会使得经济的不稳定性增加，同时金融创新使得金融资产更易于销售，从而进一步增强经济的不稳定性。袁（Yuan，2010）提出了一种把金融创新嵌进经济增长模型的方法，研究发现，金融创新提升金融产品和服务水平，个人储蓄显著增加，公司融资成本降低，从而公司有更强的动力扩大再生产，最终提高经济水平。罗斯等（Ross et al.，2012）研究发现，1997~1998年的亚洲金融危机和2008年的全球金融危机与金融自由化和过度金融创新存在一定的联系，并考察了监管当局与法律体系在抑制金融危机发生方面所起的作用；富兰克林等（Franklin et al.，2012）研究发现，金融创新增加了业务的复杂性，从而使得消费者处于不利地位；同时，多种迹象表明2007~2009年金融危机的发生是由过度的金融创新引起的。2007~2009年全球金融危机的爆发引发了一场关于金融创新好坏的争论。阿勃德拉扎克（Abderazak，2007）对阿尔及利亚案例进行研究，结果发现，金融创新与经济增长之间没有直接关系，出现这种结果可能与所在国家的金融体制与政策导向有关。西蒙和詹姆斯（Simon & James，2012）认为金融创新大量涌现引起大范围失业的同时，也导致了政府财政赤字的大幅度增长；而且，正是金融创新的过度增长，美国才爆发了自20世纪30年代以来最严重的经济危机，因此金融创新对经济增长有抑制作用。卢克等（Luc et al.，2015）研究发现金融创新和经济增长之间存在协同效应，即一方面金融创新会带动经济增长，另一方面经济增长反过来也会促进金融创新。亚历克斯等（Alex et al.，2016）建立自回归分布滞后模型研究金融创新与经济增长之间的因果关系，研究发现长期来看金融创新对经济增长具有显著的正向影响关系，然而面板格兰杰因果关系检验表明金融创新与经济增长之间没有因果关系。

国内研究成果有：喻平（2004）从宏观与微观层面上，运用协整检验、格兰杰因果检验等计量方法，对我国的金融与经济数据进行实证分析，发现我国金融滞后于经济发展、金融市场化程度低以及金融深化进程缺乏协调性等问题。王海鹏等人（2005）运用1953~2003年中国科技投入和经济增长的年度数据建立了误差修正模型，研究发现中国科技投入和经济增长之间存在双向格兰杰因果关系。王浩权和韩国文（2008）指出金融创新对经济增长的作用呈现不规则的周期运动，为此建立了金融创新累积效应的混沌模型来揭示其内在的非线性特征，研究发现金融创新是一个动态的过程，其效应累积到一定程度会引发新质的创生，促进金融与经济更深层次的发展。赵喜仓和诸葛秀山（2008）对我国金融创新与经济增长的格兰杰因果检验表明，金融创新可以带动经济增长，此外发现我国金融创新水平低下，金融创新对经济增长的促进作用还没有得到充分的发挥。刘亚琳（2009）采用格韦克（Geweke）分解检验方法，实证研究发现金融创新与经济增长在长期中存在均衡关系。张振刚和田帅等人（2010）研究了珠三角区域经济体，发现科技投入与经济增长之间有着显著的长期均衡关系，两者存在互动机制。聂名华和杨飞虎（2010）研究了我国劳动和资本双重过剩下的金融创新与经济增长关系，通过建立线性回归计量模型发现金融创新在一定程度上缓解了我国劳动和资本双重过剩的局面，为经济增长提供了金融支持，从而推动了经济增长。王延平和张方群（2011）从分析风险投资对高科技产业的影响入手，通过数据图表和商品市场货币市场一般均衡（IS-LM）模型，发现适度金融创新可以有效地促进经济增长和经济转型,而过度金融创新则会对经济增长产生负面效应。孙浦阳和张蕊(2012)建立了以内生经济增长理论模型为基础的计量模型进行实证研究,研究表明,若考虑金融创新在经济增长模型中存在内生性的情况,金融创新单独对经济增长的作用方向是不确定的,甚至可能存在显著的抑制作用,而金融创新通过技术进步对经济增长的促进作用是显著的,并且这种作用更多地通过企业的技术进步来体现。江曙霞和郑亚伍(2012)以内生经济增长理论为基础,实证研究发现金融创新不仅能直接影响经济增长,还会通过技术创新间接地影响到经济增长。周佰成和朱斯索(2012)利用组均值(Poolet Mean Group,PMG)估计法,选取美国东部 10 个州和中国东部处于相似纬度位置的 10 个省的 1992~2011 面板数据进行对比,实证研究发现,直接金融市场和间接金融市场与经济增长存在着长期均衡关系,并且由一个地区的金融发展水平、经济水平和储蓄率等因素决定。李宝礼和胡雪萍(2013)通过构建结构面板自回归模型,研究金融发展、技术创新与经济增长之间的内在联系,研究发现,经济增长对金融发展与技术创新的推动高于后两者对经济增长的作用,并且在经济发达的东部地区,金融发展与技术创新对经济增长的促进作用要高于西部地区。喻平和蒋宝珠(2014)结合广义虚拟经济时代特征,构建了基于金融创新和经济增长系统的协同度模型,选取 2005~2012 年间的样本数据实证分析,结果表明我国金融创新和经济增长同步协同发展,且二者的协同程度逐年提高。李苗苗等人(2015)基于中国 31 个省市 2000~2011 年的面板数据,运用面板单位根检验、协整检验和因果有向图等分析方法,实证分析结果显示金融创新与经济增长之间具有显著的协整关系。

现有文献显示,金融创新与经济增长之间在某种程度上存在一定的关系。学者们在研究二者之间关系时,实证分析一般选用计量经济学模型,如协整、误差修正、格兰杰因果检验等,虽然可以得出金融创新与经济增长之间的关系,但对这些关系背后的前因后果却不能给出很好的解释,系统动力学模型可以很好地弥补计量经济学模型的这一缺点。很少有学者采用系统思维模式探究金融创新与经济增长之间的关系,李敏(2010)曾建立金融创新与经济增长之间的系统动力学模型,对二者之间的关联性进行仿真研究,揭示二者之间存在复杂的动态性关系,并构造了金融创新与经济增长良性互动的决策模式。但是,由于系统动力学模型中存在一些因果关系难以量化的缺点,此研究仍存在不足之处。基于此,本章结合计量经济学模型与系统动力学模型,既采用系统思维模式探究金融创新与经济增长之间的关联性,又利用计量经济学方法来量化系统动力学模型中难以量化的因果关系。

2.3 经济增长理论分析

从亚当·斯密（Adam Smith，1776）的《国富论》开始，增长问题一直是宏观经济学的核心论题之一，可以说经济增长是使经济学总是令人着迷和神往的原因所在。宏观经济学中，经济增长通常被定义为产量增加，产量可以是总产量，也可以是人均产量。亚当·斯密认为，促进经济增长的可以是生产性劳动数量增加，也可以是劳动生产率提高。托马斯·马尔萨斯（Thomas Robert Malthus，1798）认为人口和产量不可能同步增长，当人口增长至一定程度时，经济增长会受其制约。阿尔弗雷德·马歇尔（Alfred Marshall，1890）则指出人口增长、资本积累、智力水平提高与社会分工合作等都会促进经济增长。熊彼特（1912）利用创新概念解释经济发展，他认为企业家通过对生产要素的新组合提高了劳动生产率。同时，哈罗德和多马（Harrod & Domar；1939，1946）以凯恩斯的"有效需求"理论为基础，建立了哈罗德－多马模型，得出经济增长随储蓄率的增加而提高，随着资本与产出比的扩大而降低。之后，索洛、斯旺和萨缪尔森等（Solow，Swan & Samuelson；1956）提出了新古典增长理论，指出相比于资本积累和劳动增加，技术创新是决定经济增长的首要因素。由于金融创新属于技术创新的一种，且在实践中对经济发展具有影响，因此，本章将加入技术进步因素的索洛模型作为本章的理论基础。

在没有技术进步，产出取决于资本存量和劳动力的假设下，生产函数如下：

$$Y = F(K, L) \tag{2.1}$$

其中，Y 为产出，K 和 L 分别为资本存量和劳动力。

首先考虑资本存量的变动。令 MPK 为资本的边际产量，当资本增加 ΔK 单位时，产出的增加为 $MPK \times \Delta K$，即：

$$\Delta Y = MPK \times \Delta K \tag{2.2}$$

其次考虑劳动力的变动。令 MPL 为劳动力的边际产量，当劳动力增加 ΔL 单位时，产出的增加为 $MPL \times \Delta L$，即：

$$\Delta Y = MPL \times \Delta L \tag{2.3}$$

最后考虑两种生产要素都变动的情况。假设资本量增加 ΔK 单位，同时劳动力增加 ΔL 单位，此时产出的增加来自两个源泉：更多的资本与更多的劳动。产出的增加量为：

$$\Delta Y = MPK \times \Delta K + MPL \times \Delta L \tag{2.4}$$

进行代数整理，方程（2.4）可变为：

$$\frac{\Delta Y}{Y} = \left(\frac{MPK \times K}{Y}\right) \times \frac{\Delta K}{K} + \left(\frac{MPL \times L}{Y}\right) \times \frac{\Delta L}{L} \quad (2.5)$$

由于资本的边际产量等于实际租赁价格，因此 $MPK \times K$ 是资本的总收益，$(MPK \times K)/Y$ 为资本在产出中的份额。类似地，劳动的边际产量等于实际工资，因此 $MPL \times L$ 是劳动得到的总报酬，而 $(MPL \times L)/Y$ 为劳动在产出中的份额。在生产函数为规模报酬不变的假设下，由欧拉定理得知这两个份额之和为1。因此，（2.5）可以改写为：

$$\frac{\Delta Y}{Y} = \alpha \frac{\Delta K}{K} + (1 - \alpha) \frac{\Delta L}{L} \quad (2.6)$$

其中，α 为资本的份额，而 $(1-\alpha)$ 为劳动的份额。

在考虑技术进步因素的情况下，此时产出取决于技术进步、资本存量和劳动力，生产函数如下：

$$Y = AF(K, L) \quad (2.7)$$

其中，Y 为产出，A 为现期技术水平的衡量指标，被称为全要素生产率，K 和 L 分别为资本存量和劳动力。

考虑到技术变动，核算经济增长的方程（2.6）增加了一项：

$$\frac{\Delta Y}{Y} = \alpha \frac{\Delta K}{K} + (1 - \alpha) \frac{\Delta L}{L} + \frac{\Delta A}{A} \quad (2.8)$$

方程（2.8）为增长核算的关键方程，它确定了衡量经济增长的三个源泉：资本量的变动、劳动量的变动和全要素生产率的变动。其中 $\Delta A/A$ 被称为索洛余量，常常作为技术进步的衡量指标。

2.4 研究方法

本节结合计量经济学与系统动力学两种研究方法深入分析经济增长与金融创新之间的关联性。计量经济学与系统动力学方法在经济领域应用广泛，下面分别对这两种方法做简要概述。

2.4.1 计量经济学方法

计量经济学诞生于20世纪20年代末30年代初，经过多年发展，其已发展成为一门成熟的学科。计量经济学主要选取一定区间的样本数据，以经济理论为基础，选择特定的模型进行回归分析，从回归结果中验证经济理论及其假设，同时通过对回归方程进行预测分析，为决策者提供理论上的指导依据。

针对经济增长系统中所涉及的变量，本章主要建立线性模型进行回归分析，实验环境采用 EViews 8.0 软件，同时采用普通小二乘法（Ordinary Least Squares，OLS）方法估计参数，估计出模型参数后，进行模型的拟合优度检验以及参数的显著性检验，检验通过以后，模型就可以用来评价经济政策的效果。综上，本章采用计量经济学方法量化经济增长系统中的关系，再结合系统动力学模型特点，增加模型可信度。

2.4.2 系统动力学方法

系统动力学始创于 1956 年，创始人为美国麻省理工学院的弗雷斯特（Forrester）教授。弗雷斯特（1961）把实现某一目标的各个有机体称为系统。丹尼斯（Dennis，2008）则简单地用一群相互连接的实体来表示系统。系统动力学是以系统思维的方式来处理现实中复杂的问题，同时采用相互连接的反馈回路所形成的因果关系图来描述，从系统的内部结构寻找问题发生的根源。系统动力学可用于研究社会科学以及自然科学诸多复杂的系统问题，同时对这些问题的来龙去脉做出微观和宏观层次上的解释。

系统动力学的理论基础是反馈控制理论，因而复杂系统的本质特征是反馈，反馈是指系统中输出的信息会再次对系统产生影响的过程。厘清系统中各种复杂因果关系链来龙去脉的有效工具是反馈回路。反馈回路是按照系统中变量之间的因果反馈关系组成的闭合回路，其产生源于变量之间存在因果关系。系统动力学中存在两种反馈回路：增强回路与调节回路。当某一个变量发生变化时，回路运行完后，此时增强回路会增强原来变量的变化，而调节回路则会减弱原来变量的变化。以人口系统的因果关系如图 2 - 1 所示举例说明。

图 2 - 1　人口系统的因果关系

图 2 - 1 给出了两种反馈回路，左侧年出生人数越多，人口总数越多；人口总数越多，反过来使年出生人数越多，由此构成一个增强回路。右侧人口总数越多，年死亡人数越多；年死亡人数越多，反过来使人口总数越少，由此构成一个调节回路。需要指出的是，增强回路每旋转一次，就会将自身增强一次，从而扮演良性循环或恶性循环的角色，其角色扮演取决于回路触发情况，而调节回路则

表现一种完全不同的特征，总是在试图达到或者维持某个目标状态，通俗地讲，调节回路的作用就是为增强回路提供"刹车"功能，从而使得人口不能无限制增长，即存在一个"成长上限"。

尽管因果关系图描述了系统中各种复杂的因果关系链，但却无法表达系统中变量的性质，因此系统动力学引入"流图"来弥补这一缺陷。构建流图之前，关键要区分存量与流量两个概念，存量是指随时间而积累的变量，流量是指导致存量增加或减少的变量，另外，流图中还有辅助变量与常量两个概念，辅助变量是指决策过程的中间变量，常量是指变化甚微或相对不变的量。人口系统的流图如图2-2所示。

图2-2 人口系统的流图

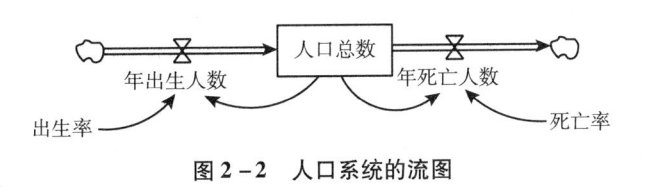

图2-2中人口总数为存量，年出生人数和年死亡人数为流量，出生率和死亡率为常量。

综上可知，系统动力学的研究过程如下：从系统内部的微观结构入手，建立系统动态数学方程式，此时通常采用数值模拟方法，根据数学方程式在计算机上对系统动态演变过程进行仿真分析，从而厘清系统中各种复杂因果关系链的来龙去脉。

尽管系统动力学方法基于系统论，吸收了控制论和信息论的精髓，在经济、能源、交通和环境等领域广泛应用，但仍需要说明的是，系统动力学方法存在理论基础缺乏的缺点，因而它仅被看做是一种系统建模方法，同时系统动力学模型还存在着一些结构关系难以量化的缺点，其有效性和适用性也常常遭到怀疑。反观计量经济学的概念及理论较为完整，其原理是把经济理论表示为可计量的数学模型，用数学公式描述经济运行规律，同时可以弥补系统动力学模型中一些结构关系难以量化的缺陷。本章结合计量经济学模型与系统动力学模型，增强了模型的可信度。

2.5 实证研究

本研究结合计量经济学模型与系统动力学模型，既采用系统思维的模式探究金融创新与经济增长之间的关联性，又利用计量经济学方法来量化系统动力学模型中难以量化的因果关系。实证研究过程如图2-3所示。

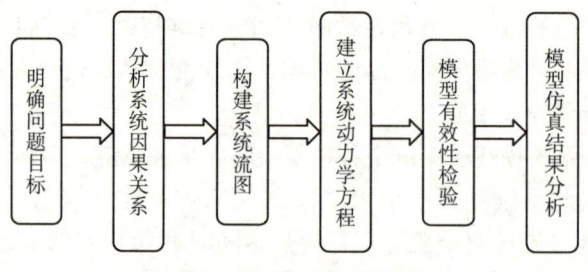

图 2-3 实证研究框架

2.5.1 系统因果关系图的构建

本章以加入技术进步要素的索洛模型为基础，假设经济增长取决于资本、劳动力、全要素生产率三大要素，并将这三大要素作为增长引擎，其中资本要素用固定资产投资总额来代表，劳动力要素用就业人口代表，同时为了研究金融创新对经济增长的影响，此处全要素生产率用金融创新水平来代替。另外，本章加入环境约束作为制约经济增长的"刹车引擎"。由于经济增长量偏差同样会影响到经济增长速率，因此，本章在"增长引擎"和"刹车引擎"的基础上引入预期经济增长量因素。经济增长系统的因果关系如图 2-4 所示。

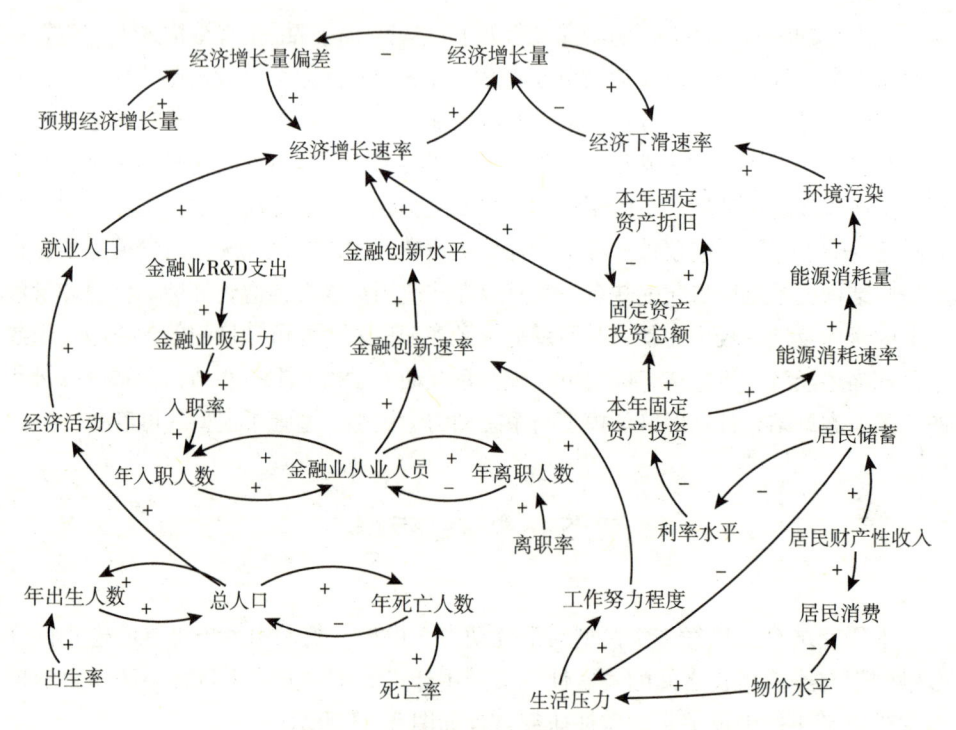

图 2-4 经济增长系统的因果关系

经济增长系统主要分为两大部分:"增长引擎"和"刹车引擎"。

2.5.1.1 增长引擎

根据加入技术进步的索罗模型,决定经济增长的要素有三个,即资本、劳动力和技术创新,分别对应经济增长系统因果关系图中的三条主线:固定资产投资总额、就业人口和金融创新水平,这三条主线共同影响经济增长速率。

1. 就业人口

一个经济体中的总人口数取决于出生率和死亡率,出生率的提高使出生人口增加,进而增加总人口,死亡率则相反,反过来总人口的增加则会使出生人口和死亡人口同时增加。当出生率高于死亡率时,总人口就会增加。在短期,即经济系统不发生重大变化时,经济活动人口占总人口的比例保持稳定,因此总人口的增加将引起经济活动人口的增加。同时,当该经济体发展稳定,不发生经济危机时,就业人口占经济活动人口的比例也保持稳定,因此就业人口随经济活动人口的增加而增加。就业人口的增加意味着参与社会生产的劳动者的增加,因此,当资本和技术水平保持一定时,增加就业人口能够促进经济增长。

2. 金融创新水平

金融创新水平直接取决于金融创新速率,而引起金融创新速率提高的因素有两个:一是金融从业人员数量的增加,二是相关工作人员努力程度的提高。金融从业人员数量与总人口数量的变化类似,由入职率和离职率共同决定:当入职率高于离职率时,金融从业人员数量增加;入职率受金融行业 R&D 支出的影响,若该支出增加,则金融行业更具有吸引力,从而促使更多劳动者从事该行业。工作人员的努力程度受生活压力影响,较大的生活压力会影响工作人员情绪,并干扰其正常工作,而生活压力的减轻能使从业者将更多精力用于工作;生活压力受到储蓄额和物价水平的共同影响,当金融从业者的收入不变或变化较小时,物价水平的提高使其不得不缩减原有消费,或者动用储蓄维持原来的消费水平,而这些措施都将增加生活压力。

当金融从业人数和从业者努力程度提升时,金融创新速率提高,从而金融创新水平随之提高。金融创新水平的提高能够增加企业融资和居民投资渠道,降低融资成本,加快资金流动,促进生产服务性企业的共同发展,推动经济增长。

3. 固定资产投资总额

经济体中某年的固定资产投资总额,一方面取决于本年固定资产折旧,另一方面取决于本年固定资产投资。资产折旧率由社会发展水平决定,短期内保持不变,本年固定资产投资对投资总额具有更大的影响。根据凯恩斯的经济理论,投资是利率的减函数,本年固定资产投资主要取决于利率水平;古典经济学认为利率水平由资金供给与需求共同决定，在本系统中，资金供给来自居民储蓄，资金需求是一个内生性的因素，取决于利率水平和投资者意愿。就业人数和金融创新水平不变时，产量随固定资产投资总额的增加而增加，而产量的增加代表着经济的发展。

2.5.1.2 刹车引擎

总体来看，各国经济发展的过程可分为两个阶段：第一阶段利用资源环境换取经济增长，第二阶段以累积的发展成果换取可持续发展。目前，大多数国家处于第二阶段。因此，我们将环境约束作为引起经济下滑的主要因素。环境约束有两种表现形式：一是环境污染，二是资源枯竭。在各种资源中，不可再生能源的过度使用对环境破坏最大。能源的消耗量取决于金属冶炼、电力等生产性需求，而这些生产性需求又由全社会对其下游产品的需求决定，因此，能源消耗量受本年固定资产投资的影响，该投资增加，能源消耗量增加，环境污染加重，从而经济增长速率下滑，对经济增长量起负作用。

2.5.2 系统流图的构建

在因果关系图基础上，本节选取经济增长量、金融创新水平、固定资产投资总额、金融业从业人员、总人口、居民储蓄、能源消耗总量等为存量；经济增长速率、经济下滑速率、金融创新速率、本年固定资产投资、本年固定资产折旧、年入职人数、年离职人数、年出生人数、年死亡人数、居民财产性收入、居民消费与能源消耗速率等为流量；其余变量为辅助变量。经济增长系统的流图如图 2-5 所示。

经济增长速率受三个存量的影响：总人口、金融创新水平和固定资产投资总额。对于劳动力要素，净出生人数（年出生人数 - 年死亡人数）的增加引起总人口这一存量的增加，进而通过经济活动人口和就业人口的增加引起经济增长速率的提高。对于全要素生产率要素，净年入职人数（年入职人数 - 年离职人数）的增加导致金融从业人员的增加，同时，居民净收入（居民财产性收入 - 消费支出）的减少增加职工生活压力，提高其工作努力程度；两者通过增加金融创新速率这一流量，引起金融创新水平的提高，进而提高经济增长速率。在资本要素方面，净资产投资（本年固定资产投资 - 本年固定资产折旧）的增加使固定资产投资总额增加，促进经济增长速率的提高。经济下滑速率由能源消耗总量决定。随着本年固定资产投资的增加，能源消耗速率加快，能源消耗总量增加，进而引起环境污染，减缓经济增长。综上，经济增长量是一个存量，由净流量，即经济净增长速率(经济增长速率-经济下滑速率)决定,同时本研究加入心理预期因素,当实际经济增长量低于预期时,受政策导向、民众期望和国际影响等心理因素的作用,决策者将力求缩减差额,并引导民众更加努力地实现未来经济增长。

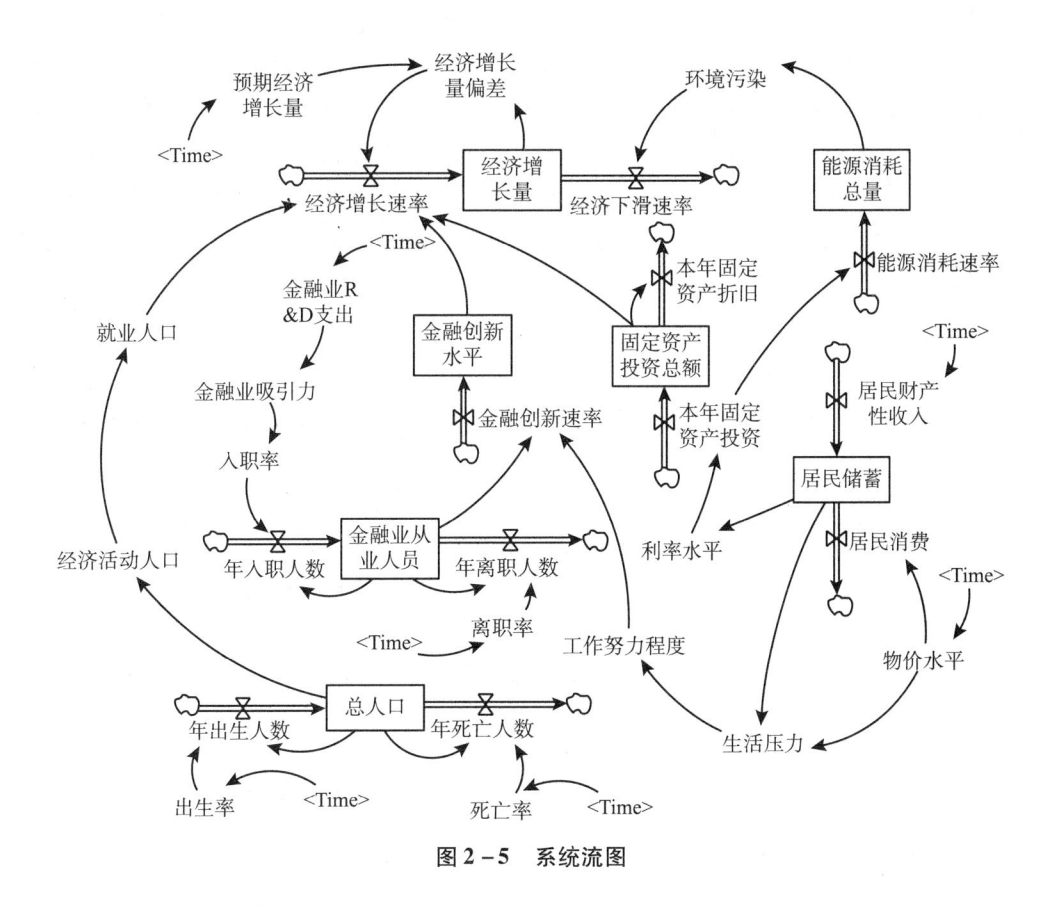

图 2-5 系统流图

2.5.3 系统动力学模型的建立

本章样本数据来源于《中国统计年鉴》《中国金融年鉴》及 Wind 数据库、锐思金融数据库与中经网统计数据库,全样本区间为 2000~2014 年,其中训练集样本区间为 2000~2012 年,测试集样本区间为 2013~2014 年,其中训练集样本用于模型的建立,测试集样本用于评估模型的准确性。由于系统动力学模型存在一些因果关系难以量化的缺陷,因此本章采用计量经济学方法来弥补系统动力学模型这一缺陷,主要采用线性回归与非线性回归方法来确定系统动力学方程式,并且各方程的回归系数均通过了显著性检验,计量经济学模型运行环境为 EViews8.0 软件,由训练集样本区间所得到的系统动力学模型如下所示:

(1) 经济增长量 = INTEG(经济增长速率 − 经济下滑速率, 9537.5)（单位：亿元）

(2) 预期经济增长量 = WITH LOOKUP（Time，数组）（单位：亿元）

(3) 经济增长量偏差 = 预期经济增长量 − 经济增长量（单位：亿元）

(4) 经济增长速率 = 经济增长量偏差 + 金融创新水平 × LN[0.4 × LN(就业人口) + 0.6 × LN(固定资产投资总额)]（单位：亿元/年）

(5) 经济下滑速率 = 0.1 × 环境污染 − 1211.45（单位：亿元/年）

(6) 金融业 R&D 支出 = WITH LOOKUP（Time，数组）（单位：亿元）

(7) 金融业吸引力 = 2550.67 + 14.2353 × 金融业 R&D 支出 − 0.003712 × 金融业 R&D 支出^2（单位：万人）

(8) 入职率 = LN[ZIDZ(金融业吸引力, 1 + 金融业吸引力)] + 0.08

(9) 离职率 = WITH LOOKUP（Time，数组）（单位:%）

(10) 金融业从业人员 = INTEG(年入职人数 − 年离职人数, 327)（单位：万人）

(11) 年入职人数 = 金融业从业人员 × 入职率（单位：万人/年）

(12) 年离职人数 = 金融业从业人员 × 离职率（单位：万人/年）

(13) 金融创新速率 = 工作努力程度 × LN[ZIDZ(金融业从业人员, 1 + 金融业从业人员)]

(14) 金融创新水平 = INTEG(金融创新速率, 1)

(15) 出生率 = WITH LOOKUP（Time，数组）（单位:%）

(16) 死亡率 = WITH LOOKUP（Time，数组）（单位:%）

(17) 年出生人数 = 总人口 × 出生率（单位：万人/年）

(18) 年死亡人数 = 总人口 × 死亡率（单位：万人/年）

(19) 总人口 = INTEG(年出生人数 − 年死亡人数, 126743)（单位：万人）

(20) 经济活动人口 = 0.54982 × 总人口 + 5124.82（单位：万人）

(21) 就业人口 = 0.903806 × 经济活动人口 + 5558.45（单位：万人）

(22) 本年固定资产投资 = −24233.5 × 利率水平 + 286067（单位：亿元/年）

(23) 本年固定资产折旧 = 0.03 × 固定资产投资总额（单位：亿元/年）

(24) 固定资产投资总额 = INTEG(本年固定资产投资 − 本年固定资产折旧, 32914.7)（单位：亿元）

(25) 能源消耗速率 = −2.04559 × 本年固定资产投资 + 5.3e^{-006} × 本年固定资产投资^2 − 5.29e^{-012} × 本年固定资产投资^3 + 105852 × LN(本年固定资产投资) − 1.03732e^{+006}（单位：万吨标准煤/年）

(26) 能源消耗总量 = INTEG(能源消耗速率, 145531)（单位：万吨标准煤）

(27) 环境污染 = 0.030621 × 能源消耗总量 − 4520.02（单位：亿元）
(28) 居民财产性收入 = WITH LOOKUP（Time，数组）（单位：元）
(29) 物价水平 = WITH LOOKUP（Time，数组）（单位:%）
(30) 居民消费 = 839.823 × 物价水平 − 75196（单位：元）
(31) 居民储蓄 = INTEG(居民财产性收入 − 居民消费，10000)（单位：元）
(32) 利率水平 = − 0.001962 × 居民储蓄 + 9.40368（单位:%）
(33) 生活压力 = ZIDZ(物价水平，居民储蓄)
(34) 工作努力程度 = SQRT(生活压力)

2.5.4 模型有效性检验

上一节所建立的计量经济学与系统动力学组合模型能否用于分析经济增长与金融创新之间的关联性，必须进行模型有效性检验。下面用测试集样本检验模型的正确性，测试集样本区间为 2013 ~ 2014 年，模型运行环境为 Vensim PLE 软件，本节列出经济增长量与金融业从业人员的实际值、仿真值及相对误差，统计结果见表 2 − 1 和表 2 − 2。

表 2 − 1　　经济增长量的实际值、仿真值及相对误差统计

年份	经济增长量		
	实际值（亿元）	仿真值（亿元）	相对误差（%）
2013	53895.8	49160.1	8.79
2014	48119.9	50976.7	5.94

表 2 − 2　　金融业从业人员的实际值、仿真值及相对误差统计

年份	金融业从业人员		
	实际值（万人）	仿真值（万人）	相对误差（%）
2013	537.90	542.57	0.87
2014	566.30	564.00	0.41

从表 2 − 1 和表 2 − 2 可以看出，经济增长量与金融业从业人员在 2013 ~ 2014 年间的实际值与仿真值的相对误差不超过 10%，模型仿真效果良好。因此，本章建立的计量经济学与系统动力学组合模型有效，可以用于分析经济增长与金融创新之间的关联性。

2.5.5 模型仿真结果分析

确定模型有效性之后,本章首先对2020年前的经济增长量与金融业从业人员进行预测,预测结果见表2-3。

表2-3 经济增长量与金融业从业人员预测结果

年份	经济增长量(亿元)	经济增长率(%)	金融业从业人员(万人)
2015	54886.7	7.94	586.06
2016	54963.6	7.37	608.97
2017	55259.5	6.90	632.78
2018	55925.3	6.52	657.53
2019	57150.9	6.25	683.24
2020	59165.8	6.08	709.95

从表2-3可以看出,未来几年内我国经济增长速度放缓,但总体上经济增长速度保持在6%以上,经济形势发展较好,到2020年经济增长量将达到59165.8亿元。此外,金融业从业人员逐年增加,到2020年金融业从业人员将达到709.95万人,比现在从业人员增加21%,显示出金融业在经济系统中发挥越来越不可忽视的重要作用。

其次,进行不同情境下的仿真模拟,由索洛模型得到经济增长的源泉来自于资本量的变动、劳动量的变动和全要素生产率的变动,再加上环境污染的影响,本章设计四种仿真策略。

策略一:资本量的变动取决于利率的变动,而利率取决于居民储蓄,居民储蓄的多少由居民的财产性收入决定,未来几年内居民收入会持续增多,为此我们以2014年的居民财产性收入为基准,2015~2020年间居民财产性收入每年递增2000元。

策略二:影响劳动率的变动因素归根到底取决于出生率和死亡率的变动,近年来由于我国部分地区老龄化进程加快,老年人口规模不断扩大,人口结构变化给经济发展带来了不小的压力,为此中国近年来已开始实行宽松的人口政策,特别是2015年国家全面放开二胎政策,借此来提高出生率。虽然现在医疗水平得到了较大提高,但由于环境污染因素人们的患病率也相应有所提升,因此比较2015年前的数据,这里将2015~2020年间出生率设置为1.3%,死亡率不变。

策略三:金融业R&D支出增多,可以吸引更多的金融人才,从而更好地推动金融创新,充分发挥金融创新对经济增长的促进作用,为此我们以 2014 年的金融业 R&D 支出为基准,2015~2020 年间金融业 R&D 支出每年递增 100 亿元。

策略四:新常态下,中国经济面临由资源密集型向资源节约型转变的挑战,生态文明建设也被纳入政府工作日程,为此国家在环境污染方面的投资逐年增加,以 2014 年的环境污染投资支出为基准,2015~2020 年间环境污染投资支出每年递增 1000 亿元。

策略一、策略二和策略三相当于给经济增长系统的增强回路"踩下油门",策略四则相当于放松经济增长系统增强回路的约束而"松开刹车",四种仿真策略对经济增长的影响如图 2-6 所示。

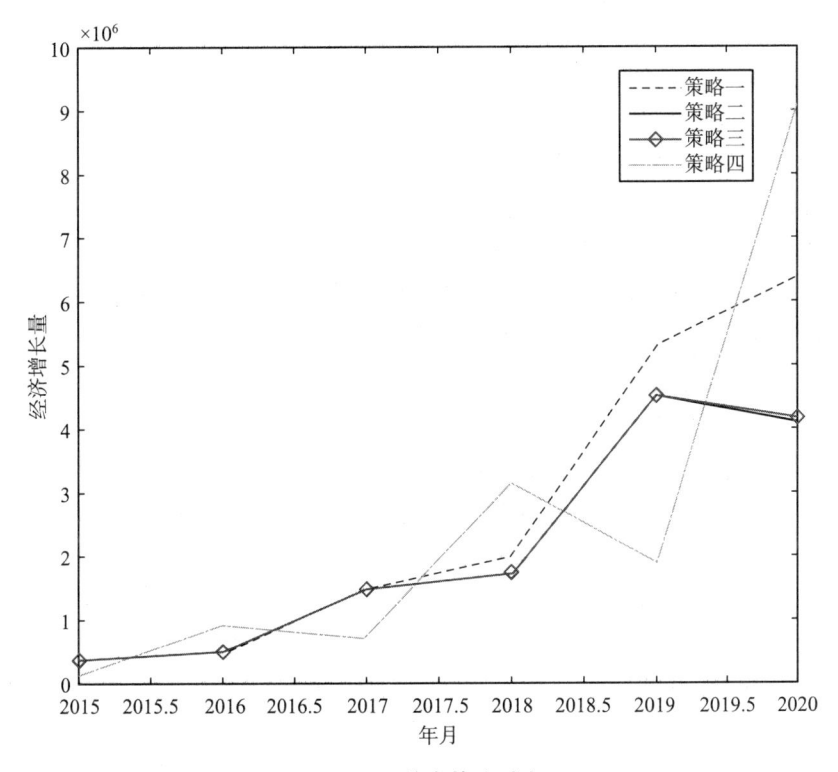

图 2-6 仿真策略对比

从图 2-6 中可以看到,长期来看策略四对经济增长的作用效果最显著,策略一次之,而策略二和策略三居末,且二者作用效果相差不大。尽管促使增强回路旋转得更快的策略更容易实施,但通常这种策略都不够睿智,因为在这种情况下,越是用力推动增强回路旋转,其反弹力就越大,相比之下策略四更好一些,对经济增长系统放松约束,增强回路就会按照自己的节奏旋转起来,顺其自然就会实现良性增长，说明保护环境是关乎人民福祉的长远大计。同时，从图2-6中也可以看到，增强回路占据优势时，经济增长进入指数增长周期，然后被衰落周期所打断，在这种情况下，调节回路不仅阻止了增长，还将增强回路从良性循环变成了恶性循环，所幸在经济衰退之前约束已被消除掉，总的趋势是增长。就我国目前经济发展阶段而言，全要素生产率还落后于西方欧美发达国家，尤其是金融创新与发达国家相比还有很大差距，以至于金融创新对经济增长的促进作用没有得到充分发挥，因此策略三对我国国情而言同样可取。

2.6 小　结

本章从加入技术进步的索洛模型出发，把经济增长源泉划分为三大要素：资本量的变动、劳动量的变动和全要素生产率的变动，其中全要素生产率用金融创新水平来代表。由于系统动力学模型一直缺乏严格的理论基础，且存在着一些结构关系难以量化的缺点，本章创新点在于通过结合计量经济学与系统动力学这一研究方法深入分析经济增长与金融创新之间的关联性。模型中把资本量、劳动量、全要素生产率作为经济增长系统的增长引擎，同时加入环境污染约束因素为增长引擎提供"刹车"功能。本研究选取的全样本区间为2000~2014年，其中训练集样本区间为2000~2012年，测试集样本区间为2013~2014年，测试集样本检测表明模型是有效的。针对经济增长源泉的三大要素及环境污染约束因素，本章设计了四种仿真策略，其中策略一、策略二和策略三相当于给经济增长系统的增强回路"踩下油门"，策略四则相当于放松经济增长系统增强回路的约束而"松开刹车"，仿真结果表明长期来看策略四对经济增长的作用效果最显著，策略一次之，而策略二和策略三居末，并且作用效果相差不大。但就我国目前经济发展阶段而言，全要素生产率远远比不上西方欧美发达国家，金融创新水平还远远不够，因此策略三对我国国情而言同样可取。由于经济增长系统的复杂性，本章研究存在一些不足之处，相关经济变量的选取还不完全，经济变量之间的因果关系考虑得相对简单，有待深入研究。

第 3 章

金融创新与经济增长关系研究：基于扩展的罗默模型的分析

本章主要研究金融监管环境下，金融创新、金融监管和经济增长之间的关系，研究在新经济环境下，我国金融产品创新推动金融发展，进而推动经济增长的理论过程。本章通过对罗默和卢卡斯等人内生经济增长模型的拓展运用，在罗默模型中加入了人力资本部门和监管因子，得到了与卢卡斯模型相似的结论。在理论模型基础上，用 VAR 模型进行实证分析，验证理论模型的结论，说明金融创新、人力资本积累对经济发展的推动作用，并提出相关对策建议。

3.1 引 言

近年来，我国金融业发展进入了一个全新的时代。2008 年以后，美国次贷危机蔓延全球，对世界经济造成了严重的破坏。从 2008 年的数据看，美国金融业发展对 GDP 的贡献高达 29%，可见金融业的健康快速发展对其经济增长有明显作用。金融业的活力客观上反映了一国经济的活跃程度，其稳定健康安全的发展更关系到社会稳定和国民生活的方方面面。因此，各国政府在制定发展战略时，都不得不把金融业的发展规划放在议程表的前列，考虑如何通过对金融体系内的各个要素，如金融机构、金融市场、金融工具等进行有效的规划和监管，以实现金融对实体经济的促进作用。与其他发达国家相比，我国现代金融业起步较晚，由于我国市场的特殊性，不能教条地照搬他国金融发展的经验，需要在摸索中前进，探索自己的金融发展道路。金融发展能够推动经济增长，而在经济全球化背景下，金融发展的内部机理，金融创新如何推动金融发展，金融创新对金融发展有多大的贡献，如何利用金融创新促进金融发展进而推动经济增长，如何理解金融监管与金融创新的辩证关系，金融监管该如何随着金融创新动态调整等诸多问题都有待研究。

就金融监管而言，新巴塞尔协议并不能完全满足新经济环境下金融业监管的需求。2008年金融危机的爆发，是因为摩根大通、房地美、房利美等大型投资银行为了规避监管，追求高利润，创造了大量的新型金融工具，客观上放大和集中了金融业的内在风险，而这仅仅是金融在不合理监管模式下的一个缩影。随后，2010年《巴塞尔协议Ⅲ》颁布，对金融业提出了更加综合全面乃至苛刻的监管要求。《巴塞尔协议Ⅲ》在2004年出台的《巴塞尔协议Ⅱ》的基础之上，提高了商业银行的资本充足率要求，新增加了资本缓冲内容，更加重视银行的资本质量，在流动性方面做出了新的约束。《巴塞尔协议Ⅲ》的出台主要是为了确保银行经营的稳健性，以保证地区乃至全球金融体系的稳定。

由上可知，金融业发展对经济的快速健康发展有十分重要的作用。经过30多年来的改革开放，我国经济发展已经取得了极大的成效，完成了由计划经济体制向社会主义市场经济体制的转变，成长为世界第二大经济体，是世界经济体系中不可忽视的一股力量。但是，我国经济仍然存在着许多难以避免的问题，例如我国经济发展不协调，产业结构不合理，第三产业尤其是金融业发展有待提高，创新精神缺乏，而创新是一个国家和民族不断发展的源泉。因此，本章在罗默和卢卡斯等人的理论基础上，拓展运用内生经济增长模型，希望能够发现金融创新推动经济增长的内在机理。

3.2 文献综述

金融发展能够推动经济发展已经是众所周知的事情，近年来国内对该类问题的研究主要集中在金融创新与经济发展的关系问题上，学者越来越重视金融创新与金融发展的内在关系，探索金融创新如何推动金融发展，进而影响经济发展的进程。

在创新与经济增长的关系方面。贺俊和陈华平（2006）研究了创新水平与经济增长的内在关系，认为人力资本投入的效率对经济均衡增长更加重要，是经济增长的关键。黎欢和龚六堂（2014）从企业家精神的角度，考察了企业研发与创新对金融发展以及经济增长的影响，认为金融中介有重要的作用，它可以提高企业研发投入的强度从而影响到经济发展，认为政府应该对金融系统进行改革，拓宽企业融资管道。唐国华（2014）同样从产品创新的角度，分析中国经济增长的内生性问题，他认为在推动中国经济增长的各个因素中，企业家精神以及产品创新的内生动力具有至关重要的作用。对于单独的企业来讲，产品创新的作用是关键的，而对于宏观经济来说，产品创新同样不可或缺。

在研究金融创新与经济发展的相互关系方面。赵喜仓和诸葛秀山（2008）研究了金融创新对我国经济增长的内在推动力，指出在我国金融创新虽然对经济增长有一定的推动作用，但仍然存在诸如创新效率不高等问题。此外，李向军和解学成（2010）运用 IS–LM 模型研究了金融创新与经济增长的关系。他们发现金融创新具有两面性，只有市场的实际利率大于预期利率时，金融创新才会推动经济发展。

在研究金融发展与经济增长的相互关系及作用机理方面。王永中（2007）对金融发展和经济发展的关系进行了系统的理论分析，他认为金融发展与经济增长相互推动、互为因果，也正是这种关系导致了以金融体系高度发达、经济高速增长为特征的高度均衡和金融体系不太发达、经济低速增长的低度均衡共存的现象。阳佳余和赖明勇（2007）研究了金融发展如何影响一个国家经济的长期运行的作用机制，他们认为较高的金融发展水平能够提高经济的稳态增长率。

在研究金融创新与金融监管的互动关系方面。李树生（2008）通过分析美国金融危机，研究了金融创新与金融监管之间的动态关系，认为金融创新和金融监管之间是动态博弈的关系，金融发展既需要金融创新作为其源动力，同时也需要金融监管维护金融系统的安全稳定，二者共同发展，共同促进金融改革的深化。涂明辉（2014）研究了如何在金融创新环境下保持银行监管的有效性，使金融监管和金融创新相适应，他提出金融创新必须在金融监管的框架内进行，政府和金融监管当局既要对金融机构、市场和产品进行约束，也要对其经营行为进行有效监管。李泽广和王刚（2014）从金融制度的供给和需求方面，对金融创新和金融监管的结构性错配进行了探讨，他们认为金融业务的过度创新要求更高的监管技术，金融危机是微观金融服务创新过度与总体金融需求的不足，以及金融监管制度的供给不足与金融服务之间矛盾的产物。刘艳艳（2014）从影子银行角度深入地分析了金融创新与金融监管二者之间的内在关系，认为金融创新是金融业发展的动力，金融监管必须跟上金融创新的步伐，防止金融创新过度无节制地发展。刘霞（2014）对次贷危机后各国在金融监管职能、目标及体制方面的改革进行了比较，认为我国应该强化金融监管的国际协作，注重宏观审慎与微观审慎监管相结合，保证金融监管体制和金融市场结构的匹配。

从国外研究来看，罗默（1986）首先在完全竞争条件下建立了内生增长模型，他将技术进步内生化，认为是以下三个条件最终实现竞争性均衡：首先，要把知识当做一种生产要素，而且这种生产要素具有边际报酬递减性质，这是将内生增长模型与新古典增长模型区别开来的关键所在；其次，生产出来的消费品与生产新的知识是报酬递减的，这使长期递增且有界的增长率的存在成为可能；最后，知识具有外部性，即如果企业通过研发活动产生新的知识，那么这不仅仅对企业自身有益，而且对其他企业有正的外部效应。厂商在研发新知识时只考虑自身的利益回报而没有考虑知识的外部性，从而使得社会的最优投资高于完全竞争均衡厂商的投资，说明政府为了实现帕累托改进，可以采用适当的政策手段。罗默（1990）通过建立一个三部门经济模型，研究了经济增长的内生动力，认为人力资本总量决定经济增长速度，经济增长最终是由技术进步引起的，是研究部门不断设计，促使了整个经济的增长，其缺陷主要是对最终生产部门的假设仍然是完全竞争性市场，而且对人力资本也假定是外生的。卢卡斯（1988）沿袭了索洛模型中的相关分析，把技术进步看做外生变量，认为国与国之间的收入差异是由人力资本和实物资本的差异造成的。卢卡斯认为，在经济达到一般均衡状态时，人力资本和物质资本的边际产品是相等的，而一个经济的初始条件决定了经济将在哪一个点实现均衡。由此他得出结论：从长期来看，所有经济体的经济增长速度都会相同，但是由于经济体间初始条件的差异使得人均产出水平也会出现差异，也就是一开始就富裕的国家将会一直富裕下去，而一开始就贫穷的国家也将一直贫穷下去。总的来说，卢卡斯的内生增长模型强调在经济增长和技术内生化中人力资本的重要作用，但却忽略了研究和开发的投入对创新的关键性影响。格罗斯曼和埃尔普曼（Grossman & Helpman，1991）构建了一个包含研发和消费品生产的两部门模型。消费品生产部门购买研发部门生产的产品（即知识或新技术）来生产新型消费品，假定每一种消费品只能有一个厂商来生产，由于知识有不完全竞争的特点，厂商为了支付专利费必须使产品定价高于其边际成本。该模型还假定消费者的偏好具有多样性，即消费品种类增加无法使厂商获得更高的收益，但是可以增加消费者的效用。因此，他们得出结论：一个经济体实现内生增长的根源是知识具有以下两种外部性：一是新的知识使得研发部门的生产率得到提高并且使成本下降，二是消费品的多样化使得消费者效用得到提高。正是知识的外部性造成了社会收益和私人收益之间产生了差异，建议政府对研发部门进行补贴，这样才能够实现帕累托最优。阿吉翁和豪伊特（Aghion & Howitt，1989）在其模型中设立了研发部门，通过这一部门实现技术进步在模型中的内生化。他们认为，长期来看，经济实现均衡时，经济的平均增长速度具有随机性，即经济增长速度有可能低于也有可能高于最优增长速度，这是由于产品创新具有正、负外部性，且这两种外部性影响的大小不能确定。

综上可知，当前对金融创新与经济增长以及金融发展对经济增长的研究比较多，而对金融创新如何推进金融发展的研究较少，对金融监管和金融创新的关系研究也大多为理论研究，缺少实证研究。因此，本章通过建立理论模型，并进行实证研究，寻找金融创新与金融发展以及经济增长的关系。

3.3 经典经济增长理论模型

经济增长通常理解为：在一个较长时期内，一国商品、劳务和人均收入水平持续增加。经济增长用 GDP（Gross Domestic Product，国内生产总值）、GNP（Gross National Product，国民生产总值）等指标来衡量。西方学者已经对经济增长的内在原因进行了长期的研究与分析，但是，不同的理论对经济增长的原因有不同的解释。

3.3.1 新古典经济增长理论

新古典经济增长理论最早产生于20世纪30年代，经过多年发展逐渐成熟和完善，其代表人物是罗伯特·索洛（Robert Solow）。该理论抛弃了古典经济学中不存在技术进步的假设，提出了一系列新假设，但仍有大部分思想沿袭凯恩斯理论，因此被称为新古典经济增长理论。他们假定随着资本的积累，投资回报会越来越少，而经济增长的根源在于资本积累。因此，一个国家储蓄率的高低将决定其经济增长速度的快慢，储蓄率越高则投资越高，经济增长越快。索洛模型得出结论：如果在总收入中资本的占比较小，那么资本积累不能解释经济的长期增长，更不能解释国家之间收入水平的不同。该模型中的有效劳动被当做外生变量，既没有说明也没有解释其决定因素。内生增长模型把知识因素加入到经济增长系统中，建立知识积累模型，分析知识的产生原理以及资源在知识生产上的分配问题，从新的角度研究经济增长的动力根源。

3.3.2 内生经济增长理论

知识和技术的积累与进步是研究经济增长问题不可忽略的因素。从世界各国的经济发展史中不难看出，知识和技术进步对于整个经济的推动作用。因此，把知识和技术进步当做外生变量，建立经济模型来研究经济增长是片面且不合理的。在建立经济增长模型时，应把知识的开发与积累、技术的投入与积累都引入模型中，即 R&D 模型。为了研究便利，可运用生产函数来表示经济增长机制，把劳动、资本以及知识和技术有效地结合起来。虽然这并不是对技术进步最完善的表达，但却是一种有效合理的表达方式。当其他因素确定时，研发投入越多，新的知识和技术产生的就越多，这正是生产函数所要表达的重点。

20世纪80年代后,以罗默和卢卡斯为代表的一批经济学家突破了索洛代表的新古典经济增长理论的分析框架,提出了新增长理论,即内生经济增长理论。内生增长理论否定了新古典增长理论中关于技术外生性以及规模收益不变这两个假定,并提出了三个新假设:第一,技术进步具有内生性,技术进步与研发和教育投入有关;第二,投资回报并不一定随着资本量的增加而减少;第三,知识是一种特殊的生产要素,它不但能够对经济产生正外部性,而且还会导致边际收益的增加。

3.3.2.1 罗默模型

罗默(1986)提出了他的第一个内生经济增长模型,经过了两次改进,罗默模型已经成为研究研发活动对经济发展内在推动力的经典模型。他运用模型来解释经济增长在完全竞争条件下的内在原因。他认为新古典增长理论不能解释发达国家与发展中国家的经济发展差距日益扩大等问题,是因为其核心假定——规模收益不变造成的。而新古典增长理论的技术外生假定恰恰是经济增长的内在原因。据此,罗默构建了一个新的模型,使经济增长理论实现了一个新的飞跃。

罗默假设在经济中只有两个部门:产品生产部门和研究开发部门。用 a_L 表示在整个经济中投入到研究开发部门的劳动数量占全社会劳动总量的百分比(L 表示劳动)。同理,用 a_K 代表整个经济中投入到研究开发部门的资本数量占全社会资本存量的百分比(K 表示资本)。推理可得,在整个经济中投入到产品部门的劳动力占全社会劳动总量的百分比为 $1-a_L$,投入到产品部门的资本占全社会资本总量的百分比为 $1-a_K$。假定 a_L、a_K 是外生变量,且不会随时间而变化。该模型的关键假设在于,罗默认为知识的使用不会仅仅局限在研究开发部门或者产品生产部门,而是具有"共享"的性质。因此,知识如何在研究开发部门和产品生产部门之间分配的问题可以忽略不计。

用 G 表示研究开发部门的生产函数(即知识的增长率),用 F 表示产品生产部门的生产函数。那么在 t 时刻,经济的总产出 $Y(t)$ 和知识的增长率 $\dot{A}(t)$ 用公式表示为:

$$Y(t) = F((1-a_K)K(t), (1-a_L)A(t)L(t)) \tag{3.1}$$

$$\dot{A}(t) = G(a_K K(t), a_L L(t), A(t)) \tag{3.2}$$

显然,对于知识的生产无法像产品生产那样假定其具有规模报酬不变的特性。这是因为,如果把生产知识所需要的各类要素都增加相同规模,而这些要素的作用、种类等特征并没有变化,这也就意味着知识并没有更新,知识没有被"生产"出来。从这一角度讲,似乎应该假定知识生产具有规模报酬递减效应。但是,知识生产设备、知识的交流学习等因素增加也有可能会使得知识生产具有规模报酬递增的效果。所以,不能简单地假定知识生产规模报酬保持递增还是递减。

知识的生产还受到一些外部因素例如基础学科发展、教育普及程度的影响。因此,需要引入一个移动参数来概括这些因素。同时,假设知识生产函数以及产品生产函数都是柯布-道格拉斯函数,那么:

$$Y(t) = [(1-a_K)K(t)]^\alpha [(1-a_L)A(t)L(t)]^{1-\alpha} \quad (3.3)$$

$$\dot{A}(t) = B[a_K K(t)]^\beta [a_L L(t)]^\gamma [A(t)]^\theta \quad (3.4)$$

其中,α、β、γ、θ 和 B 均为常数,$0<\alpha<1$,$\beta \geq 0$,$\gamma \geq 0$,$B>0$,B 为移动参数,而参数 θ 可以是任何一个常数的值,因此 $\beta+\gamma+\theta$ 的值没有范围限制。$\theta=1$ 意味着知识存量与新知识同比例变动;$\theta>1$ 表示知识存量的变动会对新知识的生产产生深远的影响;$\theta<1$ 表示知识存量的变动只会对新知识的生产产生很小的影响。

在 R&D 经济增长模型中,储蓄率、折旧率和劳动人口增长率这三个变量同索洛模型假设是一致的,这里不考虑资本折旧,即假设经济处于均衡状态,储蓄等于投资。此时,可以得到:

$$\dot{K}(t) = sY(t) \quad (3.5)$$

$$\dot{L}(t) = nL(t) \quad (3.6)$$

由于该模型将技术进步内生化,使得对经济增长的分析变得更加复杂。基于此,利用该模型对经济增长的进行分析可以分步讨论。第一步,考察当产出不受资本影响时,知识和产出是如何增长的;第二步,打破第一步的假设,考察此时产出、知识和资本的增长问题。

产出不受资本影响,即 $\alpha=0$ 和 $\beta=0$,生产函数简化为:

$$Y(t) = (1-a_L)A(t)L(t) \quad (3.7)$$

$$\dot{A}(t) = B[a_L L(t)]^\gamma [A(t)]^\theta \quad (3.8)$$

由此可知,人均产出 $y(t) = Y(t)/L(t)$ 与知识存量 $A(t)$ 成正比;人均产出变动与知识存量变动成正比;人均产出增长率等于知识存量增长率:

$$\frac{\dot{y}(t)}{y(t)} = \frac{(1-a_L)\dot{A}(t)}{(1-a_L)A(t)} = \frac{\dot{A}(t)}{A(t)} \quad (3.9)$$

值得注意的是,$y(t)$ 不再表示单位有效劳动的产出,而是直接代表人均产出。令 g 表示技术进步增长率,即知识增长率,但 g 不再当常数看待,而是随时间变化的一个变量:

$$g = g(t) = \frac{\dot{A}(t)}{A(t)} \quad (3.10)$$

由于技术进步增长率(知识增长率)与人均产出增长率相同,因此只需研究知识增长率的变动即可。从式（3.3）可知，知识增长率可表示为：

$$g(t) = \frac{\dot{A}(t)}{A(t)} = Ba_L^\gamma [L(t)]^\gamma [A(t)]^{\theta-1} \tag{3.11}$$

其中，Ba_L^γ 是常值，$g(t)$ 的上升、下降或保持不变完全取决于 $[L(t)]^\gamma [A(t)]^{\theta-1}$ 是上升、下降，还是保持不变。可以得到知识增长率 $g(t)$ 的变化情况是：

$$\begin{aligned}\dot{g}(t) &= Ba_L^\gamma \{\gamma[L(t)]^{\gamma-1}[A(t)]^{\theta-1}\dot{L}(t) + (\theta-1)[L(t)]^\gamma [A(t)]^{\theta-2}\dot{A}(t)\} \\ &= Ba_L^\gamma [L(t)]^\gamma [A(t)]^{\theta-1} \{\gamma[L(t)]^{-1}\dot{L}(t) + (\theta-1)[A(t)]^{-1}\dot{A}(t)\} \\ &= g(t)[\gamma n + (\theta-1)g(t)]\end{aligned} \tag{3.12}$$

由此可知：

（1）当 $\gamma n - (1-\theta)g(t) > 0$ 时，$\dot{g}(t) > 0$，$g(t)$ 上升；

（2）当 $\gamma n - (1-\theta)g(t) < 0$ 时，$g(t)$ 下降；

（3）当 $\gamma n - (1-\theta)g(t) = 0$ 时，$\dot{g}(t) = 0$，$g(t)$ 不变。

式（3.12）可以改写为：

$$\dot{g}(t) = \begin{cases} g(t)(1-\theta)\left(\dfrac{\gamma n}{1-\theta} - g(t)\right), & \text{当 } \theta < 1 \text{ 时} \\ [\gamma n + (\theta-1)g(t)]g(t), & \text{当 } \theta \geq 1 \text{ 时} \end{cases} \tag{3.13}$$

当 $\theta < 1$ 且 $g(t)$ 恒等于 $\gamma n/(1-\theta)$ 时，$\dot{g}(t) = 0$，即知识的增长率 $g(t)$ 恒为常数。鉴于此，把 $\gamma n/(1-\theta)$ 记为 g^*，即：

$$g^* = \frac{\gamma n}{1-\theta} \tag{3.14}$$

从式（3.14）中可以得到以下结论：

劳动人口增长率为人均产出长期持续增长的必要条件。人均产出增长率 g^* 是人口增长率 n 的递增函数。这似乎意味着人口增长率高的国家，人均产出增长率就高。然而，事实往往并不完全是这样。从罗默模型的角度出发可以将这一现象解释为：知识作为一种财富可以被全世界、在任何地方使用，而人口的增长意味着将会有更多的人从事知识的生产，将可以推动知识这一财富的增长。当除了知识以外的其他要素相对固定时，单个国家的人口的增加虽然使得全世界的人均产出增长率增加，但却不一定提高了本国的人均产出增长率。而之所以说人口增长率是人均产出长期持续增长的必要条件，正是说明了如果没有人口的增长，新知识的生产将变得越来越少，知识增长率以及人均产出增长率也会越来越小。

研究开发部门雇用的劳动力所占的比例对经济长期增长没有影响。正如前面提到的，$\theta < 1$ 时，知识存量的变动只会对新知识的生产产生很小的影响。知识存量的增加，不但不会使得新知识的生产变得容易，反而变得越发困难。这就使得，虽然随着 a_L 增加，知识存量也必然增加，但新知识的生产却越来越少，知

识增长率也相应地随之下降。因此 a_L 的增加不会带来增长率的必然增长。

但是，罗默的第一个模型仍然存在缺陷，比如他只在完全竞争条件下分析了经济均衡增长，忽视了知识的异质性等问题。因此，罗默对其模型又进行了两次改进，他在新模型中将经济分为三个部门：中间产品部门、最终产品部门和研究部门。研究部门运用社会知识存量和人力资本生产新的知识，罗默注重产品的水平创新，也就是产品种类的创新，这使得发现新的中间产品成为可能；中间产品部门使用新知识和一部分资本品生产中间产品；最终产品部门使用中间部门生产出来的中间产品以及劳动力生产最终产品，其模型的基本表现形式为：

$$\max \int_0^\infty \frac{C^{1-\sigma}-1}{1-\sigma} e^{-\rho t} dt \tag{3.15}$$

$$\text{s. t.} \begin{cases} Y = \eta^r A^{\alpha+\beta} H_Y^\alpha K^r \\ \dot{K} = Y - C \\ \dot{A} = \xi H_A A \end{cases}$$

其中，$H_Y + H_A \leq H$。在该模型的框架下，罗默推导出了均衡时经济增长率：

$$g = \frac{\xi H - \psi \rho}{\psi \sigma + 1} \tag{3.16}$$

其中，$\psi = \dfrac{\alpha}{(1-\alpha-\beta)(\alpha+\beta)}$。

罗默的第三个模型指出了经济增长的内在原因是内生性的知识增加，分析了人力资本和技术创新对经济发展的内在影响。

3.3.2.2 卢卡斯模型

卢卡斯的内生经济增长模型与其他内生增长模型的区别是加入了人力资本，其生产函数为：

$$y = Ak^\alpha (uh)^{1-\alpha} \tag{3.17}$$

式（3.17）中，u 表示人进行生产活动的时间，h 表示人力资本，k 表示物质资本。将人力资本用于生产的时间标准化为 1，则 $u \in [0, 1]$。因此，从式（3.17）中可以发现，当物质资本和人力资本同比例变化时，总资本收益仍然是不变的。卢卡斯假设知识积累受到每一个行为人的能力，以及他在人力资本上花费时间（接受教育或者受到培训的时间）的影响。为了使生产函数和人力资本函数可以进行加总，假设所有的人都是同质的，即：

$$y_t = A_t k_t^\alpha (u_t h_t)^{1-\alpha} \tag{3.18}$$

$$h_t = B(1-u_t)^\beta h_t \tag{3.19}$$

卢卡斯进一步将资本划分为有形和无形资本两种类型，把劳动分为原始劳动（体力劳动）和人力资本（使用技能的劳动）。他认为人力资本积累才是经济增长的内生动力。卢卡斯通过模型解释了人力资本对生产的内外两种效应。人力资本的外在效应是平均人力资本造成的，而内在效应是每一个人单独的人力资本对生产率的影响。他指出，人力资本的积累方式主要有两种：一种是通过学校教育使经济社会中每个参与者的知识或者技能水平提高，这种方式与舒尔兹（Schultz）的观点类似，这种人力资本积累方式是内在效应；另一种是通过边干边学的方式，即在生产过程中通过实践以及生产经验的增加使得人力资本进一步积累，这种方式可以参考阿罗（Arrow，1962）的"干中学"模型，而这种人力资本积累方式是人力资本的外在效应。这种划分方式为那些无力增加教育投入通过内在效应增加人力资本积累的国家提供新的思路，就是直接引进新的技术、设备和产品，在实际生产过程中通过实践积累生产检验，钻研新的技术，通过外在效应提高劳动者素质进而增加人力资本积累速度。通过上述划分可以发现，卢卡斯的人力资本模型强调人力资本积累的外部效应，并且认为人力资本积累与人力资本的存量成正比。人力资本积累越快，则经济的产出速度越快；人力资本积累的越多，则经济的产出越多。这正是人力资本积累使得经济能够持续的增长，是经济发展的真正动力所在。

3.4　新经济增长理论模型的构建

本节扩展运用罗默的收益递增型内生经济增长模型和卢卡斯的人力资本内生增长模型，加入人力资本生产部门和一个外生变量——监管强度，并将罗默模型整体运用到金融业上，研究金融创新如何推动经济增长，从这一逻辑来分析金融创新、人力资本积累和金融监管的动态关系。本节主要扩展罗默模型的第三个版本，即罗默在1990年发表的论文中所描述的模型，改进后的形式为：

$$\max \int_0^\infty \frac{C^{1-\sigma}-1}{1-\sigma} e^{-\rho t} dt \qquad (3.20)$$

$$\text{s.t.} \begin{cases} Y = \eta^r A^{\alpha+\beta} H_Y^\alpha K^r \\ \dot{K} = Y - C \\ \dot{A} = q\xi_1 \omega_1 H_A \\ \dot{H} = \xi_2 \omega_2 H \end{cases}$$

其中，$H_A = \omega_1 H$，$H_D = \omega_2 H$，$H_Y + H_A + H_D \leq H$。

在模型中，H 代表人力资本总量，H_A 表示研究部门投入的人力资本数量，H_Y 表示最终产品生产部门投入的人力资本数量，H_D 表示人力资本生产部门投入的人力资本数量，K 表示资本量，A 为全社会的知识水平，L 表示劳动力，ω_1 表示金融机构用于研究和开发（即 R&D）中人力资本比例，ω_2 表示金融机构用于人力资本开发投入的人力资本比例，η 为每单位中间品需要投入的资本品数量，q 表示外部对金融业的监管强度，σ 表示跨期替代弹性的倒数，ρ 表示贴现率，ξ_1 表示研发部门的知识积累因子，ξ_2 表示人力资本生产部门的知识积累因子。

与罗默模型相比较，模型（3.20）增加了人力资本部门，将人力资本的作用内生化，并在研发部门增加了监管强度指标 q，用以观察外部监管对新产品的研发以及经济增长的影响。之所以在该处加入监管因子，是因为金融监管的实施首先在金融产品研发阶段就已经作用于金融系统。为了得到动态最优化解，观察模型新变化对金融发展的影响，需要使用汉密尔顿函数求解，在经济达到均衡时有：

$$\frac{\dot{C}}{C} = \frac{\dot{H}}{H} = \frac{\dot{A}}{A} = \frac{\dot{K}}{K} \tag{3.21}$$

可以得到均衡时的增长率为：

$$g = \frac{\xi_2 - \rho}{\sigma} \tag{3.22}$$

与罗默模型得到的均衡增长率 $g = \frac{\xi H - \psi \rho}{\psi \sigma + 1} \left(\psi = \frac{\alpha}{(1-\alpha-\beta)(\alpha+\beta)} \right)$ 比较发现，罗默认为经济增长与研发部门知识生产效率（即知识积累因子 ξ）成正比，与劳动力规模 L 无关。罗默模型揭示了分工深化是经济增长的内生动力，这说明教育投资和研发补贴对推动经济增长是有效的，产品水平创新能够推动均衡增长率的提升。

本节改进后的模型说明，经济增长率与人力资本生产部门的知识积累因子 ξ_2 成正比，这一结论与卢卡斯模型的结果比较相似，认为人力资本深化是经济发展的内生动力。值得思考的是，虽然我们在模型中加入了监管强度 q，但是在均衡经济增长率 g 中却没有得到反应，说明监管强度对经济增长没有影响，但这似乎与事实相悖。众所周知，对金融的有效监管可以保证金融系统的稳定与安全，一定程度上可以促进金融创新和经济发展。可能是模型只在研发部门加入了监管指标的原因，使得监管的重要性被弱化，才得到了金融监管与经济增长无关的结论。

3.5 实证研究

3.5.1 模型设定

基于新的经济增长理论模型，建立时间序列 VAR 模型，进行相应的单位根检验、脉冲响应函数和方差分解。本节数据选取 1992～2013 年相关时间序列数据。主要指标选取有金融业 R&D 支出以及金融业从业人数。实际上，如何量化金融创新还没有一个公认的指标,张学波(2008)曾使用创新业务占比,即银行创新业务收入占总收入的比重。赵喜仓(2008)使用了金融创新度(FIL),即一国资产总量与交易性金融资产的比例来衡量金融创新度。这三种指标虽然都有其内在合理性,但是没有从源头上反映金融创新。由于金融业在研究与开发上的投入直接促进金融产品的丰富与创新,是金融产品创新的条件与基础,因此,用金融业R&D支出来代表金融创新具有其合理性。金融业从业人数可以反映金融业人力生产部门的效率,在内生经济模型的实证研究中,许多学者使用了教育投入总量、高等学校R&D机构数量等来反映人力资本的发展,本节为了反映金融业人力资本生产情况,使用这一指标。本节选择GDP增长率反映经济增长。基本回归方程为:

$$GDP_t = C + \beta_1 FI_t + \beta_2 HC_t + u_t \tag{3.23}$$

其中,C为常数项,u_t为随机误差项,解释变量中FI_t代表金融创新,HC_t代表金融从业人数即人力资本,被解释变量GDP表示经济增长,β_1和β_2分别表示解释变量FI_t和HC_t的系数,反映了解释变量对被解释变量的影响程度。本节指标的数据来自于《中国统计年鉴》和国家统计局网站等。

3.5.2 实证分析

为了反映解释变量对被解释变量的动态影响程度,建立VAR模型。VAR(P)的一般形式为:

$$Y_t = C + A_1 Y_{t-1} + A_2 Y_{t-2} + \cdots + A_k Y_{t-k} + BX_t + \varepsilon_t, \quad t = 1, 2, \cdots, T \tag{3.24}$$

我们使用原有的3个变量代入到VAR模型中。首先,对时间序列进行平稳性检验,即单位根检验,平稳性是指生成变量时间序列数据的随机过程统计规律不会随着时间的变化而变化。通过Stata软件进行ADF(Augmented Dickey Fuller)单位根检验,ADF单位根检验的原假设为时间序列存在单位根,即时间序列是非平稳的。单位根结果见表3-1。

表3-1　　　　　　　　　　ADF单位根检验结果

Series	原序列		一阶差分	
	Constant	Constant with trend	Constant	Constant with trend
GDP	-2.314	-2.239	-4.490***	-4.322***
FI	-1.944	-1.850	-4.763***	-4.856***
HC	2.076	-0.119	-4.390***	-4.806***

注:Constant代表截距项,Constant with trend代表截距和时间趋势项,***、**、*分别代表1%、5%和10%的显著性水平。

由于样本数据较少,为使实证检验结果更加理想,将模型中的解释变量和被解释变量取对数,表3-1给出了原序列和取对数后进行一阶差分的序列单位根检验结果,原始序列中 GDP、FI 和 HC 在 1%、5% 和 10% 的显著性水平下均拒绝原假设,说明 GDP、FI 和 HC 的原序列都不平稳,对原序列进行取对数后一阶差分,ADF 的检验结果显示 GDP、FI 和 HC 序列都是平稳的。由于三者的序列都是平稳的,因此不再进行协整检验。随后,确定 VAR 模型的最佳滞后阶数,可以根据 AIC、SC 越小越优的原则来确定 VAR 模型的最优滞后阶数,其判断结果如表3-2所示。由此可知,选择最优滞后阶为4阶。VAR 模型的估计结果表明大多数系数显著。建立 VAR 模型后,为判断模型是否适合,检验模型平稳性,结果如图3-1所示。

表 3-2　　　　　　　　VAR 模型滞后阶数判断结果

log	LL	LR	FPE	AIC	HQIC	SBIC
0	25.3217		0.000035	-2.62608	-2.61146	-2.47904*
1	30.3986	10.154	0.000024	-2.16454	-2.10608	-1.57639
2	35.257	9.7169	0.000044	-1.6773	-1.57499	-.648036
3	39.7115	8.909	0.000015*	-1.14254	-.996377	0.327841
4	68.3048	57.186*	0.000027	-3.44762*	-3.25762*	-12.53613*

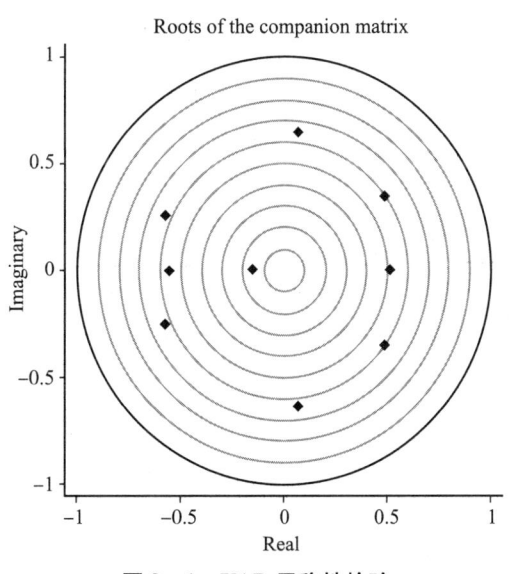

图 3-1　VAR 平稳性检验

由图3-1可知,所有单位根都在单位圆内,该模型稳定。纽约大学教授蔡瑞胸（Ruey S. Tsay）认为，格兰杰因果检验只是表达某事件是否发生在另一件事之前，是否对另一事物的预测有帮助，而脉冲相应是对信息的表达，二者是不相关的。因此，通过事先确定变量之间经济意义上的相关性，可以直接做脉冲回应。为了更好地观察三个变量间的因果程度，进行脉冲响应分析。在 VAR 模型基础上，脉冲响应结果如图 3-2～图 3-5 所示。可以看出，FI 和 HC 对 LNGDP 初期

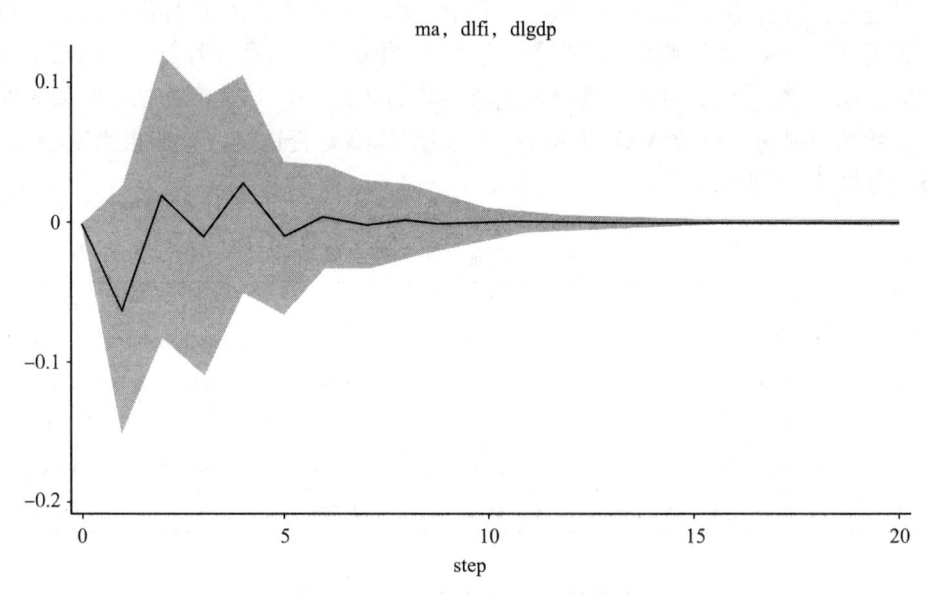

图 3-2　dlfi 变动对 lngdp 的影响

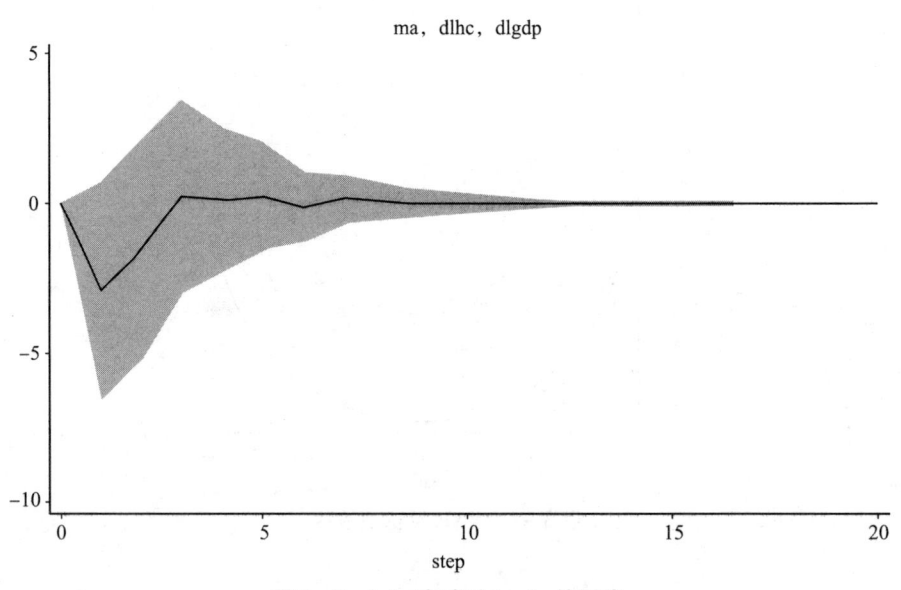

图 3-3　lnhc 变动对 lngdp 的影响

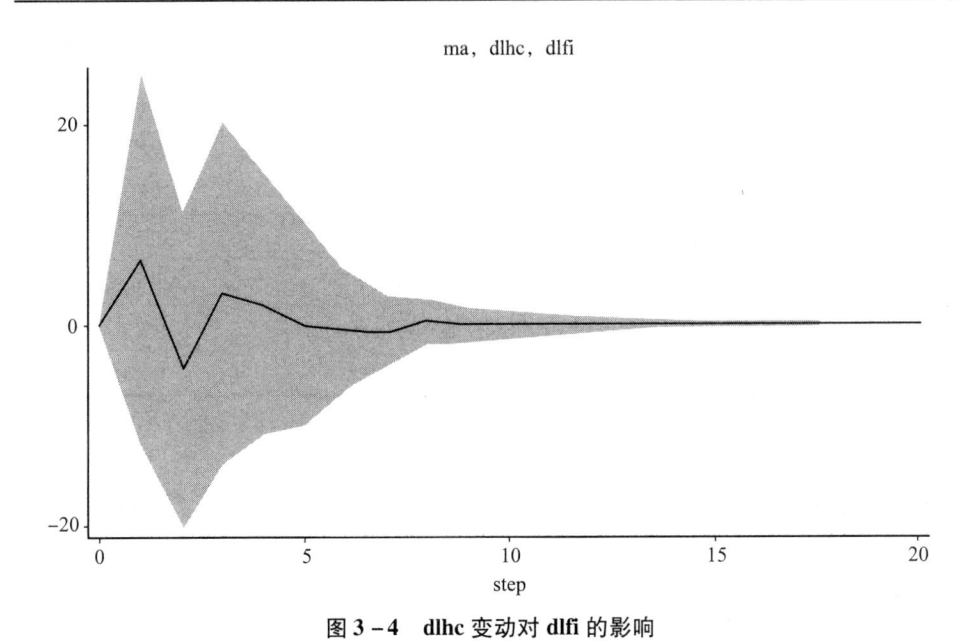

图 3 – 4　dlhc 变动对 dlfi 的影响

成负向影响,即当金融创新和人力资本有一个正的冲击时,GDP 的差分首先下降,然后上升,且 HC 人力资本对 GDP 的影响更大;HC 对 FI 大体上呈正向的影响,当人力资本有一个正的冲击时,金融创新将有一个大的升高,然后下降,之后趋于收敛。随后继续进行方差分解,分析每一个变量的变化对系统变量变动的贡献。方差分解结果见表 3 – 3。

表 3 – 3（a）　　　　　　　　　方差分解结果

step	fevd	Lower	Upper
0	0	0	0
1	0.009922	−0.081197	0.10104
2	0.054182	−0.120059	0.228422
3	0.056745	−0.133973	0.247462
4	0.058924	−0.142773	0.260622
5	0.069424	−0.149868	0.288716
6	0.071074	−0.154217	0.296365
7	0.071352	−0.15477	0.297473
8	0.071415	−0.154749	0.297579
9	0.071452	−0.154692	0.297597

续表

step	fevd	Lower	Upper
10	0.071456	-0.15465	0.297562
11	0.071465	-0.154688	0.297618
12	0.071465	-0.154697	0.297628
13	0.071465	-0.154698	0.297629
14	0.071466	-0.154701	0.297633
15	0.071466	-0.154702	0.297634

impulse = dlfi, response = dlgdp.

表3-3（b）　　　　　方差分解结果

step	fevd	Lower	Upper
0	0	0	0
1	0	0	0
2	0.104922	-0.140226	0.35007
3	0.126967	-0.107529	0.361463
4	0.127009	-0.105906	0.359923
5	0.125293	-0.103734	0.35432
6	0.125604	-0.10416	0.355368
7	0.125326	-0.102983	0.353634
8	0.125519	-0.103467	0.354505
9	0.125538	-0.103585	0.35466
10	0.125534	-0.103585	0.354653
11	0.125538	-0.10358	0.354656
12	0.125541	-0.103592	0.354675
13	0.125541	-0.103589	0.354671
14	0.125541	-0.103589	0.354671
15	0.125541	-0.103589	0.354671

impulse = dlhc, response = dlgdp.

从方差分解结果可以看出，金融创新对经济发展的影响逐渐增大，在后期趋于稳定，经济发展有7%的贡献来自于金融创新。而人力资本积累对经济发展的作用要比金融创新更大，后期经济增长的12.5%来自于人力资本积累，总体来说，人力资本积累对GDP变化的贡献度一直比较稳定，在第4期达到最大值。

3.5.3 结果分析

第一，从脉冲响应和方差分解结果来看，FI对GDP的影响很小，这可能是金融创新对金融发展的影响传导到经济增长的机制过长，金融创新对经济增长的影响被其他因素削弱抵消。当然，不排除这里指标选择的局限性。虽然金融机构R&D支出是金融创新的基础，但并不能反映金融创新的效率。新金融产品的产出水平并不能由金融R&D数据简单地反映出来，因此，更加合理反映金融创新的指标仍然有待寻找。

第二，从VAR模型和脉冲响应与方差分解分析发现，变量HC代表的人力资本对变量GDP的影响是负向的。这与理论模型，以及罗默、卢卡斯模型的结论不一致，人力资本提高应对经济增长有着正向的较为显著的影响。从我国金融业的实际情况来看，金融业相比其他产业来说，准入门槛更高，高素质的人才引入可以推动金融业的快速发展，进而推动经济发展，这是一个不争的事实。

第三，从脉冲响应结果看，人力资本对金融创新总体上的影响是正向的，且影响程度较大，当人力资本增加时，金融创新会有一个快速的上升过程，这与模型是相一致的，二者是正相关的关系。

3.6 金融创新促进经济发展的建议

基于理论模型和实证检验，为了促进经济发展，对金融创新和金融监管提出以下建议：

第一，对金融机构研发提供政策性补贴。鼓励金融机构的研发活动，加强金融机构之间的交流与合作。从理论视角可以看出，对研究开发部门提供补贴可以有效地提高均衡增长率。政府部门应该给予金融机构研发支持和补贴，为这类部门制定相应的优惠政策。同样，金融机构内部也应该加大在研究和开发环节的投入，促进金融产品的创新水平，丰富金融产品种类，对研发新产品的参与人员给予丰厚的奖励和资金支持，提升在竞争激烈的金融市场上的竞争力。同时，金融机构之间也应该加强合作，促进新产品的研究与开发，积极开拓新的市场。

第二，重视专业化人才的培养。无论从罗默模型还是卢卡斯模型，都可以看出人力资本的增长对金融、经济发展的重要作用，又通过实证分析得到人力资本对金融创新的重要作用。因此，政府部门应该加大对教育机构和部门的投入，政府和金融机构都应该重视对金融领域专业人才的大力培育和引进。如政府可以加大对财经类院校的政策补贴和财政支持；设立专门的金融就业指导机构和部门，引导专业性高素质金融人才的充分流动和合理配置；金融机构可以大力实施人才定向培育，与高校合作，培育特定岗位的专门专业人才、高端人才，并提高人才利用效率。

第三，制定动态的金融监管体制。本研究虽然尝试在理论模型中加入监管因子，但是由于模型计算恰好消去了该因子，在均衡经济增长率中没有得到体现。从相关文献中也可以发现，学者们普遍认为金融创新与金融监管是辩证的关系。金融创新的根本原因是金融机构规避监管，为了追寻高利润而甘愿承担更大风险的行为。金融监管虽然对金融创新施加了一定的约束，但是合理监管可以为金融创新营造健康高效的生产环境，进一步促进金融创新和金融发展，而金融创新带来的高风险，在客观上要求与之相适应的监管来维护金融系统的稳定，防范系统性风险。从政府层面来看，金融监管一定要注意适时适度。在对金融机构创新业务和产品进行监管的同时，也要对其经营行为进行监管。另外，也应该重视对系统重要性金融机构的监管，防范系统性风险的爆发。从市场约束的角度看，加强金融监管的关键是完善信息披露制度。完善信息披露制度是市场参与主体以及政府的共同要求，是做出正确决策的先导条件。虽然监管机构不断提高对信息披露的要求，但由于种种原因使得许多真实的信息被掩盖起来，使得投资者和监管机构难以真正把握金融市场中潜伏的风险。因此，金融监管机构应该进一步加强对金融机构信息披露的要求，进一步完善信息披露相关的法律法规，细化其中各项规定，对不同种类的金融机构实行分类监管，加强信息披露法律法规的可操作性。

金融业是一个服务行业，应该在市场上寻找客户的需求，而不是根据自己的需要去创造需求，减少自营业务。首先，在金融监管过程中应该学习和借鉴沃克尔规则，即明确禁止存款类金融机构从事高风险的自营业务，并且要使自营业务和其他业务分割开来，隔离风险。其次，对商业银行来说，不可以拥有对冲基金和私人股权基金，限制金融衍生品的交易。最后，还要对金融机构的规模进行严格的限制。只有金融监管和金融创新二者共同作用，才能推动金融业的快速健康发展，为经济发展注入动力。

第四，加快健全金融创新机制。首先，进一步改善金融信息的传导机制，国内各个金融机构应该提高对金融市场各类需求信息、金融创新产品信息的收集能力和分析能力。应加强市场调研，跟踪学习国外金融机构的金融创新方向，明确创新目标，积极推动产品、服务创新。其次，应从企业内部着手，建立金融产品创新机制。各类金融机构在研发各种金融产品的同时，要注意结合自身情况和市场需求，在满足盈利需求和客户需求的基础上，加强风险控制，不能盲目开发或跟风研发不适应我国国内金融市场需求或扩大系统风险的金融产品。最后，应该建立金融创新奖励机制，完善金融创新的鼓励机制，把金融创新当做推动金融企业的内在动力，对于在金融业务和产品开发有突出贡献的团队或个人要给予奖赏，但同时要强化金融从业人员特别是产品研发人员的风险防范意识。

3.7 小　　结

本章在罗默和卢卡斯等人的内生经济增长理论框架下，对模型进行了拓展运用，创新性地加入了人力资本部门和监管因子，从更加综合全面的角度分析创新与发展的内生化关系。在理论模型的基础上，本章求出了模型均衡增长率，得到了均衡时的经济增长率与人力资本生产部门的知识积累因子成正比的结论，与卢卡斯的结论相同，与罗默模型的经济增长与人力资本状况成正比的结论也有内在一致性。但是，罗默模型还认为经济的均衡增长率与研究和开发部门的生产效率有正相关关系，本研究在新构建的理论模型中没有得到反映。从实证检验来看，本章选取了金融机构 R&D 支出作为金融创新代表，金融机构从业人数作为金融业人力资本情况代表，得到了金融创新和人力资本初期会给经济下行的压力，但是后期将推动经济增长。由于理论模型中的监管因子在最后的均衡经济增长率中没有得到反映，因此，在实证检验中取消了对监管这一指标的反映。基于理论和实证模型，提出了相关对策建议。

第 4 章

经济转型期商业银行金融产品创新研究

经济转型期商业银行金融产品创新研究主要包括资产业务的产品创新、负债业务的产品创新和中间业务的产品创新；开发转型期间能为经济和社会发展提供强劲支持的经济主体（如中小微企业）提供稳定资金保障的金融产品，比如结合中小微企业对资金需求的快速、频繁的特点，设计不同担保资产的抵押贷款等创新工具，结合农村土地流转的实践，设计土地承包经营权质押贷款等产品。本章主要围绕以上问题展开阐述。

4.1 引　言

转型升级是"十二五"规划以来，我国经济社会工作的主线，在未来的几年中，中国经济与社会的双转型任务艰巨。作为我国金融体系的主体，商业银行为经济社会的全面转型提供了资金支持，并与之共同转型。金融创新是金融企业经过各种要素的重新组合，或者通过创造性的变革创造或引进的新鲜事物。自加入WTO以来，我国商业银行取得了巨大的成绩，但是资本要求、利率市场化等问题依然约束着商业银行的发展，而金融创新是我国商业银行获得持久竞争力的必然选择。从国内来看，股市和债券市场的迅猛发展给我国商业银行造成了一定的冲击；从国际上来看，外资银行的进入改变了市场格局，加速变化了国内商业银行的生存环境。金融产品创新对于增强商业银行的服务功能、实现商业银行所有资源的最优化配置，以及商业银行追逐利润最大化的目标来说，都有着不可替代的推进作用。

随着我国经济发展的不断深化，居民收入和消费水平的不断提高，对商业银行金融产品的需求也呈现出了良好的发展趋势和更高的要求。但是，目前我国商业银行在金融产品创新方面还存在着许多问题，比如，商业银行还不能突破传统的金融理念，创新意识不加强，商业银行推出的金融产品创新度不高、数量少，且各商业银行有相互模仿，产品相似度很高，所以我国商业银行金融产品的创新之路还很长。

4.2 资产业务创新

资产业务是指贷款业务、证券投资业务、现金资产业务等与商业银行资金运用相关的业务。毫无疑问，贷款业务是目前我国商业银行资产业务中最重要的一项，贷款利息收入自然也是银行收益必不可少的组成部分；证券投资业务是商业银行对证券的投资业务，具有流动性和营利性兼容的特征；现金业务则在资产业务中占比较小，盈利较低，是银行流动性资金充足的保障。传统的资产业务主要是指各种贷款业务，如按揭贷款、消费贷款以及委托放款等单纯放贷业务。

4.2.1 针对个人生活贷款的创新

在美国，个人贷款创新主要体现在三个方面：抵押贷款、住房净值贷款以及保险。在这三个项目下又各自细分出了若干个不同的品种，并参考浮动利率和固定利率、付款期限和方式等再将产品进行细分，以满足不同客户的需要，真正做到了因人而异，推出真正利于居民生活、刺激消费的创新金融产品。我国商业银行业逐渐学习美国银行这一创新，针对个人需求也推出了具有不同侧重点的贷款产品。

2015 年，中国工商银行推出了"幸福贷"，为广大群众实现日常生活消费、留学、购房、旅游等提供一站式服务。质押类幸福贷款是借款人用合法有效、并且符合工行规定条件的质物出质，用于借款人家居消费、文化消费、留学、互联网质押等个人消费用途的贷款。质押类贷款的优势有：贷款额度高、期限长，质押物多样化，可通过网上银行办理，放款灵活，申请便捷。除此之外，质押类贷款还可以循环贷款，借款人可以办理最高额度担保内的个人生活服务。信用类幸福贷款是工商银行向资信良好的借款人发放的，用于个人消费用途的无担保人民币贷款。信用类幸福贷款相比传统贷款，有以下优点：起点低，额度高达 20 万元，期限长达 3 年，无须抵押担保，随借随还，一次申请，循环使用，还款方式多样；资金快速到账，借记卡也可以办理。抵押类幸福贷款是针对住房等抵押物担保的个人客户发放的消费类贷款业务，可以满足有抵押物担保的个人客户日常生活消费、留学、购置自用车等多种用途的个人消费类贷款需求。抵押类贷款的优点有：高达200万元的贷款金额，最长期限长达5年的贷款，自助放款，灵活多变，可以通过商户POS机和网上银行等便捷方式实现贷款，还款方式多样，同质押类幸福贷款一样可以循环贷款，并且可以用于教育、旅游、婚嫁等生活各个方面。从"幸福贷"的具体推广方式可以看出，工行的这款资产类业务的创新注重灵活便捷，考虑到了贷款者生活的方方面面，真正做到了"缤纷生活、贷你尽享"。

其他商业银行也纷纷推出自己的个人贷款产品：中国银行的中银E贷（个人网络消费贷款）、宜农贷、双享贷、留学贷，等等；邮政储蓄银行的个人信用消费贷款产品——金投信用卡；中国民生银行的针对个体工商户等经营商户推出的"商贷通"；……随着经济转型一步步推进，各大银行纷纷响应国家投资主导型向消费主导型转型的政策，为了刺激消费，迎合广大消费者的需求，推出了不同额度、不同期限、不同用途的个人贷款类产品。

中国人民银行和中国银监会2016年3月联合颁发了《关于加大对新消费领域金融支持的指导意见》。《指导意见》指出，应该加快对消费信贷产品的创新步伐，鼓励银行业等金融机构创新消费信贷抵质押模式，并且针对客户的需要，开发不同首付比例、不同期限长短，甚至还款方式也不同的信贷产品；推动消费信贷与互联网技术相结合，鼓励银行业金融机构运用大数据分析等技术，研发标准化网络小额信用贷款，推广"一次授信、循环使用"，打造自助式消费贷款平台；支持信息和网络消费；大力发展专利权质押融资，支持可穿戴设备、智能家居等智能终端技术研发和推广；鼓励银行业金融机构与网络零售平台在小额消费领域开展合作，并在风险可控、权责明确的条件下，自主发放小额消费信贷。

4.2.2 推动企业发展的创新

4.2.2.1 资产证券化创新

资产证券化是将缺乏流动性，但是未来能够产生稳定现金流的资产转换为可供买卖的证券产品的行为。资产证券化可以有效加强资产的流动性、降低风险资产、降低融资成本、利于资产负债的管理。对于商业银行来说，资产证券化的优点不言而喻，商业银行可以将流动性较差的资产转变成证券，既不增加负债又可获得资金来源，加快了资金的周转和资产的流动。这为商业银行在流动性短缺时增加了一种新的流动性机制，不必再完全依靠中央银行再贷款、再贴现等救助手段。同时，为了提高资本充足率，达到资本净额不低于8%、核心资本不低于

4%的监管规定,商业银行通常要通过增加资本或者出售资产调整资产负债结构,但是增加资本的成本比较高昂,而资产证券化可以将资产从资产负债表中分离出来,缩减资产规模。通过资产证券化不仅能够加快资金流动,而且对风险进行了合理配置,改善了商业银行对于资产负债的管理。早在2005年,国家开发银行和建设银行发行的信贷资产证券化产品开启了我国资产证券化的进程。从卖方来说,银行有巨额表内资金,证券化潜力很大;而从买方来看,银行具有庞大的表内和表外资金,对于证券化产品的配置和需求庞大;从中介方来说,银行对于证券化的撮合交易很在行。银行对于提升经营绩效、加强资本运用管理的迫切需求,有力地推动了资产证券化。

在我国,资产证券化主要以信贷资产证券化为主。2015年8月11日,企业资产证券化项目——宁波兴光燃气天然气供气合同债权1号资产支持证券成功发行,本项目实现了多重金融创新,即业务模式创新、产品结构创新、运作方式创新。① 其一,这是第一单由商业银行主导并安排的企业资产证券化项目,宁波城建投资控股有限公司是这个项目的原始权益人,而项目安排人则是中国农业银行,其担任推广机构、托管银行、监管银行的角色,专项计划管理人由农银汇理(上海)资产管理有限公司担任,这不仅加快发展了企业的资产证券化业务,而且拓展了农业银行的资产证券化产品线,此即业务模式创新;其二,通过双层交易结构,开创了城投公司以持有优质资产进行证券化融资的新模式,提升了资产融资效率和资金使用效率;通过多层监管账户、补足备用金账户、差额支付承诺等措施,有效监管现金流,化解潜在风险,此即产品结构创新;其三,农行既发挥了自身专业和资源优势,又组建了专业团队,积极参与到企业资产证券化市场,此即运作方式创新。

4.2.2.2 小微企业贷款创新

为了解决小微企业融资困境问题,我国曾经出台了很多金融、财政、税收等政策。随着金融脱媒时代的到来,很多小微企业绕过银行,借助众筹、P2P(Person-to-Person)小额贷款等平台,直接向有投资需求的投资者贷款,这对银行传统模式的借贷造成冲击。商业银行如何在小微企业贷款中发挥创新作用?小微企业贷款难,究其根源是信息不对称,但随着大数据、社交平台、搜索引擎等互联网技术的飞速发展,互联网金融可以在减少信息不对称的情况下,充分利用集合交易的可能性,对小微企业的资金诉求进行有效配置。只是目前在这种配置中,中介角色大多由民营银行像阿里巴巴、腾讯等互联网金融服务平台担任,

---

① 徐金忠:《首单商业银行主导安排企业资产证券化项目成功发行》,《中国证券报》,2015年8月12日。

商业银行只是将小贷业务进行外包。一方面，由于这些互联网企业拥有更多小微企业客户数据，便于完成线上申请、智能搜索、比价、匹配服务；另一方面，因为银行信用体系不健全，不能自己筛选优质客户。

  商业银行可以借鉴电子商务交易平台的互联网金融管理模式进行创新，充分构建自己的小微企业信用评级体系，创新出银行自己的小微企业融资模式。此处介绍两种银行参与的小微企业贷款创新模式：网络联保模式和网络信用池模式。网络联保模式是从浙江地区小微企业贷款模式发展而来的，具体地讲，就是将多家小微企业通过电子交易平台相连，以联保体的身份共同向银行申请贷款，风险在企业之间实现分摊，当其中一家企业无法偿还贷款时，由其他企业进行该企业的贷款偿还。该模式有以下优点，申请贷款的小微企业不需要通过抵押获得贷款；申请、审核甚至贷款批复都是在网上进行，充分利用了电子网络平台的便捷；有效利用网络信用评级体系，对小微企业的历史交易进行记录分析，并将此作为信贷额度的依据。网络信用池模式基于集聚优势，电商根据小微企业在网络交易平台从事电子商务活动的信用等级和融资需求，筛选出信用较好的小微企业，并将它们纳入网络池中，汇集总的融资需求后以电商的名义向银行申请贷款，根据总融资额度设定融资利率再按一定比率借给网络池中的成员，若小微企业违约，电商承担连带责任。两种小微企贷款创新模式的比较见表4-1。

表4-1   两种贷款创新模式的比较

模式	银行	电子商务平台	小微企业
网络联保模式	电商担保金比率主要取决于联保体集体的违约概率	当联保提成的平均违约率偏高时，可适当扩大联保规模以降低联保体的违约风险	当企业平均贷款额增加时，可相对降低联保体规模，单个企业的期望利益会随着违约企业数的增加而减少
网络信用池模式	电商担保金比率取决于电商自身的违约概率	设定适中融资利率，过高无法吸引企业，过低不足以抵消连带责任	单个企业的期望收益不受网络池规模的影响，企业通过平衡预期收益与融资成本，决定是否通过网络池模式进行融资

资料来源：作者根据文献整理。

  一些商业银行主张按照标准化、规范化的建设原则，推动小微企业融资发展。例如，建设银行的"信贷工厂"，可以看成是工业化流水线生产模式，是一套专门针对小微企业的专业管理模式。这种模式不仅增加效率，而且因分离了关键岗位，风险控制能力也有所提高。另一些商业银行根据当地区域特色纷纷开展小微企业贷款的创新，践行普惠金融政策。例如，工商银行湖南分行加大对辖内小微企业的信贷投放力度，创新出了50多个小微融资产品，有小微企业专属融资产品和各类企业通用融资产品两大类。兴业银行西安分行2015年推出兴业"三剑客"专攻小微企业融资产品，打造"互联网+银行+平台"的业务模式，利用互联网数据的实时交换，同步对风险监控和防范，这种模式以小微企业与平台企业的交易结算数据为依据，不仅解决了小微企业无抵押或者抵押不足的融资难题，而且使小微企业应收账款不再是呆坏账。同时，兴业银行运行自己的"E管家"线上频道，使小微企业公私账户资金通盘管理以及资金结算更加快捷可行。民生银行在陕西推出针对"一带一路"建设的重点服务领域的小微金融，根据区域特色和区域优势，围绕"一带一路上的小微"这一主题，开展包括旅游、餐饮等的宣传活动。

4.2.2.3 针对特殊行业的贷款创新

2013年，为了满足国内船舶购买企业的资金需求，招商银行推出了"船舶按揭贷款"，即用所买的船舶作抵押，以船舶经营收入作为还款来源，为符合要求的企业提供中、长期按揭贷款。2016年3月，中国人民银行和中国银监会联合颁发的《关于加大对新消费领域金融支持的指导意见》，从政策上提出银行对特殊行业的金融支持，"支持旅游休闲消费，探索开展旅游景区经营权和门票收入权质押贷款业务，推广旅游企业用地使用权抵押、林权抵押等贷款业务。支持教育文化体育消费，创新版权、商标权、收益权等抵质押贷款模式，积极满足文化创意企业融资需求。运用中长期固定资产贷款、银团贷款、政府和社会资本合作等方式，支持影视院线、体育场馆、大专院校等公共基础设施建设"。这为商业银行在旅游业、教育文化体育类等行业开发信贷产品提供了政策保障。

4.2.3 针对农村问题的创新

党的十八大提出："加快发展现代农业，使农业以多种形式规模经营，并且构建集约化、专业化、组织化、社会化相结合的新型农业经营体系。"农村土地的有序流转及其规模经营，不仅是我国农村进行综合改革的主要内容，也是推进农业现代化和城乡一体化的必经之路。

当前，在我国农村土地家庭承包责任制的基本制度框架不变的前提下，农村土地的产权结构主要有所有权、承包权和经营权等三种权利[1]。土地流转对于金融的需求，同缺乏担保资源两者之间是相互矛盾的，首先，银行普遍使用的信贷

---

[1] 武建华、康晓虎：《农发行如何支持农村土地流转和规模经营》，《农业发展与金融》，2014年第8期。

方式，想要在农村集体承包土地上实现很难；其次，农村土地承包经营权和农民自住房的交易还存在很多问题，比如估价难、变现难、交易市场不健全等等；第三，农业在规模化、产业化的道路上，对金融发展的要求不断提高。

如何解决土地流转过程中的资金流转的瓶颈问题？这应该是众多商业银行进行创新的突破点之一。2014年初，"中央一号文件"中明确指出土地经营权能够作为抵押物进行融资，为商业银行积极提供三农金融服务、解决农民贷款难问题提供了政策依据。2014年初，成都银行签订了第一笔土地流转保证贷款——"农村土地流转收益保证贷款"。这次创新将风险压力从银行转移给了担保公司，一旦出现市场价格变化较大，或者出现天灾，甚至是人为因素等问题，担保公司承担主要风险。

当然，这里的创新也离不开互联网，当前互联网已经介入"三农"领域，商业银行需要把握机遇，发挥优势，进行互联网支农平台的建设。商业银行对于建设土地流转型支农平台的金融创新，目前主要通过以下几点来进行：利用移动互联网技术，结合移动终端；利用大数据，促进金融创新的转型，为涉农金融产品的设计、营销、风险管理以及经营决策提供数据支持；线上融资方式的拓展。耕地宝——安徽农民和聚土地团队在淘宝聚划算平台推出互联网定制私人农场，这是我国第一个互联网私人农场；小额信贷和互联网相结合，组成了致力于为草根创业者和微小企业主提供融资新渠的贷帮模式；等等，这些都为商业银行提供了可行的创新思路。

4.2.4　P2P网络信贷创新

互联网金融不是字面上将互联网和金融相结合这么简单，而是既不同于资本市场的直接融资，也不同于商业银行的间接融资的第三种金融融资方式，在促进经济发展的同时降低了交易成本。互联网交易的特点是：用户体验至上、吸金快速方便。当前，互联网金融模式普遍引用以下分类模式：第三方支付模式、P2P网络借贷模式以及互联网基金理财模式。本节主要阐述属于资产业务的P2P网络借贷模式。

P2P为商业银行转型提供了可能性，是指利用在电子商务网络平台上搭建的借贷关系来帮助借贷双方完成相关交易程序。它的本质是一个信息中介，借款者可自行发布金额、利息、还款方式和时间等借款信息；借出者可以根据借款人发布的信息，自由决定是否借出，由此实现自助借贷。就我国目前而言，这种模式还没有对传统借贷业务造成太大的冲击，但是因其借贷相对容易、操作相对简单，逐渐被人们接受采纳，所以商业银行应该重视，并尝试介入P2P业务，促进传统业务的发展,更好地适应利率市场化、网络金融的新环境。P2P颠覆了传统"二八"法则,定位于"弱势"客户群体,对商业银行服务起到了补充作用。我们知道,基于节约成本的宗旨,商业银行往往将有限的资源投向为数不多的高端客户,而放弃了数量巨大的低端客户,但是P2P通过运用信息技术降低了资金融通过程中的交易成本,具有渠道便捷、准入门槛低、操作人性化等优点,受众面很广。

4.2.5 证券投资业务创新

商业银行的证券投资业务主要分为债券投资业务和股票投资业务,其中债券投资业务占据主要地位。例如,工商银行的债券投资主要分为非重组类证券投资和重组类证券投资。重组类证券投资包括华融债券、特别债券、应收财政部款项和央行专项票据。2004年9月,中国人民银行明确指出应该全面支持商业银行发展基金业务,允许其设立自己的基金管理公司,这对于促进经济转型期的银行业务发展作用显著。在证券投资业务中,创新内容主要集中在:适当适时地调整投资品种结构,增加对人民币中长期债券的持有量,减少对外币债券的持有量,优化投资组合中的货币种类以及期限结构。我国商业银行可以借鉴国外的资产证券化经验,积极尝试用资产证券化的方式处理不良资产,进而进行融资,增强不良资产的流动性并分散风险。"当互联网金融与资产证券化发生碰撞,可以看到双方其实也在发生一些奇妙的化学作用,很多金融机构都在搭建自己的互联网金融平台,说明他们不想被大的浪潮抛弃,同时也不想被走在前面的互联网金融巨头绑架。"[①] 德晟资本资产证券部总经理施年认为,在互联网金融充分崛起的时代,资产证券化必须和互联网相结合才能顺应时代趋势、进行有效创新。

4.3 负债业务创新

负债业务作为商业银行资产业务和中间业务的基础,是银行通过对外负债的方式筹集日常流动资金的业务,主要由自有资本、存款以及借款组成,另外,同业存款、借入或拆入款项、发行债券、银行存款等也属于负债。传统的负债业务主要是指存款业务,占负债业务的70%及以上。存款业务主要形式是活期、定期、储蓄、通知存款等。而对于商业银行的主动负债产品来说,基本局限于同业

---

① 王闻:《当资产证券化撞上房产众筹》,《中国房地产金融》,2015年第7期,第58~60页。

拆借、回购协议等期限较短的业务。

经济转型期间，特别是党的十八大之后，央行对利率的调整出台了一系列政策：2012年，存款利率浮动区间的上限调整为基准利率的1.1倍；2013年，取消了对金融机构贷款利率的0.7倍的下限；2014年，存款利率浮动区间的上限调整至基准利率的1.2倍；2015年，央行先后五次降准降息，促使利率进入完全市场化阶段。中国人民银行行长周小川在2016年中国发展高层论坛上表示，中国的利率市场化已经完成，金融机构从此都可以自主决定利率。故而，随着深化金融改革步伐的加快，负债业务的创新，特别是对主动负债的创新迫在眉睫。2015年，央行同业新规宣布，将部分同业存款纳入各项存款，同时不用再缴纳存款准备金，这一新规的出台提高了商业银行发展同业负债业务的积极性，同业存单逐渐成为同业负债的重要组成部分，目前其规模已超过两万亿元。对于存款业务的业绩下滑，商业银行多以综合化负债产品为创新点，加速推进获取资金存储方式的多样化，工、农、中、建、交五大行通过开展现金管理平台业务为客户提供了高效现金管理服务，这样可以让客户的日结算资金沉淀成银行的低成本存款。

负债业务也加入了互联网金融的行列，一些商业银行向阿里巴巴等互联网企业学习，为小微企业等专门成立线上金融平台，提供一系列的金融服务，增加了银行负债业务量。很多商业银行的产品创新都是在这种基于互联网平台的直销模式的基础上进行发展的。

伴随着人民币国际化进程的逐步推进，我国商业银行对海外发行人民币债券，成为主动低成本负债的重要渠道。面临经济转型期的压力，我国商业银行负债业务需要充分考虑客户需求、充分利用互联网金融的特点，加强细化管理，并且向实施利率市场化的欧美国家学习，增加定期存款与长期存款的比重。

4.4　中间业务产品创新

根据中国人民银行发布的《商业银行中间业务暂行条例》第三条，中间业务包括支付结算类、银行卡业务、代理类、担保类、承诺类、交易类、基金托管类、咨询顾问类和其他类等总共九类业务[①]。我国商业银行的中间业务在1995年就已经得到法律认可，但是在2000年之前，商业银行仅仅把中间业务作为发展资产负债业务的辅助手段。自从我国加入WTO之后，资本市场规模不断扩大，信托、财务公司、租赁公司等新兴金融机构开始崛起，这才让商业银行意识到中

---

① 中国人民银行：《商业银行中间业务暂行规定》，2001年6月。

间业务的收入也可以大幅度提升银行收益率,从此中间业务进入了飞速发展的时期。但是,与西方发达国家相比,差距仍然存在:在量上,我国商业银行主要收入来源仍然是存贷款利差,中间业务收入与营业收入之比不到1/4,相比而言,西方发达国家的中间业务品种就多了很多,而且比重一般都在40%以上,一些大型商业银行的中间业务收入比重甚至达到了70%以上;在质上,我国商业银行在中间业务上取得收入的来源也相对单一,核心业务还是以传统存贷款和结算业务为主,相比之下,西方商业银行中间业务组成来源丰富,高附加值、高技术含量的中间业务对非利息收入的贡献巨大。

4.4.1 第三方支付平台创新

第三方支付平台作为时代潮流的产物,例如支付宝、财付通等,聚集了大量资金,形成了庞大的资金池,给银行等传统支付机构带来挑战。为了防止存款外流的压力,银行需要在此下功夫。像阿里巴巴、京东等购物平台因为大量交易数据的积累,依托大数据技术进行金融创新,对商业银行构成威胁。对此,2014年1月12日工商银行的"融e购"商城正式营业,还有建行的B2C购物平台,善融商务个人商城,都是集支付担保、个人在线贷款、分期付款于一体的新型电子商务金融平台。互联网、移动通信和大数据的结合,让商业银行开始寻找创新途径,微信银行、微博银行等已初见端倪。比如2014年,浦发银行推出微信银行,利用微信朋友圈分享传播的便捷时尚,加大了对其中间业务的宣传力度,不仅如此,浦发银行根据客户的反馈推出一系列个性化的微信银行服务,例如微生活预定、闪电理财、实时提现等。商业银行在此番创新举措中,针对个人偏好,推送产品,提高了宣传的有效性;充分利用时代潮流通信社交方式,将查询、支付、购买、交易提醒甚至是无卡取款等功能融合在一个平台中,提升了服务质量。

《关于加大对新消费领域金融支持的指导意见》提出"加大对农村电商平台发展的金融支持","改善小城镇、农村集市、商业聚集区银行卡受理环境,提高用卡便捷度。促进移动支付、互联网支付等新兴支付方式规范发展"。由此,商业银行可以将在城市已经成熟的第三方支付手段向农村推进,给农村经济注入新鲜血液,促进农村经济结构转型。《指导意见》为商业银行创新提供了思路,即着眼于农村,结合社交软件将第三方支付功能真正做到方便、快捷、安全、可靠,人人能用、人人会用、人人敢用。

4.4.2 互联网理财创新

我国商业银行可以借鉴互联网公司的理财模式,例如购物平台余额宝。2013

年6月，由支付宝联合天弘基金推出余额宝产品，互联网金融这匹黑马引爆整个金融界，许多企业纷纷效仿推出自己的"宝"类产品，这成为我国互联网金融的又一转折点。为了应对互联网金融的风暴，商业银行也应该及时推出自己的互联网金融平台。互联网金融有很多优点：快捷、方便；降低了市场信息不对称带来的问题；资金配置效率提高；交易成本减少。我国商业银行不仅要搭建这样的平台，更应该注意到他们的"活期"理财产品的特性，结合银行的安全性进行创新。对于互联网金融，我国商业银行可以结合大数据思维，创新推进互联网的二次转型。打造大数据服务平台，针对有特定需求的客户匹配相应的产品。另外，针对农村这一巨大的潜力市场，我国商业银行应该加大宣传力度，开发农村老百姓可以接受、买得起的小额理财产品。

4.4.3 代销基金创新

我国商业银行想要发展财富管理业务，必须注重与其他金融机构的合作，特别是与投资基金的合作。作为财富管理的两大类金融机构，商业银行与投资基金之间存在着相互促进、相互制约的关系，他们有共同的利益诉求，两者可以发挥各自优势，发展创新金融产品。商业银行的基金托管业务和代销业务成本低、风险小、利润高，因此，银行都越来越注重与基金联手，拓宽市场份额。商业银行代销开放式基金不仅可以获取发行费、申购费、赎回费、开户费等利润，还可以因为储户的存款转而购买开放式基金而节省储蓄存款利息。仅2016年8月，就有南方安泰养老混合型证券投资基金新增南京银行为代销机构；工银瑞信的一年期开放债券型证券基金新增光大银行为其代销机构；摩根史丹利华鑫多元兴利开放债券投资基金新增招商银行为代销机构；泰宏宏利定宏混合型证券投资基金新增工商银行为销售机构等等。

4.4.4 银保产品创新

银行保险是一种新型的保险概念，实际上就是客户通过银行柜台来购买保险，其特点是保障与收益相结合，最早期的银行保险是储蓄分红险。2015年开始，银行理财产品收益整体上呈下滑趋势，但银行保险类产品却很坚挺，这种新的理财方式被客户看好，一些银行甚至把代销银保产品作为考核任务。对于银行来说，银保产品可以使银行代销产品多种多样，提高了客户的满意度和依赖度。银保产品相比于银行理财产品来说，期限长、没有年龄限制、可分期缴费，有固定收益和分红收益。

4.4.5 银信合作创新

信托公司是我国唯一能够在实业、货币、资本三大市场进行直接投融资的金融机构,故而在我国分业管理的金融体制下,有着显著的制度优势。商业银行的资金、资产资源虽然雄厚,但是在业务模式和领域上受到政策制约。因此,两者相互补充可以实现合作共赢。信托与银行合作的方式有以下几种:银行代理信托资金收付、银行保管信托资产、信托受益权质押融资业务、银行信贷资产证券化、项目联合融资(主要集中在基础设施和房地产项目)、银信连接理财、股权相互渗透。

4.4.6 银证合作创新

银证合作可以有效规避对理财资金运作的监管限制,同时为信贷由表内向表外发展提供通道。2012年10月19日,证监会发布了修订版的《证券公司客户资产管理业务管理办法》《证券公司集合资产管理业务实施细则》以及《证券公司定向资产管理业务实施细则》,至此,券商可以更加自主地发挥创新的权利。在银证合作的项目中,主动管理型产品的创新发展占比很大。由于我国实行金融分业经营,在加强监管透明度的同时,会引发资本市场和银行之间缺乏有效、广泛融资渠道等弊病。但是,银证合作可以使银行通过资产证券化等途径,优化资产负债结构,达到降低流动性风险的目的。华夏银行和华融证券的合作,从简单的银证转账和第三方存管模式,过渡到基于互联网金融平台的银证互联模式,通过双方平台的对接,实现客户双向账户资金的投资理财增值,并且拓展到移动终端等线上渠道。方正证券和上海银行共同推出了"上方账户通",银行和证券公司通过在双方后台系统进行对接,改造前端网银和网上交易界面等方式,为客户搭建一站式金融平台。

4.4.7 银行理财管理计划创新

银行理财管理计划是银行突破表内信贷的表外业务,即银行直接将理财资金借给某个企业。与传统的银行理财相比,银行理财管理计划有很多优点。传统的理财产品大多存续期限短,多为一个月到三个月,而银行理财管理计划则是开放式的,具有存续期限长、定期赎回、自动续期等特点;银行理财管理计划采用净值收益,比同期限的一般理财产品收益要高;债权类资产部分取代传统的信托计划、券商资管计划以及保险资管计划等的基础资产，只投资于银行理财直接融资工具；每日估值；披露信息更全面；无隐形担保。银行理财管理计划还可以降低理财风险，控制影子银行隐性担保带来的信用风险。

4.5 小　　结

本章从资产业务、负债业务、中间业务三个方面阐述了经济转型期商业银行的主要创新举措，比较详细地解释了这些创新方式对经济转型的推进作用。其中涉及的金融创新均为近年来商业银行参与的金融产品，包括为拓展业务而开展的金融模式创新，为适应转型期经济和社会发展推出的金融业务创新，为适应市场竞争推出的金融工具创新，为适应国家经济政策推出的金融服务创新，等等。比如，针对中小微企业对资金需求进行的产品创新，结合农村土地流转实践提出的服务创新，互联网金融模式创新，等等。

第 5 章

经济转型期资本市场产品创新研究

资本市场作为服务实体经济和提高国家战略的重要平台，对于供给侧改革具有助推作用。当前，我国正逐步建立现代市场经济体制，目的是实现通过市场机制对资源定价，实现资源的优化配置，引导要素充分流动，以有效解决融资问题。同时，资本市场能够为创新提供资金供给，并提供相应的成本补偿和风险分担方案，保证创新的各个阶段顺利推进，而创新是促进经济增长的关键动力。因此，在国家鼓励"双创"，并积极推行产业结构优化升级的特殊时期，资本市场承担着实现供给侧改革目标及扶持新兴产业发展的重任。基于以上原因，本章将着重分析经济转型期我国资本市场体系及相应的资本市场产品创新问题。

5.1 引　言

一直以来，直接融资比重过低是中国金融体系存在的重要问题之一。与间接融资相比较，直接融资的资金来源分散，从而使风险不集聚于少数个体，可有效实现风险共担与利益共享，直接融资能够较好地为创新企业和中小微企业筹集资金，服务实体经济，尤其是创新企业和中小微企业。但由于中国间接融资的比例过大，银行系统作为主要间接融资渠道，其在服务实体经济的同时，也使金融风险高度集聚，且客观上尚未能完全满足实体经济的内在要求，市场中很多经济主体融资难和融资贵的问题依然严峻。作为直接融资的主要渠道，中国资本市场的运行效率低，导致要素配置错位、中小企业得不到有效融资。因此，加快实现资本市场的高效率运转，创新更多资本市场产品是实现中国经济可持续平稳发展的关键举措之一。

对于大力发展资本市场，党中央、国务院都给予了高度重视。2003 年 10 月召开的党的十六届三中全会首次提出建立多层次资本市场,为中国证券业的发展指明了方向。2013年1月,全国股份转让系统正式挂牌,表明我国数目众多的中小企业在融资与股权转让方面走上了全国大舞台。国债期货时隔18年后重新上市,焦煤等近十种商品期货在一年之内密集获批,多层次资本市场羽翼渐丰。2014年3月25日,国务院总理李克强主持召开国务院常务会议时提出,依靠改革创新,坚持市场化和法治化方向,健全多层次资本市场体系。2014年5月9日,国务院颁布了《关于进一步促进资本市场健康发展的若干意见》,意见中对当前及今后一个时期资本市场改革、开放、发展和监管等方面进行了统筹规划和总体部署,包括积极稳妥推进股票发行注册制改革,规范发展债券市场,培育私募市场,建设金融期货市场等政策措施。

国家的高度重视使得"十二五"期间资本市场得到大力发展,直接融资比重显著增长,市场活力得到释放。根据中国人民银行发布的社会融资规模增量统计数据测算,我国直接融资比重从2010年的6.7%提高到2015年的18.7%,提高了12个百分点。资本市场在服务实体经济方面发挥了重大作用。但总体上看,我国资本市场仍然相比于实体经济的推进进程落后,体制机制的一些问题及一些新的问题仍不断出现。直接融资与间接融资的比例仍与我国经济社会发展实际需求不匹配。

进入新时期,国家更加重视资本市场发展。发布于2015年11月3日的《中共中央关于制定国民经济和社会发展第十三个五年规划的建议》,对未来五年资本市场改革发展工作进行了部署,提出了"积极培育公开透明、健康发展的资本市场""提高直接融资比重""推进资本市场双向开放"等目标,涉及包括股票及债券发行交易制度改革、创业板和新三板市场改革、降低杠杆率等多项具体工作。2016年8月8日发布的《"十三五"国家科技创新规划》中提出通过金融创新来助推创业创新,并通过开发出服务于科技创新的金融产品和服务,通过完善多层次资本市场来为创新科技企业提供直接融资,实现各类金融工具协同融合的科技金融生态。

但是,我国的资本市场仍处于新兴加转轨的初级发展阶段,同时面临着实体经济巨大的资金需求难以满足,与大量资金低效运转等情况。从金融产品的角度来看,我国也处在发展初期,金融产品结构不合理。产品创新是完善资本市场体系的一个重要组成部分,市场体系的完善是通过产品完善来体现的,产品创新与资本市场的发展、成熟是密不可分的。因此,中国资本市场要实现可持续发展,就必须不断进行产品创新,丰富产品种类,构建完善的多层次资本市场体系,扩大直接融资规模,从而促进社会储蓄高效转化为有效投资。因此,研究资本市场的金融工具创新具有极为重要的现实意义。

5.2 中国资本市场体系

目前我国资本市场共有四个层次：第一，成立于20世纪90年代初的上海证券交易所和深圳证券交易所主板市场，其中中小企业板作为深圳证券交易所主板市场中的一个独立的组成部分，于2004年经国务院批准设立，主要为了促进流通股本规模较小企业的创新发展；第二，2009年10月在深圳证券交易所增设的创业板为"二板市场"，主要服务于目前未达到主板上市条件的一些创业型和高科技企业，其上市门槛相对较低，可以为相对成长空间较大的企业提供融资；第三，全国中小企业股份转让系统，俗称"新三板"，成立于2012年，是继上交所、深交所之后，设立的第三家全国性证券交易场所，相比于创业板，新三板服务对象是处于成长早期的高科技企业，其上市条件有明显差别；第四，区域性股权交易市场，称为"四板"，旨在为特定区域内的企业提供融资服务，以便有效激励民间资本参与到资本市场中来，满足不同层次的融资需求。我国首家区域股权交易所是成立于2008年9月的天津股权交易所。截至2016年底，全国设立的区域性股权市场共40家，几乎覆盖全国所有省级区域，并在不断探索建立新三板与区域性股权市场的合作对接机制。从以上可以看出，当前我国的资本市场体系从其功能和定位上可以满足多方面的融资需要，可以支持经济社会的发展，并能够适应现代企业制度和现代金融体系的发展要求，能够分散和防范金融风险，为实现中国经济持续稳定发展提供保障。

当前新三板是健全多层次资本市场体系的重点。新三板确定为全国性公开证券市场后，得到了快速发展，市场规模快速增长。截至2016年6月24日，在全国股转系统挂牌的公司共有7639家。但由于新三板挂牌公司在包括经营规模、经营状况、股本结构等方面存在着显著差异，客观上造成了投资者在信息搜集和筛选上的困难。为了达到市场对于新三板层级划分的期望，全国股转系统积极推进新三板挂牌公司的差别化管理，发布于2016年5月27日的《全国中小企业股份转让系统挂牌公司分层管理办法（试行）》尝试将新三板挂牌公司分为基础层和创新层，并明确了创新层挂牌公司的共同标准和差异化标准，将有助于合理分配资源，为具有差异化需求、处于不同发展阶段的公司创建与之相对应的资本市场平台，降低投资者的信息搜集成本，激发市场活力。

虽然当前我国的资本市场体系从功能设计上可以满足多方面的融资需求，但是，由于我国资本市场起步较晚，在金融创新和金融体系运作方面还存在运作效率低下、发展思路局限等问题，一些深层次和结构化矛盾依然对整个市场的发展形成阻碍，这些问题严重影响着社会资源的分配效率和资源流入。另外，传统的银行投资渠道整体收益率很低，若资本市场不能有效满足投资需求，过剩资本将流向房地产等市场，从而造成更大的贫富差距和社会风险。

5.3 发达国家资本市场创新

发达国家将短期资本形成长期投资的经验方法值得中国借鉴。日本通过鼓励居民低成本的养老、健康等保险，将筹集来的资金用于基础设施建设，在化解了资本过剩的同时，也有效避免了地方债务风险。同样使用减免税收手段，新加坡号召居民进行住房、保险和基金等长期投资，从而使淡马锡公司及凯德置地公司能投资于中国相关项目，为当地居民提供了优质的长期养老资产。在美国，同样鼓励个人长期投资于市场化指数和公募基金等长期投资，并对一年以内的短期交易征收高额资本利得税。1971 年，纳斯达克市场初建时，在这个市场挂牌的大都是名不见经传的小企业。24 年后的 1995 年，美国前五大市值的上市公司中，有 4 家在纳斯达克市场，其中包括微软和苹果。美国的众筹市场、灰色市场、粉单市场、场外报价市场、纳斯达克和纽交所等层次丰富，呈金字塔形。从以上可以看出，发达国家通过资本市场推进经济转型，优化资源配置。

5.4 中国资本市场创新

资本市场工具是指一年期以上的中长期金融工具，主要是股票、债券和投资基金等有价证券和金融衍生工具。我国在多方面进行了资本市场的创新。2005 年，我国推出了短期公司债券、认股权证和股票备兑权证，出台了有关信贷资产证券化和按揭贷款证券化的制度；同时进一步取消在市场准入方面的限制，包括扩大保险基金投资于企业债券、公司债券和股票的比例，准许商业银行以创办基金管理公司的方式进入股票市场，准许国际金融机构在中国境内发行人民币债券等；另外在保护投资者权益方面，我国出台了《证券投资者保护基金管理办法》等相关制度，并通过"投资者保护基金公司"对投资者权益进行有效保护。

5.4.1 股票市场创新

在股票市场创新方面，2013 年 11 月 15 日发布的《中共中央关于深化改革若干重大问题的决定》提出要推进股票发行注册制改革，并在之后审议通过了关于授权国务院在实施股票发行注册制改革中调整适用《中华人民共和国证券法》有关规定的决定。实施期限为两年，决定自 2016 年 3 月 1 日起施行。股票注册制给 A 股市场带来透明信息的完备披露，带来市场定价的规则，证券市场结构将发生根本性变化，新三板、创业板将迅速扩张，从而提高中国资本市场的竞争力和吸引力。截至 2016 年末，上市公司突破 3000 家，沪深股票市场总市值为 50.8 万亿元（折合 7.3 万亿美元），次于美国（27.3 万亿美元），居全球第二。

5.4.2 债券市场创新

近年来，中国债券市场不断借鉴国际经验，丰富债券交易品种。截至 2016 年 6 月，中国债券市场存量位居全球第三位，接近 60 万亿元人民币，公司信用债存量位居全球第二位，达到 16 万亿元。中国债券市场开放提速，基本具有国际成熟债券市场的特征。2016 年 8 月 30 日，世界银行在中国银行间债券市场发行第一期特别提款权（SDR）计价债券，称为"木兰债"。这是 1981 年以来，全球发行的首单 SDR 计价债券，也是首次以公募形式发行的 SDR 计价债券。SDR 计价债券可以满足多元化资产配置需要，分散利率和汇率风险，同时为资本管制体系下出海投资提供了有效渠道。此外，2016 年以来，我国绿色债券市场快速发展，已成为全球最大的绿色债券市场，可进一步地满足多维度绿色产业投融资需求。

5.4.3 衍生产品创新

5.4.3.1 期货类产品创新

期货类产品由于具有价格发现和防范风险等功能，因此成为现代市场定价体系的核心和专业的风险管理工具。到 2016 年底为止，我国上市期货品种已达 52 个，其中商品期货 46 个，金融期货 5 个，金融期权 1 个，铜、铁矿石、塑料等大宗商品期货价格已经成为宏观调控部门监测经济运行的重要参考。金融期货方面，中国金融期货交易所分别于 2010 年 4 月和 2013 年 9 月推出沪深 300 股指期货和中期国债期货。沪深 300 股指期货的合约金额相对较大，且涵盖的股票较广，对于个股的避险效果有限，使得一般的股票投资者参与沪深 300 股指期货之比率并不高。2015 年 4 月 16 日，中金所推出上证 50 和中证 500 股指期货，这两种指数期货的适时推出，弥补了沪深 300 股指期货的不足，使股指期货可以涵盖更广与更窄的成分股。上证50指数成分股代表了关系国计民生的大型企业，主要集中在金融、地产、能源等支柱性行业。中证500指数覆盖沪深两市500家中小市值公司，单个公司市值小，行业覆盖面广，且行业的分布较均匀，工业、材料、信息技术、医疗保健等行业占比都较高。中证500股指期货的推出，为投资者提供了做空中小盘的工具，更由于其期限套利功能和不同行业的轮动投资，为专业对冲机构提供了更合适的套期保值工具。当前，我国发展期货类产品的方向为积极扩大"保险期货"试点，尝试增加白糖、棉花两个试点品种，同时积极促进国债期货功能发挥。

5.4.3.2　期权类产品创新

期权合约（包括股指期权和个股期权）是使用范围仅次于股指期货合约的权益类衍生工具。上证500ETF期权合约品种于2015年2月9日在上海证券交易所上市，既是股票期权市场最大的参与者也是股票市场最大的参与者。该期权合约品种的产生，一方面，增强了服务的便利性，投资者利用股票、债券等作为担保物，可以降低成本、提高资金使用率、防控风险并提高监控的有效性；另一方面，有利于支持行业创新，推动长期资金入市。另外，随着期货、期权等风险管理工具的丰富，我国证券公司的创新空间将呈几何倍数放大。例如，可以利用期权来开发保本型的结构化产品。

在所有期货期权衍生品中，股票期货期权是交易所内最为活跃的品种，而在股票期货期权中，股指货期权产品最受投资者欢迎。除此之外，股指期权的影响力要远远大于个股期权。商品期权与金属期权相比，准备时间更长，准备更为充分，上期所的铜期货期权和黄金期货期权、郑商所的白糖期权以及大商所豆粕期权的上市准备工作也在积极推进。

债券市场是资本市场必不可少的组成部分，对国民经济和社会发展起着重要作用。随着利率市场化和利率形成机制的不断完善，利率对市场的敏感度提高。2016年，受金融去杠杆和信用风险的影响，债券市场经历了较大幅度的波动，目前如何防范债券市场风险已成为资本市场建设的一个难题。因此，现阶段上市的国债期权产品是丰富债券市场风险管理体系、保证债券市场稳健性、提高管理效率、完善债券市场收益率曲线的重要举措，有助于更好地服务我国的实体经济。首先，上市国债期权可丰富债券市场避险工具，其购买方在付出一定期权费后，有权按照约定价格买进或卖出债券，在利率波动频繁的市场上，能够大大降低国债可能面临的风险，将风险控制在一定范围。因此，上市国债期权充分发挥了利率风险的对冲功能。一方面有助于我国债券市场在规避风险的时候能够抓住改善业绩的机会，另一方面利用上市国债期权将风险控制在一定的范围内，增加了市场的稳定性。其次，上市国债期权可以提升债券市场宏观审慎管理效率。国际上已有先例将利率期权价格编制的波动指数纳入金融监管指标，用以衡量市场情绪等。我国也在积极推出国债期权编制的波动率指数，以衡量债券市场压力水平和投资者情绪状况，为我国宏观决策和经济监管部门提供参考指标，提升宏观审慎管理效率。最后，上市国债期权可以促进债券市场定价机制的形成和收益率曲线的建设。根据国外经验，国债期权产品可以通过场内集中交易，快速反映市场预期，形成全国统一价格；国债期权采取公开竞价交易机制，价格形成准确、透明、更具有真实性和权威性；在清算环节，采用集中清算机制，风险防范能力更强，市场参与者意愿更高。因此，发展上市国债期权将实现现有国债定价机制提升、提高其定价效率，并使其价格准确反映市场预期，从而能为我国金融资产定价提供坚实依据。

5.4.3.3 私募投资基金创新

私募投资基金是面向少数特定对象的集合型投资理财产品，包括杠杆收购、风险投资、成长资本、天使投资和夹层融资以及其他形式。当前私募投资基金发展非常迅速，截至2016年7月底，已备案私募产品数量达到3.68万只，认缴规模7.47万亿元，实缴规模6.11万亿元，其中规模达百亿的私募产品达到131家，包括阳光私募中淡水泉投资、北京和聚投资等。私募有助于国家经济结构调整，丰富投资理财产品，从而促进资本市场全面发展。但是，由于存在监管标准不统一、多头监管、法律定位不清等原因，私募投资基金在监管中存在许多问题，影响了其进一步的发展。因此，2014年5月8日国务院颁布的《关于进一步促进资本市场健康发展的若干意见》对发展私募投资基金进行了规范，要求依法严厉打击以私募为名的各类非法集资活动。

5.4.3.4 信用衍生品创新

信用风险缓释工具的出现对应于当前发债主体债券违约频发现象，由于信用风险缓释工具能有效分离和转移信用风险，因此可以促进市场风险共担，助力实体经济"降杠杆"等。我国早在2010年推出了信用风险缓释工具（CRM），包括信用风险缓释合约（CRMA）和信用风险缓释凭证（CRMW）。但是，两者发展缓慢，目前仅有9只CRMW，存量不足百亿元。2016年9月23日，中国银行间交易商协会发布修订后的《银行间市场信用风险缓释工具试点业务规则》及配套产品指引文件，并同步发布《中国场外信用衍生产品交易基本术语与适用规则（2016年版）》，在CRMA和CRMW的基础上新推出了信用违约互换（CDS）和信用联结票据（CLN），设立条件更为灵活，为投资者进行风险分散和转移提供了更广泛的选择，通过允许投资者以市场化的方式剥离、转移和重组风险，有效提高投资者的风险管理效率。

5.5 资本市场金融产品创新典型案例

5.5.1 房地产金融产品创新

目前，虽然我国房地产行业发展迅速，但是整体水平不高，大多依靠外来债务进行融资，融资水平较低，并且房地产贷款在二级市场上不能很好地流通，限制了我国对于房地产市场投资的需求。只有适时推出房地产金融创新产品，才可以有效满足房地产行业对于资金的需求，在拓宽房地产市场发展空间的同时，防范金融风险，并提高房地产企业的竞争力。

5.5.1.1 房地产信托投资基金

房地产信托投资基金（REITs）汇集投资资金，交由专业投资机构进行运作，所得收益按照收益凭证分配给投资者，是除现金、债券、股票之后的另一种投资品种，是国外成熟市场中主要的资产配置方式之一。

2014年5月上市的"中信起航"专项资产计划是中信证券在房地产信托投资基金上的首次尝试，也是国内第一款房地产投资基金产品。此款产品以金石私募投资为平台，收益主要来自于日常的物业升值，但由于其对投资人做出一定要求，因此未能使中小投资者广泛参与其中。2015年2月6日"苏宁云创"在深交所挂牌，其资产运作模式包括按照市场公允价值确定交易对价和获得门店物业的长期使用权两部分。"中信起航"和"苏宁云创"对于房地产投资基金产品形成一定的示范作用。

2015年6月25日发行的鹏华前海万科为我国国内首只公募房地产信托投资基金（REITs）。REITs作为市场化融资工具，通过收购建成物业或合作经营等创新模式，盘活存量资产，加快建设资金的流转速度，同时由于其能使个人和企业在不改变产权的前提下获得商业地产的持续收益，因此更能适应企业和居民的需求，从而进一步降低了房地产投资的进入门槛，拓宽了资本市场的广度和深度，并有利于整个房地产行业的长期稳定发展。除此之外，通过将REITs应用于公租房融资模式，还有助于拓宽公租房融资渠道，弥补公共租赁住房建设的资金缺口，推动公租房建设和发展，改善中低收入家庭的生活水平和生存质量，促进房地产市场均衡、健康和平稳发展。

5.5.1.2 房地产价格指数期货

房地产价格指数期货是与未来某个时点的房价挂钩的标准化合约。美国分别于 2006 年 5 月和 2007 年 10 月在芝加哥商品交易所推出美国住房价格指数期货、期权系列合约和美国商业地产价格指数期货、期权合约。在集中交易所交易的期货合约允许市场参与者使用更高的金融杠杆,具有更大的灵活性,而且由于有交易所的担保,避免了交易对手的违约风险。在当前形势下,我国可以适时推出中国房地产价格指数期货,用市场这只"无形的手"有效调节房地产价格,规避风险,保障各个经济参与者的利益。

5.5.2 农村金融产品创新

农业金融的发展产生于农业生产实践中,诸如农产品期货、天气衍生产品、巨灾保险等传统衍生工具对防范农业风险发挥了重大作用。随着"互联网+"国家战略的实施,在创新农村金融服务方面,金融产品服务不断更新,对农村地区的金融发展起到了很好的补充作用。当前京东金融、重庆小额贷款公司和宜农贷等金融企业都开始了自身在农业金融方面的布局。针对养殖农户推出的"京农贷"——养殖贷,是京东金融、中华联合财产保险与新希望六和旗下的普惠农牧融资担保有限公司共同开发的一款产品,借助农业产业链,养殖贷可以解决农户的融资需求,并通过引入保险、担保双重增信机制,有效降低农业贷款风险。在面向农户小额贷款方面,重庆小额贷款公司以农村为核心,公司整体战略在于提供低成本和程序快捷的融资服务。同时,针对全国贫困县,公司成立扶贫基金,为从事养殖业的贫困家庭提供无抵押、无担保、低息小额贷款。宜信于 2009 年推出的新平台板块"宜农贷",出借人可以借助平台将资金出借给在贫困地区需要贷款资金支持的农村借款人,从而助力农村发展。诸如此类的农村金融模式的广泛应用为农村经济注入了活力。

5.5.3 互联网金融产品创新

自 2013 年互联网金融政策逐渐放开以来,互联网金融快速渗透到资本市场的各个领域。2014 年 3 月 5 日,国务院总理李克强在十二届全国人大二次会议上做政府工作报告时首次提出要促进互联网金融健康发展,意味着互联网金融正式进入决策层视野。2015 年 7 月 18 日央行等十部委发布《关于促进互联网金融健康发展的指导意见》，鼓励金融创新，促进互联网金融健康发展，明确监管责任，规范市场秩序。目前互联网金融大致分为下述几种模式。

5.5.3.1 P2P模式

P2P是个人对个人的直接借贷，提供借贷信息的金融网络信息公司通过信息搜集与信息交互实现借贷撮合。目前，国内的网贷中介包括宜信网、人人贷和拍拍贷等。2013年，P2P网贷平台进入快速发展期以来，受到了越来越多的关注。根据网贷之家的统计，到2016年6月底为止，全国正常运营的网贷机构共2349家，借贷余额6212.61亿元。但与此同时，监管缺乏引致的网贷违规现象日益增多，网贷信息公司逐渐脱离了其金融信息中介本质，全国累计问题平台数量庞大。为了加强对其业务活动的监督管理并为其发展指明方向，2016年8月24日，中国银监会正式发布了《网络借贷信息中介机构业务活动管理暂行办法》，对网贷机构及其业务行为进行了全面系统的规范，并要求网贷机构回归其信息中介的本质。

5.5.3.2 众筹

众筹是通过社交网络，为个人或者小企业的某项具体活动而进行资金募集的一种互联网金融模式，目的是让有创造力的人实现其梦想。通过这种融资模式，资金来源不再局限于风投机构，而是来自于社会大众。截至2016年6月30日，国内共有众筹平台370家，其中仅2016年上半年成功筹资数量就达到79.41亿元。众筹项目多种多样，而场景化、智能化和创新化的产品更能吸引大家的关注，获取资金。同时，众筹平台的建设也要注重资源整合，只有这样，才能使资源得到延续，吸引更多的创业创新企业。

5.5.3.3 互联网理财

2013年起，众多电商平台推出各类理财产品，通过增值服务增加用户体验，从而吸引更多客户，"宝"类基金理财产品最先引起关注。2013年6月，余额宝在短时间内成为了中国最大的公募基金和货币基金，用户超过千万。2013年10月28日，百度金融推出首款理财产品"百发"，4个多小时内，购买用户过10万，销售破10亿元。此外，保险、房地产、消费旅游以及票据等互联网理财创新产品层出不穷，目标用户涉及老、中、青各类人群，全面覆盖各类风险。以上现象都说明了互联网理财的火爆。现在比较受欢迎的理财平台有陆金所和堆金网。陆金所是平安集团旗下的一站式理财平台，依赖于平安集团强大的资金支持和专业的运营团队，陆金所发展十分迅速，目前其平台项目涵盖了理财、基金、信托、保险等多个种类，项目大多为万元起投。堆金网为国内第一家国际化的互联网理财平台，其成员为国内外资深金融专家，并多次获得重要奖项。

5.5.3.4 第三方支付

第三方支付包括以支付宝、财付通等为代表的 200 多家支付企业，具体是指具备实力和信誉保障的第三方企业与国内外银行签约，作为买方向银行支付环节的中介。在购买交易过程中，款项不直接打给卖方而是付给第三方机构，并由其进行后续付款，可以减少传统交易中的信息不对称。第三方支付的显著特点包括以下几个方面：第一，由于第三方支付平台能够将多种银行卡支付方式整合到一个界面上，用户不需要使用多种银行，从而方便消费者和商家交易，同时帮助银行节省网关开发费用；第二，第三方支付平台的支付操作简单，易于掌握和使用；第三，第三方支付平台依托于大型的门户网站及与其合作的银行，可以避免产生信用问题，从而推动电子商务发展。

5.5.3.5 大数据指数基金

南方基金和新浪财经联合推出的大数据 i100 指数基金是国内首批深度应用中国财经大数据的指数产品，于 2015 年 4 月 22 日起正式发售。i100 指数借助新浪财经媒体与社交平台中的大数据，综合财务、市场驱动、大数据三大因子，按照股票基本面与市场驱动情况综合排名情况，选出前 100 只股票组成指数样本股。这样做的优势在于：第一，通过实行月度定期调整制度，可以及时捕捉市场动态；第二，i100 指数成分股适应于投资者情绪和市场走势的变化，能够准确把握市场动向；第三，相对于主动管理型基金而言，i100 指数基金具有更低的费率，可以让投资者一揽子购入 100 只股票，为投资者提供便捷的投资方式，让其享受到更好的投资收益。另一个基于互联网大数据的基金是中证公司与百度和广发基金合作编制的百发 100 指数，其特点是将互联网、大数据与量化策略进行创新融合，是国内首只互联网大数据基金。i100 指数偏重于中小型成长股，而百发 100 指数更偏重于大中盘价值股。百发 100 将百度的大数据因子纳入量化选股模型，基于市场投资逻辑来自动选股，通过选择基本面优良、契合市场或具有稳定业绩回报和投资价值的股票作为其大部分成分股，有效避免了传统基金通过固定思路来投资所造成的错误判断。类似的大数据指数基金创新产品还有很多，也这是大数据发展对金融创新的贡献。

5.5.4 供应链金融产品创新

供应链金融是面向包括银行、物流公司、电商平台、P2P 平台在内的供应链所有成员的系统性融资安排，参与主体各自发挥其资金端或资产端优势，从而打破资源壁垒，实现优势整合。供应链金融最常见的发展模式是由金融机构作为主体，物流企业集团作为供应链金融服务的推介方，其所能提供的金融服务产品包含早期的存货质押以及当前全方位的金融服务，服务范围不断拓展。目前国内的供应链金融相比于国外发展更加快速，模式也更加丰富，其创新业务品种有"保兑仓""厂商银""厂仓银""厂厂银""提货单质押""国内买方信贷""融资租赁合作"等业务。根据《2016 互联网+供应链金融研究报告》中相关数据，我国供应链金融市场规模在 2020 年预计将达到 15 万亿元左右。

在供应链金融市场上，各大电商积极布局，业务规模不断扩大，产品种类不断增多。比如，依托于淘宝等电子商务平台的大数据优势，阿里小微信贷根据用户的行为数据和信用评级等网络数据，通过在线资信调查模式，实现精准放贷，有效控制坏账率。京东的供应链金融在信贷方面包括"京保贝""京小贷""动产融资"等核心产品，供应商可以直接向京东申请贷款或者由京东推荐合作银行，从而满足信贷需求。"动产融资"能突破传统动产融资在抵押范围和流动性低等方面的局限，借助于数据和模型化的底层架构，京东供应链金融可以自动评估动产价值，并通过与仓配企业合作，形成质押商品生产、运输、存储、销售的完整链条，从而实现动态质押并让大量中小企业被纳入动产融资服务的覆盖范围。苏宁供应链金融的战略规划始于 2011 年，其供应链金融服务包括订单融资、库存融资以及应收账款融资等基于真实贸易的融资服务。2012 年，苏宁创建了"重庆苏宁小额贷款有限公司"，主打的"苏宁小贷"产品包括"省心贷""随心贷"，满足供应商中长期和短期的融资需求。2014 年，苏宁推出了专门针对中小微企业实现融资的"供应商成长专项基金"，以助力中小微企业发展。

5.6 小　　结

资本市场是金融创新的重要基础和平台，金融创新作为经济增长的关键动力因素，不仅依赖于资本市场的发展，更重要的是推动了资本市场的发展。本章简要介绍了发达国家资本市场的发展经验和产品创新，分析了我国资本市场体系的发展新趋势，考察了股票市场、期货市场、私募基金等方面的最新创新成果，并对备受关注的农村金融、互联网金融和供应链金融等在资本市场产品创新中具有代表性的典型案例进行了研究。

第 6 章

金融制度对金融产品创新的影响研究

本章将金融制度与金融产品创新的理论关系与实证分析结果相结合,研究我国金融制度对金融产品创新产生的影响。在研究过程中,主要运用制度变迁理论、金融发展理论和博弈论对金融产品创新中的制度因素影响进行系统分析,揭示金融制度与金融产品创新之间的理论联系,并将金融制度和金融产品创新进行量化,构建金融创新函数模型和 VAR 模型对其存在的理论关系进行实证检验。

6.1 引 言

在经济全球化的大背景下,国家间的来往越来越频繁,各国间的竞争也逐渐从农业、工业等传统行业向金融服务业转变。"十二五"末,我国服务业占 GDP 比重首超农业、工业等传统行业,达到 50.5%,服务业特别是金融业成为拉动经济增长的火车头。如今,金融业对经济资源的配置作用日趋明显,对促进经济增长起到了十分重要的作用,金融业发展水平的高低在很大程度上取决于金融产品的创新能力,因此,对金融产品创新能力的研究显得越发重要。金融制度是一国金融体系稳定运行的保证,金融制度变化会改变金融产品创新的外部环境进而对其产生影响,所以研究金融制度如何对金融产品创新产生影响具有比较重要的现实意义。自改革开放以来,我国金融制度经历了 30 多年的发展变革,从纵向来看,我国金融制度体系从无到有,获得了很大的发展;然而,从横向来看,我国金融制度体系还不健全,金融市场结构不完整,可供投资和利用的金融产品数量较少,这些因素导致了我国在金融发展中的风险与不稳定性较大,金融服务实体经济的效率不高。因此,为了使我国经济健康稳定发展,必须建立健全金融制度体系,加强金融产品创新开发,提出新型金融产品,丰富可供投资者选择的投资产品,分散投资风险。本章从该角度出发,研究金融制度与金融产品创新两者之间的相关关系，分析不同金融制度因素对金融产品创新产生的影响，找出金融制度中存在的缺陷，并提出针对性改进建议，使金融制度朝着有利于金融产品创新的方向发展，进而提升金融服务实体经济发展的效率和水平。

6.2 文献综述

制度是经济学中最基础、最核心的概念之一，很多学者对于制度的内涵、演变都做过研究。康芒斯（Commons，1997）早在1934年就鲜明地提出企业必须明确产权，强调了产权制度对整个经济社会的重要作用，明确产权可以降低或者消除市场运行时的经济费用，改善资源配置能力，提高市场运作效率。科斯（Coase，1960）认为金融交易有很强的外部性，某一金融交易主体不负责任的行为会对其他交易主体产生很大的负外部效应，但是通过对产权的明确界定，可以有效解决负外部效应导致的成本上升。德姆塞茨（Demsetz，1967）在科斯（1960）的基础上进一步提出，产权的主要功能是引导人们获得外部性较大的内在化激励。施蒂格利茨（Stiglitz，1993）将产权定义为资产持有者能够按照其意愿支配使用自己财产的权利，因此，明晰产权使资产持有者有动力去有效使用自己的财产，从而保证资源的最优配置。吴少新（1998）认为一国金融市场稳定流畅运行基于两个条件：一是收入结构可以将居民消费与投资、储蓄相分离；二是金融产权界定清晰，金融资产的权力和责任获得充分区分。我国现阶段金融市场运行效率低下的主要原因就是金融产权界定不清。刁仁德（2003）结合我国金融发展的具体情况，提出金融产权是个人或者机构对其拥有的各种金融资产进行处置的权利。金融产权由消费这些金融资产、从这些金融资产获利和让渡这些金融资产的权力构成。张杰（2005）对金融产权制度进行了研究，认为不同的金融产权主体从各自的禀赋点出发，通过彼此之间的竞价，最终形成一个较为稳定的均衡点，此时为了稳定保持均衡状态，有效率的制度开始形成。随着参与主体增多，形成的均衡状态也越发稳定，这时交易者会对这种制度达成共识，主动适应这种规则且加以维护。邓智毅（2003）提出影响金融制度效率的主要因素有六个，分别是：金融产权、金融市场、金融价格、金融创新、金融监管和外部环境。孙永波和陈柳钦（2002）认为，金融制度的创新主要包括：金融组织制度、金融市场制度和金融监管制度三方面的创新。金融组织制度创新即金融组织产权的非国有化过程，金融市场制度创新主要围绕银行、证券、保险市场的建设和完善，而金融监管创新则主要指政府等监管主体监管形式的转变。熊彼特（1934）认为创新包括新的产品或服务的出现或改进、生产效率提高出现了新的生产方式、新兴市场的开拓、新标的物的发现和经营方式的转变和提高。克莱森斯（Claessens，2003）将金融创新归纳为金融产品、金融机构、金融市场发展的结果，而金融创新又反过来推动上述创新主体的发展。滕向丽和刘元勤（2002）将金融创新分为了六个大类：金融产品创新、金融制度创新、金融市场创新、金融机构创新、金融技术创新和金融监管创新。余波（2002）认为金融产品创新以及金融衍生产品的引入，增加了金融市场上的流动性和活跃度，提高了资源的配置效率。我国金融业能否获得大发展，关键在于金融机构的创新能力，但是在我国目前的经济环境下，金融产品创新不单是技术问题，更多是市场规则、金融制度对金融机构创新能力的限制。这种限制使得我国金融产品创新活动长期处于一个低效率的状态，因此提高我国金融产品创新能力的关键是突破金融制度障碍。严太华和王磊（2008）认为金融产品创新可以分解原有的产品风险，使金融市场更有效率。因此，要改善创新的外部市场环境，鼓励创新，解决我国金融市场效益、效率低下的问题。韩国文（2008）通过演化博弈分析得出的结论是，金融机构是否进行金融产品创新取决于创新的收益、成本等因素，而金融制度的倾向性，即金融制度是鼓励创新还是抑制创新，会对金融机构创新的收益、成本等因素产生很大影响，从而会影响金融机构进行金融产品创新的程度。因此，应找出影响金融机构进行创新的制度缺陷，使之向着有利于产品创新的方向发展。马运全和朱宝丽（2011）量化分析金融制度和金融创新因素后得到：金融制度对于金融创新起着决定性作用。因此，只有改善金融制度中存在的问题和不足，才能提升一国的金融创新水平。

通过上述分析，可以看出金融制度与金融产品的创新程度关系密切。大量学者在其研究中都较好地论证了金融制度和金融产品创新之间的定性关系，但是他们对两者之间关系的研究没有进行更进一步的定量分析。因此，本章在之前学者定性分析的基础上，将金融制度和金融产品创新进行量化，通过建立模型分析二者之间的定量关系，以期获得更准确的数量关系。通过本章的研究可以更清晰地看到金融制度是如何作用于金融产品创新，从而能为政策制定者和投资者提供一定的参考建议。

本章的基本研究思路和框架如下：首先，通过演化博弈论和制度变迁论，从理论上研究金融制度与各微观、宏观主体进行金融产品创新之间的关系。其次，对其理论上存在的相关关系进行实证检验，将金融制度指标和金融产品创新指标进行回归分析，进一步通过格兰杰因果检验，对不同指标间的相关程度进行判断；通过建立 VAR 模型，对各个指标进行脉冲响应分析，得到金融制度指标对金融产品创新指标的影响，分析其与实际情况是否一致。最后，基于理论分析和实证研究的结果，找出我国金融产品创新中存在的制度缺陷，并提出相应的改进建议。

6.3 金融制度与金融产品概念

6.3.1 金融制度

制度是制度变迁理论的核心概念，不同的经济学者对制度的概念理解不一。凡勃伦（Veblen，1899）在《有闲阶级论》中给出制度初步的定义：制度是个人或社会对于有关的关系或作用的一般性思维习惯；而生活方式则构成在某一时期或社会某一发展阶段人们通行的制度综合，所以从心理学的角度去理解的话，制度可以看作是在人们中流行的一种精神状态或者是生活态度。诺斯（Noce，1934）认为制度是为了约束个人行为所被创造出来的一系列法律规章、行为准则和道德伦理规范。综合上述分析，在经济体制转轨时期的中国，制度可以理解如下：制度既包括法律法规、规章制度和行为规范等宏观概念，又包括社会公众等微观主体的交易习惯、生活风俗等概念，其目的在于约束不同的个体、组织和阶级间的相关利益问题。

卓（Cho，1986）认为金融制度是一种有机的综合性的融资体系，包括直接融资、间接融资和特殊融资。其中，间接融资通过金融中介实现，直接融资是货币供求双方不通过金融中介机构直接进行资金融通的行为，特殊融资是通过购买黄金外汇、期货期权等以实现保值的目的。库马尔（Kumar，1994）认为金融制度是关于金融交易的规章制度和组织安排，其目的是保护交易双方的交易安全，降低交易中的成本和费用，从而使得交易能够顺利进行并且实现资源的最优配置。王江（2000）认为金融制度是约束交易者之间的交易行为和调节其利益状况的一系列关于金融交易的规章安排和交易习惯。综上所述，金融制度的实质是保证一个国家的金融体系正常运行的规则和规定。金融制度分为正式的金融制度与非正式的金融制度：正式的金融制度是国家关于金融系统所制定的金融法律、政策法规和设立的金融组织等；非正式的金融制度是交易者在交易过程中约定俗成的习惯以及在金融活动中形成的意识形态和理论观念等。金融制度创立的目的在于减少金融交易过程中的风险和不可预见性，对交易双方和社会的金融活动进行规范和约束，从而维护交易双方的权利，促进国家经济的顺利发展。

随着金融水平的发展和金融制度的不断完善，经济学者提出了金融制度创新理论。创新理论的代表人物熊彼特（1912）认为伴随着社会生产力的发展，创新是经济发展的内在要求，它促使经济向上发展而非单纯的数量上的增长。西尔伯

(Silber，1983)认为金融创新是指企业等微观经济体为了使得自身利益获得最大化，从而选择的能够规避政府及外部约束的一系列行为。他认为当外部环境变化后，企业为了增加利润，就会进行创新。但是，该理论仍然停留在金融交易的过程和手段上，忽略外部环境变化（如制度变化）对企业创新的影响。希克斯和汉森（Hicks & Hansen，1949）则认为金融创新的主要目的是减少成本，并把金融交易成本和金融创新综合考虑，认为金融交易成本和金融创新间是互相产生影响的，一方面，创新成本的下降减少了创新的费用，有利于企业进行金融产品创新；另一方面，金融产品的创新促使更低成本的金融工具产生。但是，他们仅仅考虑了成本因素，忽略了政府等外部因素所产生的影响。针对上述理论的不足，赫尔曼等（Hermann et al.，1997）提出了金融制度约束理论。金融制度约束理论强调了政府金融政策在金融创新中的重要作用，其本质是政府通过一定的金融政策为企业等金融微观主体创造一些获得租金的机会，这里的租金不是指出租生产要素的收入而是指企业等在竞争市场上所获得的收益。在此之前，赫尔曼的理论都过度重视金融交易和金融工具的作用，忽视了宏观因素的影响，而金融制度约束理论则将金融制度加入到了影响金融创新的原因之中，对金融创新因素进行更精确地解释，对金融制度的发展产生了极为重要的影响。

6.3.2 金融产品

虽然"金融产品"这个词随着我国金融业的快速发展被广泛运用，但是到目前为止，理论界尚未对其形成统一认识。根据学者们对金融创新的理解，本章将金融产品定义为：金融体系参与者进行金融活动的媒介，即金融工具以及伴随着金融工具而提供的服务。同样可以理解为：金融参与者进行金融交易的一切对象都可以称为金融产品。具体来说，金融产品除了日常的交易媒介——货币等支付工具外，还应该包括银行、证券和保险业的基础业务。其中，银行业的业务包括存款、贷款和汇兑等基础业务外，还应包括票据贴现、理财产品等业务；证券业的业务包括股票、债券、正逆回购等各类业务；以及保险业的各类保险产品。除了上述业务外，随着我国金融的发展，出现了许多衍生工具，比如期货、期权等；还有大量的新型交易工具，比如金融互换、资产证券化等；这些业务同银行、证券和保险的基本业务一样属于金融产品的范畴。综上，金融产品是一种明确金融交易双方权利与义务关系的契约凭证。

金融产品在金融创新政策的推动下获得了巨大发展，本章认为金融企业相关产品创新发展的原因有以下四个方面：

第一，现代金融企业生存发展的需要。随着经济全球化的发展，花旗银行、渣打银行等国际金融机构纷纷在我国设立分支机构，以扩大其市场份额、获取利润，这迫使我国金融企业不但需要面对国内相关企业的竞争，还需要面对来自国外金融企业所带来的压力。所以，我国金融企业必须进行金融产品创新，扩大业务范围，增强自身产品在国际上的竞争力和市场占有度，才能保障金融企业在激烈的竞争中更好地生存和发展。

第二，降低金融企业的成本。由希克斯－汉森的成本理论可知，金融企业进行产品创新的原因之一就是为了降低企业成本。金融企业通过产品创新改进原有产品的不足，提出新型的金融产品和交易工具，这些都可使金融企业降低成本，促进企业的健康和良性发展。

第三，规避金融风险。金融产品自创立时就具有风险特性，而且随着市场经济的发展，金融产品价格的频繁变化，以及金融企业之间竞争程度的不断加剧，使得金融产品较以往具有了更高的风险性。出于风险控制目的，金融企业必须进行金融创新，将保值和规避风险变为现实，从而保障金融业的健康稳定发展。

第四，新技术为金融产品的创新提供了客观条件。一方面，技术的进步使得金融企业进行产品创新的成本降低，使金融产品创新成为可能；另一方面，由于技术的发展，使得金融企业可以提供更符合客户和市场需求的产品，改善了金融产品创新的条件，有助于金融产品进一步创新与发展。

6.4　金融制度与金融产品创新理论

本章运用演化博弈理论和制度变迁理论进行理论分析。通过对我国改革开放前后金融制度变迁的研究，可以发现金融制度与产权制度、金融市场等因素的关系，将这些相关因素量化，从而达到对金融制度进行衡量的目的。演化博弈论与先前的着重于静态研究或者流于动态的博弈论不同，它将静态研究与动态研究相结合，从而能够更好地对各主体之间的关系进行分析。可以考察初始条件不同时，不同主体演化的走向；也可以考察初始条件相同时，由于外部因素变化导致的演化的不同走向。具体而言，本章主要考察的是金融制度因素的变化对金融产品创新产生的不同影响。

6.4.1　不同主体间的博弈分析

6.4.1.1　微观主体间的博弈

假设金融市场中有两个不同规模的金融机构 X 和 Y，X 与 Y 理性且存在竞争关系，它们都会根据金融市场上需求的变化进行金融产品创新，从而满足市场需要，扩大竞争力和市场占有度。进行金融产品创新可以获得收益，但同时也要付出一定的成本，如新产品的研发成本、销售成本等。那么，X 与 Y 是否进行创新就取决于收益与成本的大小。如果收益大于成本，X 与 Y 就会认为创新有利可图，从而进行金融产品创新；如果收益小于成本，X 与 Y 就会认为创新会导致其发生亏损，因而不进行金融产品创新。假设金融机构 X 的规模大于金融机构 Y 的规模，下面利用纳什（1950）提出的"智猪博弈"理论对 X、Y 是否发生金融产品创新进行分析。

金融市场上有一个规模较大的金融机构 X 和一个规模较小的金融机构 Y，率先进行创新的金融机构会产生 10 个单位的收益，但是率先创新者将付出 2 个单位的成本，而模仿无成本。若大小金融机构 X 与 Y 同时进行创新，X、Y 的收益比为 7∶3；若大金融机构 X 先进行创新，Y 进行模仿，X、Y 获得的收益比为 6∶4；若小金融机构 Y 先进行创新，X 选择模仿，X、Y 的收益比则为 9∶1。在上述假设下，金融机构 X 与 Y 的支付矩阵如表 6-1 所示。

表 6-1　　　　　　　　　金融机构 X 与 Y 的支付矩阵

大金融机构 X ＼ 小金融机构 Y	创新	模仿
创新	(5, 1)	(4, 4)
模仿	(9, -1)	(0, 0)

从表 6-1 可以看出：当 X 选择创新时，若 Y 也创新，则扣除成本 2，收益分别是 5 和 1；而若 Y 选择模仿，则收益均为 4；相比而言，Y 将选择模仿。当 X 选择模仿，Y 如果选择创新，则扣除成本 2，收益分别是 9 和 -1；而若 Y 也选择模仿，则收益均为 0；相比而言，Y 将选择模仿。综合来看，无论大金融机构 X 选择创新还是模仿，小金融机构 Y 的选择都将是模仿，即模仿是小金融机构 Y 的占优策略。

在小金融机构 Y 选择模仿的情况下，大金融机构 X 选择创新，两机构整体会达到最佳效果。但是，在现实情况中，金融机构往往会选择跟随模仿策略，从而降低成本、防范风险。在这种背景下，金融业的创新程度较低、活力不足。为了改变这种局面，促使金融机构金融创新，监管机构应该从政策制度入手，为金融创新营造良好的制度氛围，提升金融业的创新水平。

因此，为了促进金融创新，监管机构可以改变 X 与 Y 进行创新的收益、成本等因素，进而鼓励金融机构进行金融创新，具体分析如下。改变上述两个金融机构进行金融创新时的成本和收益,假设其皆进行金融创新时,双方均获得收益 A;若一方创新而另一方选择模仿时,创新方获得收益 D 而模拟方获得收益 E;如果双方都选择模仿而不去进行创新时,其获得的收益均为 N。另外,假设 X、Y 选择金融创新的概率为 p,选择模仿的概率为 $1-p$,则金融机构 X 与 Y 的演化博弈矩阵如表 6-2 所示。

表 6-2　　　　　　　　　金融机构 X 与 Y 的博弈矩阵

Y \ X	创新 p	模仿 $1-p$
创新 p	A, A	D, E
模仿 $1-p$	E, D	N, N

由表 6-2 可以得到以下信息:
选择创新的金融机构的期望收益为 E_1:
$$E_1 = pA + (1-p)D \tag{6.1}$$
选择模仿的金融机构的期望收益为 E_2:
$$E_2 = pE + (1-p)N \tag{6.2}$$
两个金融机构的总期望收益为 $\overline{E}$:
$$\overline{E} = pE_1 + (1-p)E_2 \tag{6.3}$$
选择创新的金融机构的复制动态方程为:
$$F(p) = p(E_1 - \overline{E}) = p(1-p)[p(A-E+N-D)-(N-D)] \tag{6.4}$$
令 $F(p) = 0$,得:
$$p_1^* = 0$$
$$p_2^* = 1$$
$$p_3^* = \frac{N-D}{A-E+N-D} \left(当 \frac{N-D}{A-E+N-D} \in [0, 1] \text{ 时成立} \right)$$

其中 p_1^*,p_2^*,p_3^* 为三个局部稳定点。局部稳定点意味着当选择创新的概率达到上述三种比例时,金融机构进行创新的概率达到稳定,不再发生变化。但是,这些局部稳定点并不能完全确认是演化博弈的稳定点,真正的稳定点必须对微小扰动具备稳健性。根据微分方程稳定状态处 $F'(p^*)<0$ 的特性,对上述局部稳定点进行判断。

当演化博弈的局部稳定点 $p_1^* = 0$ 时,$F'(p_1^*)$ 为:
$$F'(p_1^*) = F'(0) = D - N \tag{6.5}$$
当演化博弈的局部稳定点 $p_2^* = 1$ 时,$F'(p_2^*)$ 为:

第6章 金融制度对金融产品创新的影响研究

$$F'(p_2^*) = F'(1) = -(A - E) \tag{6.6}$$

当演化博弈的局部稳定点 $p_3^* = \dfrac{N-D}{A-E+N-D}$ 时，$F'(p_3^*)$ 为：

$$F'(p_3^*) = F'\left(\dfrac{N-D}{A-E+N-D}\right) = \dfrac{(A-E)(D-N)}{A-E+N-D} \tag{6.7}$$

下面对上述三个局部均衡点进行讨论，判断演化博弈真正的稳定点。

当 $A > E$，$D > N$ 时，$F'(0) > 0$，$F'(1) < 0$，$\dfrac{N-D}{A-E+N-D} \notin [0, 1]$，$p_2^* = 1$ 是演化博弈唯一的稳定点。结果表明，金融机构进行反复演化博弈后，会采取金融创新策略，这是由于金融制度鼓励金融机构进行创新，创新使金融机构获得巨大收益，促使其纷纷进行创新活动。

当 $A < E$，$D < N$ 时，$F'(0) < 0$，$F'(1) > 0$，$\dfrac{N-D}{A-E+N-D} \notin [0, 1]$，$p_1^* = 0$ 是演化博弈唯一的稳定点。结果表明，金融机构进行反复演化博弈后，会采取模仿策略，即不进行金融产品创新，这是由于金融制度严格限制金融机构创新，创新使金融机构消耗大量成本，此时选择模仿而不去创新是明智的。

当 $A > E$，$D < N$ 时，$F'(0) < 0$，$F'(1) < 0$，$F\left(\dfrac{N-D}{A-E+N-D}\right) > 0$，$p_1^* = 0$，$p_2^* = 1$ 均为演化博弈的稳定点，金融机构的博弈结果取决于 p 的初始状况。如果 p 初始时落入 $\left(0, \dfrac{N-D}{A-E+N-D}\right)$，其演化过程会趋向于 $p_1^* = 0$，即金融机构会选择模仿策略而不进行创新；如果 p 初始时落入 $\left(\dfrac{N-D}{A-E+N-D}, 1\right)$，其演化过程会趋向于 $p_2^* = 1$，即金融机构会选择创新策略。金融机构选择不创新的概率为 $\dfrac{N-D}{A-E+N-D}$，而选择创新的概率为 $1 - \dfrac{N-D}{A-E+N-D}$，当 A 越大，N 越小或者 D 越大，E 越小时，金融机构演化到创新的概率增大；反之，演化到创新的概率减少。结果表明，金融制度通过影响金融机构创新的成本和收益可以影响其进行金融创新的程度。

当 $A < E$，$D > N$ 时，$F'(0) > 0$，$F'(1) > 0$，$F\left(\dfrac{N-D}{A-E+N-D}\right) < 0$，$p_3^* = \dfrac{N-D}{A-E+N-D}$ 为演化博弈的稳定点。结果表明，金融机构经过反复演化博弈后会有 $\dfrac{N-D}{A-E+N-D}$ 的概率选择创新策略，其余的金融机构则选择模仿策略。这同样表明，金融制度可以通过影响金融机构的收益、成本等因素来对其创新程度产生影响。

综上所述，金融机构是否进行金融创新，取决于创新的收益、成本以及其所处的初始状态；而金融制度的倾向性，即金融制度是否鼓励创新，会对金融机构创新的收益、成本等产生很大影响，从而影响金融机构进行金融创新的努力程度。因此，针对金融创新，我国应该进一步深化金融制度改革，找出影响金融机构进行创新的制度缺陷，使之朝着有利于金融创新的方向发展，促进我国金融创新水平进一步提高。

6.4.1.2 微观主体与宏观主体间的博弈

微观主体主要指金融机构，其追求自身利润最大化；宏观主体主要指设计金融制度并监督执行的监管当局，其目的是通过实施监管制度对金融机构进行管控，维护金融体系的稳定。微观主体的逐利本性与宏观主体的风险控制存在矛盾：一方面，金融竞争日益激烈，金融机构的传统业务收入逐渐下降，为获得更多收益，金融机构必须进行业务创新、提出新型金融产品；另一方面，金融产品创新风险与收益不确定，监管当局为维护金融稳定，将制定相应金融制度，对金融产品的创新形成限制。由此可以看出，金融产品的创新过程实质是两者之间博弈过程。

假设 X 为金融机构，Y 为制定金融政策并进行监管的监管当局，I 代表金融机构进行金融产品创新以规避监管获得收益，R 代表监管当局进行监管以减少金融产品创新所带来的风险，NR 代表监管当局不进行监管。进一步假定在初始情况下金融创新与金融监管处于均衡状态，是否进行金融创新或监管取决于创新或监管的收益与成本。这里用 $ER_1(I)$ 表示金融机构进行金融创新的期望收益，用 $EC_1(I)$ 表示金融机构进行金融创新的期望成本，用 $E_2(R)$ 表示监管当局进行监管的期望收益，用 $E_2(NR)$ 表示监管当局不进行监管的期望收益，则金融机构与监管当局的博弈情况如下：

若 $ER_1(I) > EC_1(I)$，则金融机构选择进行金融产品创新以获得收益；

若 $ER_1(I) \leq EC_1(I)$，则由于创新成本太高，金融机构放弃进行金融产品创新；

若 $E_2(R) > E_2(NR)$，则监管当局会进行监管；

若 $E_2(R) \leq E_2(NR)$，则监管当局不会进行监管。

由于金融机构和监管当局会对彼此的行为进行预测，上述公式可以改写为：

若 $ER_1(I, R) > EC_1(I, R)$，金融机构进行金融创新；

若 $ER_1(I, R) \leq EC_1(I, R)$，金融机构不进行金融创新；

若 $E_2(R, I) > E_2(NR, I)$，监管当局进行监管；

若 $E_2(R, I) \leq E_2(NR, I)$，监管当局不进行监管。

当 $ER_1(I, R) \leq EC_1(I, R)$ 且 $E_2(R, I) \leq E_2(NR, I)$ 时，金融机构不进行

金融产品创新,监管当局不进行监管,这时达到了纳什均衡;当 $ER_1(I, R) > EC_1(I, R)$ 且 $E_2(R, I) > E_2(NR, I)$ 时,金融机构进行金融产品创新,监管当局进行监管,直至形成新的纳什均衡,如表 6-3 所示。

表 6-3　　　　　　　金融机构 X 与监管当局 Y 的博弈

金融机构 X \ 监管当局 Y	监管	不监管
创新	创新,监管	创新,不监管
不创新	不创新,监管	不创新,不监管

综上所述,监管当局通过制定金融政策进行监管,以限制金融机构的创新活动,但金融机构为了使自身获得更多利润,打破监管当局的管制,往往又会通过金融产品创新来逃避监管当局的监管,而监管当局为了防范金融机构产品创新带来的风险又会调整金融政策进行调控,这样形成了一个循环往复的博弈过程,如图 6-1 所示。金融机构的金融产品创新活动与监管当局金融制度的制定关系密切,因此需要进一步考虑金融产品创新中的金融制度因素,以协调两者之间的关系,使金融制度能够更好地服务于金融产品创新,从而促进经济发展。

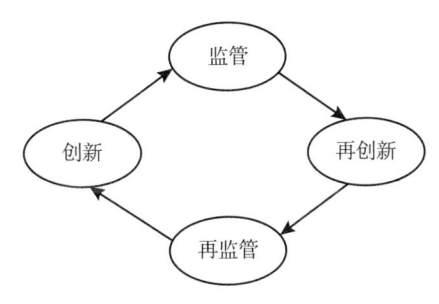

图 6-1　创新监管博弈

6.4.2　我国金融制度的演进

6.4.2.1　制度变迁理论

作为新制度经济学理论的代表人物,诺斯(1990)在《制度、制度变迁与经济绩效》一文中提出:制度变迁是制度的发展、转换与自我完善。在构建理论模型时,他提出了两个假设条件:一是经纪人假设;二是制度变迁的根本原因是追求潜在的收益。诺斯将制度变迁划分成两种类型:其一是诱致型的制度变迁,主要是指个人或组织为了追求潜在收益而自发形成的制度变迁过程；其二是强制型的制度变迁，主要是指政府以命令和法规形式导致的制度变迁过程。但是，无论哪种类型，制度变迁都是从制度均衡到非均衡再到均衡的反复过程，这一过程如图6-2所示。

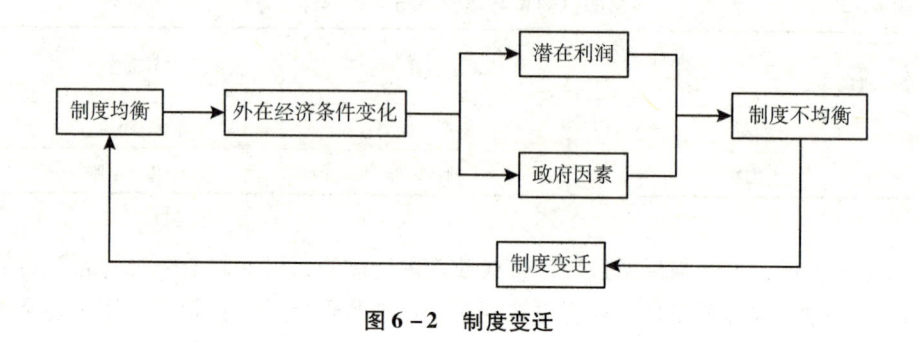

```
制度均衡 → 外在经济条件变化 → 潜在利润 ┐
                              ├→ 制度不均衡
                        政府因素 ┘
               ↑                          ↓
               └──────── 制度变迁 ←────────┘
```

图6-2 制度变迁

青木昌彦（2001）认为，根据主观博弈模型的制度观，制度变迁相当于博弈从一种均衡向另一种均衡的转移，其结果不仅与战略方面的整体质变相联系，而且与参与人的主观观念相关。他认为政府在制度变迁中发挥着至关重要的作用，政府作为公共物品的供给者，面对当前世界经济不确定因素的增多，在特定博弈模型中可能存在着多重均衡的情况，政府必须谨慎对待制度选择问题，选择出一个最合适的制度均衡解，推动制度变迁沿着良性轨道发展。

虽然制度经济学在我国出现较晚，但是我国独特的经济形式和独有的经济体制改革历程，为制度变迁理论提供了大量的研究素材，国内学者将制度变迁理论与我国的现实问题相结合，提出了诸多观点，为制度经济学的发展做出了巨大贡献。其中，林毅夫（1989）认为各种制度安排是相互联系的，如果其中一项制度发生改变，必然会引起其他制度的变化，正是因为这种联系，制度变迁推动者只要对核心制度进行变革，就能以最低的成本实现制度变迁目标；黄少安（2007）认为制度变迁产生于制度的非均衡状态，但发现原制度的非均衡状态要付出大量成本，包括经济成本与机会成本。因此，在制度变迁中要充分调动现有资源，及时解决存在的问题，加快实现变迁目标。

6.4.2.2 金融制度演进

纵观我国金融制度变迁史，以改革开放为分界线，可以将其划分为：计划经济时期的金融制度与改革开放后的金融制度。计划金融制度是我国在计划经济时期实施的金融制度，在这种金融制度下，国家对金融资源的配置实行统一规划，在当时特定的经济环境下，具有许多独特的特点：首先，在产权方面，我国的所有制成分趋于一元化。新中国成立初期我国还存在多种经济成分并存的现象，但是经历了"一五"计划、"大跃进"和"文革"时期后，我国金融机构全部成为全民所有制性质的机构。其次，在金融市场方面，我国金融市场发展落后，效率低下。计划经济时期对金融业整改合并后，我国金融机构仅剩下银行业，而银行业务又由中国人民银行包办，同时中国人民银行按上级计划指令行事，导致我国金融机构单一，金融工具简单化，金融资源配置效率低下。最后，在运作方式方面，集中表现为行政化运作。我国金融机构的运作都体现在信贷计划上，各级银行按照中国人民银行的指令发放贷款，这种服从上级指令的方式就是我国当时金融机构运作的基本模式。

改革开放后，经历了30多年的发展，我国的金融制度获得了极大的进步和完善。首先，在产权方面，呈现出多元化趋势。建立政企分开的银行体系，将中国人民银行设定为我国的中央银行，成立政策性银行，对国有商业银行进行股份制改革，组建了一批非银行金融机构。随着改革的深入，政府逐渐放权让利，我国的非国有经济成分获得了极大发展。其次，在金融市场方面，银行、证券、保险等金融机构发展壮大，金融市场上的交易主体数量增多，金融工具数量增加，各种衍生、新型工具层出不穷，丰富了投资者的选择余地，同时大大提高了金融市场对资源的配置效率。再次，在运作方式方面，取消信贷计划，进一步完善宏观调控体系，成立银监会、证监会和保监会等监管机构，同时将直接调控变为间接调控，充分发挥三大货币市场工具的作用。最后，加大了金融业的对外开放力度，吸收国外先进的技术和管理机制，积极开展对外业务。同时，引入导致金融制度变迁的意识形态因素——金融文化，从而使得我国的金融制度变迁更加符合中国经济社会形态。

综上所述，可将我国的金融制度要素归纳为以下五个方面：

第一，产权制度。根据诺斯的制度变迁理论，制度的变迁就是产权转换的过程。我国金融机构产权的转换随着我国金融制度的发展而不断变化，产权制度问题贯穿金融制度发展全过程。从某种意义上讲，金融制度发展的过程就是对金融市场主体产权界定的过程，通过对产权制度加以衡量可以很好地对金融制度的发展变化进行判断。

第二，金融市场发育程度。金融制度对金融市场的发展会产生重要影响，严格的金融制度会抑制金融市场的发展；相反，宽松的金融制度会增加金融市场交易主体，扩大金融工具数量，提升金融市场的活跃度，从而有利于金融市场的成长。因此，通过对金融市场发育程度的衡量就能较好地体现出金融制度的发展程度。

第三，对外开放程度。对外开放不仅为我国金融市场带来了大量资金和先进工具技术，更重要的是为我国金融制度的发展带了一个全新的参照系，有利于我国发现自身金融制度的不足，使我国金融制度逐渐与国际接轨，实现更大的发展。因而，通过衡量我国对外开放水平，可以从侧面反映出金融制度的发展水平。

第四，政府管制程度。在计划经济时期，政府管制行政化，严格按照信贷计划对金融市场进行管理。随着我国金融制度的不断发展，政府逐渐放宽对金融市场的管制，通过利率、汇率等货币政策工具对金融市场施加影响。金融制度的发展伴随着政府机构的放权让利，经济利益的分配从政府慢慢过渡到企业和个人。因此，通过对政府管制程度的研究也能发现金融制度的发展进程。

第五，金融文化水平。范恒森（1999）将金融文化定义为：人们在金融实践中形成的，并对一个国家货币政策、金融组织的经营管理活动产生持久影响力的思想文化。金融文化属于非正式金融制度，它比正式制度有更广泛的约束空间。随着我国金融制度的变迁，人们也逐渐形成了以市场为导向的金融文化思维，而这种思维反过来又将指导并促进我国金融制度的发展变革。因此，通过对我国金融文化水平进行衡量可以显示出金融制度的发育水平。

6.5 实证研究

6.5.1 变量选取

为了分析金融制度与金融产品创新存在何种联系，将金融制度和金融产品创新量化。金融制度选取产权制度、对外开放程度、金融市场发展程度、政府管制程度和金融文化水平加以衡量；金融产品创新选择金融产品创新程度加以解释。对六个变量的选取解释如下。

第一，产权制度，用四大国有银行总资产占所有存款类银行总资产之比来反映我国金融资产的集中程度，代表我国产权制度的改革过程。随着我国金融制度的发展，以银行业为主的金融机构的产权界定经历了完全国有资产的计划经济时代到国有资产为主、非国有资产为辅的改革开放时代，再到大力发展多元化的金融组织机构，证券、保险业快速崛起的市场经济时代，这期间我国成立了一大批非银行金融机构，银行业中的非国有经济成分大大增加。因此，分析我国传统四大国有银行总资产在所有存款银行总资产占比的变化，能很好地体现出我国国有经济向非国有经济的转变过程，即能够充分反映出我国银行业产权制度的变革过程。

第二，对外开放程度，用进出口总额与国内生产总值（GDP）总额之比衡量。改革开放以前，我国实行计划经济体制，进出口完全由国家垄断，仅仅与少数国家发生经济往来而且效率低下，因而我国进出口贸易总额较少。改革开放后，我国大力发展市场经济，加大与其他国家的经济往来，加快资源共享经济共同体建设，加深与世界各国的贸易合作。随着我国对外开放力度的加大，进出口贸易总额也相应快速增加。因此，使用我国进出口贸易总额在GDP中的占比能体现出我国进出口总额的变化，进而反映我国对外开放程度的变化。

第三，金融市场发展程度，用股票市场总筹资额与债券发行额之和与GDP总额之比衡量。20世纪90年代以前，我国金融市场上的金融机构较少仅有银行业，以至于金融产品、金融工具简单单一，金融市场对资源的配置效率较低。随着我国金融市场的发展，1990年12月上海证券交易所建立，宣告我国股票市场正式成立。我国股票市场的快速发展带来了大批投资者的涌入以及各类产品工具的创新和国内外资金的流入，进一步促进了我国金融市场的发展和完善。因此，通过股票市场总筹资额与债券发行额之和在GDP中所占比重的变化能体现出我国金融市场的发展和完善程度。

第四，政府管制程度，用国家财政收入与GDP总额之比衡量。在改革开放前，我国实行行政化的金融管制，严格按照信贷指标行事，导致了资源浪费和效率低下。随着我国改革进程的不断深化，政府的过度干预被市场调节所替代，政府本位过渡到了个人本位和企业本位。政府机构逐渐放权让利，经济利益由政府向企业和个人转移。所以通过国家财政收入在GDP中所占的比重的变化能反映出经济利益的变化情况，进而反映出政府管制方式的转变。

第五，金融文化水平，用金融业从业总人数与社会就业总人数之比衡量。金融文化在金融企业中具体体现为企业所蕴含的金融思想、价值取向和服务理念等。随着金融业发展越发迅速，其需求能够吸收更多高素质金融人才，促进了金融企业的良性竞争与发展，进而会使其加强企业金融文化的建设，这样才能打造企业文化，增强企业的凝聚力和创新力，从而使得企业获得更大的发展。因此，使用金融业从业人数在全社会就业人数中所占比重能够反映金融企业的发展程度，而金融企业的发展程度又决定了金融文化的发展水平。

第六，金融产品创新程度，根据银行资产负债表的构成，银行业的主要业务分为三类，即负债业务、资产业务和中间业务。[①] 根据现代金融发展理论，银行的中间业务水平反映了银行除去借贷款等传统业务后获得利润的能力，是衡量一个银行金融产品创新能力的重要指标。银行的中间业务是银行作为中间人，为其

---

① 我国商业银行主要包括国有银行、股份制银行、城市商业银行及农村信用社。由于城市商业银行和农村信用社数据统计不完整且占比较低，本章仅用我国16家上市银行的数据。

客户办理收付或其他委托代理事项、提供各种金融服务的业务，其目的是获取佣金、手续费等非利息收入。因此，选取银行的佣金及手续费收入作为衡量银行中间业务的指标，用银行业的中间业务收入占其营业收入的比重来衡量其金融产品创新程度。

6.5.2 模型检验

在建立模型进行检验之前，必须对数据进行预处理。为了使数据更加平稳，故将金融产品创新程度、产权制度、对外开放程度、金融市场发展程度、政府管制程度和金融文化水平这六个指标进行对数化处理。为验证数据的平稳性，对原序列、取对数后的一阶差分序列和取对数后的二阶差分序列进行单位根检验，具体检验结果如表6-5、表6-6和表6-7所示。由表6-7可知，二阶差分后的各变量均为平稳的时间序列，故选取二阶差分后的变量建立VAR模型，二阶差分后的数据如表6-4所示。

表6-8给出了0至2阶VAR模型中的LR，FPE，AIC，SC和HQ值，并以"*"号标出所选择的滞后阶数。因有一半以上的准则所选择出来的滞后阶数为2阶，所以该VAR模型的滞后阶数为2阶。对上述数据的平稳性进行检验，其结果如图6-3所示。

由图6-3所示的结果可知，无特征根在单位圆外，表明由序列金融产品创新程度、产权制度、对外开放程度、金融市场发展程度、政府管制程度和金融文化水平建立的VAR模型是稳定的。在进行脉冲响应前，对各个变量间的因果关系执行格兰杰因果检验，结果如表6-9所示。

表6-4　　　　　　　　　　预处理后的数据

obs	金融产品创新程度	产权制度	对外开放程度	金融市场发展程度	政府管制程度	金融文化水平
2009年一季度	NA	NA	NA	NA	NA	NA
2009年二季度	NA	NA	NA	NA	NA	NA
2009年三季度	-0.020320	0.009598	0.027465	-0.050490	-0.053821	0.001727
2009年四季度	0.000183	-0.004560	-0.090943	-0.132056	0.004836	0.004633
2010年一季度	0.020597	0.003776	0.085339	0.086871	0.070300	-0.005826
2010年二季度	-0.022202	-0.009736	-0.028370	0.001763	-0.036582	-0.003027
2010年三季度	-0.001569	0.006626	-0.014322	-0.019605	-0.053340	0.003500
2010年四季度	0.002774	-0.002395	-0.058663	-0.098598	0.027417	0.003398

续表

obs	金融产品创新程度	产权制度	对外开放程度	金融市场发展程度	政府管制程度	金融文化水平
2011年一季度	0.027458	0.004320	0.110173	0.114496	0.083885	-0.003405
2011年二季度	-0.024017	-0.002427	-0.071930	-0.007835	-0.062946	-0.003833
2011年三季度	-0.005550	0.000745	0.021620	-0.047747	-0.055844	0.004502
2011年四季度	-0.002606	-0.009226	-0.070265	0.041188	0.019185	-0.007343
2012年一季度	0.014540	0.013984	0.087648	-0.008033	0.111159	0.011708
2012年二季度	-0.016265	-0.012844	-0.021817	0.026283	-0.079682	-0.011370
2012年三季度	0.005607	0.005964	-0.020055	-0.001490	-0.051489	0.006093
2012年四季度	0.004559	-0.002420	-0.030294	-0.048284	0.034996	-0.004106
2013年一季度	0.026749	0.005213	0.108613	0.039074	0.076405	0.010058
2013年二季度	-0.030264	-0.004435	-0.103860	0.002702	-0.055961	-0.012221
2013年三季度	-0.001890	0.006507	0.030861	0.004488	-0.051569	0.000794
2013年四季度	6.77E-05	-0.003933	-0.029395	-0.062059	0.036578	-0.027788
2014年一季度	0.022839	0.004293	0.065461	0.070643	0.065928	0.040979
2014年二季度	-0.025060	-0.008017	-0.041905	0.022156	-0.053102	-0.011536
2014年三季度	-0.001357	0.008944	0.028604	-0.057270	-0.052167	-0.001031
2014年四季度	0.004842	-0.009039	-0.066241	-0.014162	0.046680	0.013736
2015年一季度	0.018906	0.008420	0.025437	0.035822	0.049171	-0.009006
2015年二季度	-0.013075	-0.008916	0.002343	0.089477	-0.034880	0.015562
2015年三季度	-0.008478	0.003518	0.030262	-0.084612	-0.059245	-0.003517

表6-5 原序列单位根检验结果

变量 指标	金融产品创新程度	产权制度	对外开放程度	金融市场发展程度	政府管制程度	金融文化水平
T值	-1.715260	-0.023904	0.240940	-1.996283	-2.633090	-1.38594
P值	0.4096	0.9476	0.9690	0.2865	0.1010	0.5734

表6-6 取对数后一阶差分序列单位根检验结果

变量 指标	金融产品创新程度	产权制度	对外开放程度	金融市场发展程度	政府管制程度	金融文化水平
T值	-3.224932	-10.37553	-1.589892	-6.286661	-15.33529	-4.74162
P值	0.0327	0.0000	0.4707	0.0000	0.0000	0.0009

表6-7　　　　　　　取对数后二阶差分序列单位根检验结果

指标＼变量	金融产品创新程度	产权制度	对外开放程度	金融市场发展程度	政府管制程度	金融文化水平
T值	-4.277157	-18.30076	-10.50003	-4.256947	-5.158293	-10.12872
P值	0.0040	0.0001	0.0000	0.0036	0.0006	0.0000

表6-8　　　　　　　　滞后阶数的判定结果

Lag	LogL	LR	FPE	AIC	SC	HQ
0	348.0020	NA	4.89e-21	-29.73931	-29.44309	-29.66481
1	427.3355	110.3770*	1.27e-22	-33.50743	-31.43392*	-32.98595
2	481.9708	47.50896	5.51e-23*	-35.12789*	-31.27709	-34.15943*

* indicates lag order selected by the criterion.

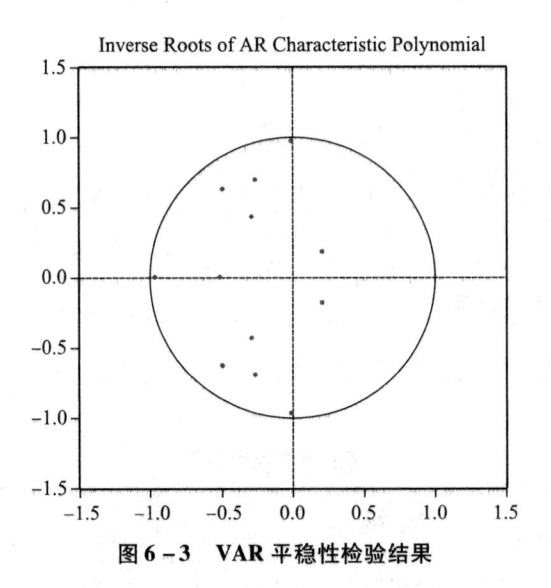

图6-3　VAR平稳性检验结果

表6-9　　　　　　　各个变量间的因果关系检验结果

Null Hypothesis	Obs	F - Statistic	Prob.
产权制度不是金融产品创新程度的格兰杰原因	23	5.52351	0.0135
金融产品创新程度不是产权制度的格兰杰原因		0.06189	0.0402
对外开放程度不是金融产品创新程度的格兰杰原因	23	15.3647	0.0001
金融产品创新程度不是对外开放程度的格兰杰原因		6.84739	0.0061
金融市场发展程度不是金融产品创新程度的格兰杰原因	23	9.97664	0.0012

续表

Null Hypothesis	Obs	F – Statistic	Prob.
金融产品创新程度不是金融市场发展程度的格兰杰原因		8.97002	0.0020
政府管制程度不是金融产品创新程度的格兰杰原因	23	12.1811	0.0005
金融产品创新程度不是政府管制程度的格兰杰原因		2.80085	0.0873
金融文化水平不是金融产品创新程度的格兰杰原因	23	0.87715	0.0330
金融产品创新程度不是金融文化水平的格兰杰原因		0.65736	0.0302

表6-9（a）　　　　　　**Dependent variable：金融产品创新程度**

Excluded	Chi-sq	df	Prob.
产权制度	8.825049	2	0.0121
对外开放程度	5.459926	2	0.0652
金融市场发展程度	4.968808	2	0.0834
政府管制程度	2.112842	2	0.3477
金融文化水平	3.781549	2	0.1510
全部	90.19121	10	0.0000

表6-9（b）　　　　　　**Dependent variable：产权制度**

Excluded	Chi-sq	df	Prob.
金融产品创新程度	1.265489	2	0.5311
对外开放程度	9.353796	2	0.0093
金融市场发展程度	4.916967	2	0.0856
政府管制程度	4.106105	2	0.1283
金融文化水平	4.611017	2	0.0997
全部	19.27544	10	0.0369

表6-9（c）　　　　　　**Dependentvariable：对外开放程度**

Excluded	Chi-sq	df	Prob.
金融产品创新程度	0.683566	2	0.7105
产权制度	5.783972	2	0.0555
金融市场发展程度	1.803011	2	0.4060
政府管制程度	3.557120	2	0.1689
金融文化水平	0.894868	2	0.6393
全部	33.13550	10	0.0003

表 6-9（d）　　　　Dependent variable：金融市场发展程度

Excluded	Chi-sq	df	Prob.
金融产品创新程度	2.123318	2	0.3459
产权制度	2.702442	2	0.2589
对外开放程度	4.836743	2	0.0891
政府管制程度	4.446458	2	0.1083
金融文化水平	2.074115	2	0.3545
全部	24.03248	10	0.0075

表 6-9（e）　　　　Dependent variable：政府管制程度

Excluded	Chi-sq	df	Prob.
金融产品创新程度	2.022496	2	0.3638
产权制度	3.049138	2	0.2177
对外开放程度	5.253130	2	0.0723
金融市场发展程度	0.402002	2	0.8179
金融文化水平	3.499851	2	0.1738
全部	28.33978	10	0.0016

表 6-9（f）　　　　Dependent variable：金融文化水平

Excluded	Chi-sq	df	Prob.
金融产品创新程度	1.348229	2	0.2096
产权制度	0.786270	2	0.3749
对外开放程度	0.360772	2	0.0349
金融市场发展程度	0.965091	2	0.2172
政府管制程度	0.007489	2	0.1963
全部	5.268743	10	0.0725

通过表 6-9 可知，在 10% 的置信水平下，产权制度与金融产品创新程度的 P 值为 $0.0369<0.1$，说明两者之间的相关关系良好；对外开放程度与金融产品创新程度的 P 值为 $0.0003<0.1$，说明两者间的相关关系非常密切；金融市场发展程度与金融产品创新程度的 P 值为 $0.0075<0.1$，说明两者间的相关关系较好；政府管制程度与金融产品创新程度的 P 值为 $0.0016<0.1$，说明两者间有较

大的相关关系；金融文化水平与金融产品创新程度的 P 值为 0.0725 < 0.1，说明两者间有一定的相关关系。得出变量间的因果关系后，通过对金融制度因素施加脉冲，进一步考察金融制度因素对金融产品创新的影响，具体结果如图 6-4 所示。

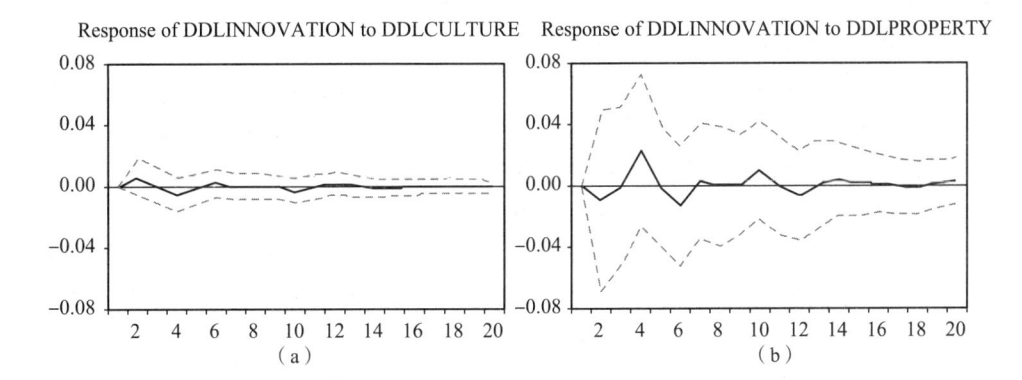

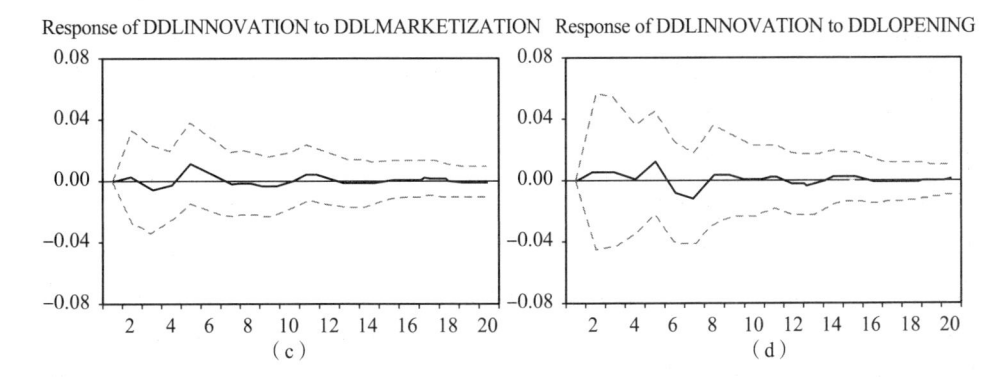

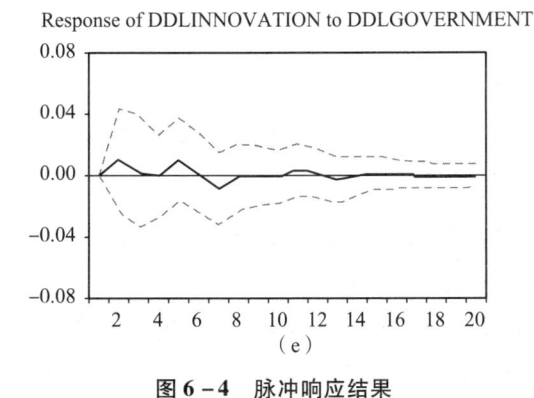

图 6-4 脉冲响应结果

由图 6-4 可知，产权制度（property）一个单位的正向冲击，一开始对金融产品创新有负的影响。比如，国有商业银行的资产数量增加，则国有银行占有更多的存款等资源，压缩了中小型银行的存款等的资金来源。这样导致国有银行占有过多资源而形成垄断，由于垄断具有低效率，不利于金融产品创新。而随着产权制度进行改革，鼓励非国有成分进入，打破国有银行垄断，促进金融产品创新，负效应转化为正效应。随着滞后期的增加，产权制度对金融产品创新的影响越来越弱，最后趋于0。

对外开放程度（opening）一个单位的正向冲击对金融产品创新产生了正的影响。比如，金融政策鼓励对外开放，进出口额增加，有利于国外的先进金融产品、服务和管理方式进入我国，加强了我国与先进国家间的交流，从而促进我国金融产品的创新，与脉冲图的结果相一致。

金融市场发展程度（marketization）一个单位的正向冲击会给金融产品创新带来持续的正向影响。比如，进一步完善我国金融市场，金融市场交易量增加、监管制度逐步健全，促进我国金融产品的创新，而且通过金融市场的传导机制作用使金融产品更好地适应金融市场的发展。这也符合经济的实际发展情况。

政府管制程度（government）一个单位的正向冲击大大促进了金融产品创新的发展。比如，政府强化改革力度，完善政府的职能，加大产品研发投入，使之更好地为金融产品创新而服务，创造一个良好的政治环境，这一点也在脉冲图上得到了充分的反应。

金融文化水平（culture）一个单位的正向冲击有利于金融产品创新，比如，金融业发展速度加快，吸引更多高素质金融人才前来就业。从我国金融业的发展情况来看，金融从业人员的数量和质量的增加，会形成良好的金融创新氛围，能够提高金融产品的创新程度，缩短创新周期，这在脉冲响应图中也得到了充分体现。可见，金融文化水平的发展程度对金融产品创新而言也是一个不可或缺的影响因素。

6.6 金融制度创新的对策建议

从我国目前的经济形势来看，有很多原因导致我国金融产品创新程度低下，上述实证结果表明，金融制度是制约金融产品创新的很重要的因素之一。因此，要加快完善我国的金融制度，为我国的金融产品创新创造良好的制度环境。下面针对我国金融制度的改进与创新主要从五个方面提出若干对策建议。

第一，加快产权制度改革。从实证结果可以看出，产权制度与金融产品的创新程度关系密切，而且产权越分散则往往金融产品的创新程度越高。由于我国四大国有银行在银行业占有很大的比重，在这种近似垄断的情况下，资源分配不均匀，资金配置效率低下，资金很难流入一些中小型银行，使得金融产品的创新效率低下。而大型金融机构内部体制臃肿，部门间的职能过于交叉，既浪费资金又使创新项目流经的审批部门过多，往往会错过新产品推出的最佳时机，这也是导致金融产品创新过于缓慢的一个重要原因。综上所述，我们应该加快产权制度改革，打破现有的垄断格局，使资金和资源可以向中小型金融机构流动，加快资金和资源的流动和减少创新的时滞，促进我国金融产品实现进一步的创新。

第二，加快我国金融体系的对外开放程度。从实证检验结果可以看出，我国金融体系的开放程度与金融产品的创新程度有很大关联，而且存在正向的促进关系。我国金融业目前实行的是分业经营，金融体系自身业务间缺乏沟通与资源共享，虽然可以预防可能出现的金融风险，但是也大大制约了金融产品的创新。除此之外，我国金融业与外国金融业间的业务往来受到了严格的管制，不利于先进信息技术的交流与沟通，一定程度上阻碍了金融产品的创新。因此，在保证金融体系稳定的基础上，应该逐步放开对金融业的管制，使外国的先进金融制度和技术能够流入我国，也使我国金融机构能够与外国机构更流畅地进行业务往来，提升我国金融业务和技术水平，促进金融产品的创新与开发。

第三，完善我国金融市场，促进其健康有序发展。通过脉冲响应结果可知，金融市场发展程度与金融产品创新的关系非常密切，两者间存在着很大的正向相关关系。我国改革开放以来，金融市场化水平逐步提高，但是受制于我国的制度体系和发展程度，使我国金融市场化水平还远远低于西方发达国家的市场化水平。首先，由于低水平的金融市场，金融政策对金融市场的作用效率低、延迟时间长，阻碍了金融制度的传导，降低了金融产品的创新程度。其次，由于银行业垄断现象的存在，使其在我国金融体系中的作用效率下降，不能对金融市场进行有效引导和管制，降低了金融产品的创新程度。最后，对于被看做是经济情况"晴雨表"的证券业，在我国的发展还很不完善，证券价格波动幅度大，风险控制机制也不健全，使我国证券业难以成为金融市场的风向标，无法起到引领金融产品创新的作用。因此，为了促进我国金融产品创新的发展，必须大力发展金融业，完善我国金融市场。只有这样，金融制度的传导才能更为流畅，我国的金融产品创新水平才能获得更大的发展。

第四，促进政府管理水平的提高。根据实证检验结果，我们可以看出政府的管制发展水平与金融产品的创新程度间也存在着很大的联系，而且二者之间存在正向的相关关系。目前，我国的金融体系受到政府的严格管制，政府对金融市场管得过多过严，这就使得金融业自身的调节能力减弱，不但不能很好地抵御金融风险的发生，也不能较好地促进我国金融水平的上升和金融产品的创新。所以，应该进一步完善政府职责，减少部门职能间的交叉，提高政府的管理水平，增加研发投入，培养和合理配置研发人员。随着政府职能的完善和研发投入的增加，金融市场也会运转得更为顺畅，资金和资源的配置效率将会提高，从而有利于我国的金融产品创新。

第五，提高我国金融文化水平。在实证检验中，金融文化水平与金融产品创新间存在明显的相关关系，在实际金融发展过程中两者也存在比较紧密的联系。我国金融产品创新程度较低，很大程度是由人们金融创新意识薄弱所造成的，人们对传统业务的过度重视和对金融产品创新的忽视造成了我国金融产品创新程度的低下。因此，要加速金融业发展，增加金融业就业人数，提高其综合素质，培养其创新意识和创新能力。只有这样，才能提高我国金融业的整体水平，加强从业人员的金融产品创新能力。

综上所述，金融制度与金融产品创新关系密切，在金融制度方面我们只有全面完善产权制度、加快对外开放水平、健全金融市场发展程度、规范政府的管制、促进金融文化的传播，才能为金融产品创新创造良好的制度环境，促进我国金融产品创新能力更好、更快地发展与提高。

6.7 小　　结

本章研究表明，金融制度创新与金融产品创新有很大关联，在金融产品创新过程中，金融制度创新是保障。因此，本章主要运用产权结构论、制度变迁论和博弈论，研究了金融制度创新与金融产品创新两者间的关系，并通过实证检验，将金融制度指标和金融产品创新指标进行回归分析，对不同指标间的相关程度进行判断，建立 VAR 模型，通过脉冲响应分析可知，金融制度指标对金融产品创新指标有较大影响。最后，针对我国金融制度创新提出了若干对策建议，以促进金融产品创新发展。

第 7 章

金融产品创新与风险传染研究

本章基于金融产品创新理论基础,首先对金融产品创新的内涵、特征、效应进行剖析,然后将空间网络模型应用于金融系统性风险研究,针对我国在经济转型过程中可能产生的主要风险,建立基于不同网络结构的金融风险传染模型,探究由金融产品创新带来的潜在的风险传染途径,最后提出免疫策略。本章的主要目的在于,通过研究金融产品创新过程中存在的风险传染的特性,从监管角度构建风险免疫机制,从而最大限度地降低金融产品创新可能对转型期我国经济发展造成的风险。

7.1 引 言

在当今世界的经济结构中,金融对于经济发展的推动作用愈加重要,不同国家和地区以各种方式推动金融创新来发挥其作用。与此同时,金融产品的创新过程也是潜在金融风险传染渠道的复杂化过程,越来越多的衍生金融产品掩盖了原本的资产特征与信用关系。美国次贷危机引发的全球金融危机极大地改变了人们对于金融风险的认识,迫使发展中国家乃至发达国家重新看待金融的力量,慎重地对金融产品创新所带来的潜在风险重新评估。在推进金融产品创新的同时,着力研究金融风险的形成机制、传染途径,建立有效的风险监管体系,是各国金融监管部门面临的巨大挑战。所以,对金融产品创新过程中伴随的潜在的风险传染路径的特征进行研究并构建相应的风险免疫体系,应是金融产品创新进程中值得关注的重要问题之一。

伴随着供给侧改革的推进,我国金融市场开放程度不断加深,国内金融机构直面国际金融市场的竞争,经济高速发展、利率市场化进程加快、资本市场不断深化等因素都驱动着我国金融机构加快金融创新的步伐,以在激烈竞争中获得国际竞争力。随着我国金融创新步伐的不断迈进,在各方面都取得了一定的积极效果。然而,美国次贷危机引发的全球金融危机向全世界揭示了衍生产品所带来的风险传染新特性,当金融网络处于高度联系的状态时,即使单个金融机构遭受冲击,也可能导致风险通过金融网络的内在联系发生传染,进而造成波及整个金融网络的系统性金融风险。由此,在金融风险频发的当今国际经济环境下,金融市场正面临着许多的潜在风险因素,对金融机构和金融监管者构成巨大挑战。因此,如何分析风险在金融系统中的传染特性就成为近年来的热点之一。近30年来,复杂网络理论随着计算机科学的飞速发展也取得了巨大进步,并在很多领域得到了广泛应用。将网络科学应用于金融传染研究也开启了新的视角,成为近年来金融稳定研究领域非常重要的前沿课题,受到众多学者、监管当局和国际金融组织的关注。一方面,源自于借贷关系的金融机构间的复杂联系,使得在金融机构间形成了密集的金融网络,一旦某金融机构发生违约,与其具有直接信贷关系的金融机构也将遭受损失,若损失程度超过其吸收损失的能力,将会导致金融风险进一步传染;另一方面,由于金融产品创新进程的不断推进,越来越多的金融衍生品在资产证券化的过程中被不断交易,其所隐含的内在资产关系往往无法被投资者知悉,金融机构的资产重叠程度也在悄无声息中不断加强。当某个金融机构面临违约风险时,将不得不减价出售所持资产,导致该资产或以该资产为标的资产的金融衍生产品发生减值,而持有相同资产或类似金融衍生产品的金融机构也将面临损失甚至违约风险,从而进一步影响到其他金融机构。

目前,国内外学者对于金融风险传染的研究通常主要集中于某一种风险传染途径,不考虑各种途径间存在的叠加效应,但是这种叠加效应往往是风险传染并不断强化的根源。因此,本章在当前国内外研究基础上,将资产重叠与对手违约两大风险传染途径纳入微观金融网络模型,分析在不同网络结构下,金融产品创新所带来的资产重叠程度的增加与初始冲击程度对于风险传染概率与风险传染范围的影响。为使模型更加贴近现实,本章还将以往对于金融网络结构的假设由整齐的金融网络放松至非整齐的金融网络,使得结论对于当今金融监管具有更为现实的指导意义。

7.2 文献综述

7.2.1 金融产品创新与风险防范研究

关于金融产品创新对金融系统稳定性的研究始于19世纪90年代中期。在早期研究中，默顿（Merton，1995）认为金融产品创新对于金融机构稳定性和风险管理的影响主要体现在两个方面：一方面，金融产品创新会促进风险分担机制的形成从而提升金融机构稳定性；另一方面，由于金融产品创新带来更多的流动性创造会提升结构性风险，反过来使得金融机构稳定性降低。圣多美和特斯特（Santomero & Trester，1998）进行了理论分析，研究表明，在外部冲击风险中存在权衡，即由于金融产品创新能够增加资产流动性、减缓风险，但也使得更高的资产回报率带来更高的的风险承担。博尔顿等（Bolton et al.，2012）、帕加诺和沃尔平（Pagano & Volpin，2010）都认为金融产品创新一方面促进风险分散和风险规避从而提升了银行稳定性，另一方面新产品不透明与复杂特性导致的信用过度膨胀又会降低银行稳定性。因斯特菲尤尔（Instefjord，2005）提出金融产品创新可能会导致潜在的非平衡银行系统。尼基斯肯斯和瓦格纳（Nijskens & Wagner，2011）的实证研究表明金融产品创新会将商业银行的个体风险转移到整个银行系统。塔科尔（Thakor，2012）利用竞争性银行系统理论模型得出创新型的银行系统更容易遭受不稳定和金融危机。德瓦里和邵（Dewally & Shao，2013）的实证结果表明金融产品创新可能无意中导致脆弱的金融机构和金融体系。金姆等（Kim et al.，2013）发现金融产品创新对于银行业危机的形成起到积极作用。凯罗（Kero，2013）将宏观经济风险与金融产品创新结合建立理论模型，结果显示金融产品创新降低了金融稳定性。李和马林茨（Li & Marinč，2014）提出以金融衍生产品总数测度的金融产品创新程度与特质风险显著负相关，尤其对于交易的金融衍生产品更为显著，说明金融产品创新能够提升特质稳定性。诺顿等（Norden et al.，2014）研究认为，能够利用信用衍生品积极管理自身风险的银行在金融危机期间损失较少且能提供更加稳定的贷款供给。

国内研究方面，吴宗金（2005）、张莉（2007）、胡珀等（2008）分析了金融产品创新风险并提出相应的防范措施。宋立新等（2002）认为金融监管是保障金融体系稳定有效运转的必要方法。郑丽（2006）通过动态博弈对金融创新与金融监管进行研究，以美国历史经验为例分析中国在金融自由化趋势下必须尽可能利用金融科技理念及方法有效监管金融风险。余斌（2008）通过对美国次贷危机的分析发现，金融产品创新无法降低风险，且产生了难以察觉的金融风险，为金融监管带来了巨大挑战。索彦峰（2009）探讨了金融产品创新的发展历程与相应风险，提出金融创新与风险管理是银行改革的重点。张雄和万迪（2009）强调跨期投资与融资过程中金融产品创新能够协调利益分配的作用。陈航（2011）提出关于提高衍生金融工具的资本要求和准入限制可以在金融产品创新的同时加强风险管理。于梦尧和宋玮（2010）通过分析美国次贷危机发展过程中金融产品创新起到的积极作用，并认为我国在金融创新过程中需要在领域上进行一定限制，并有针对性地加强对相应风险的防范和监管。

当前金融产品创新风险的研究，主要侧重于通过分析金融产品创新的本质以及与风险之间的关系，在内部管理与外部监管方面提出对策建议，但针对金融产品创新所带来的风险究竟是如何传导的并未深入分析。

7.2.2 金融风险传染路径研究

金德尔伯格（Kindleberger，1996）最早进行系统地研究金融危机及其风险传染特征，首次提出了金融危机风险传染的问题。多恩布施等（Dornbusch et al.，2000）首次对传染进行了划分，一是由于国家间正常的相互依赖关系进而造成风险在基本面的溢出，二是指由于投资者行为而导致的传染。艾伦和盖尔（2000）最早地对金融风险传染进行了研究，基于不同市场结构的假设他们最早地发现银行风险传染效应的高低同银行体系间的市场组织结构密不可分。达斯古普塔（Dasgupta，2004）研究了不完全相关区域在流动性的冲击下，存款交叉持有可能会导致传染性故障。艾伦等（Allen et al.，2012）表明了不同银行间共同资产的持有决定了信息传染的程度，从而确定系统性危机发生的可能性。艾辛格（Elsinger，2009）和埃利奥特等（Elliot et al.，2014）从不同的机制研究表明，交叉持有不同组织的股份或债务可能导致风险传染的发生。但是，上述文献研究的共同特点是并没有对金融网络的结构与由于交易对手风险传染导致的系统性风险发生的可能性之间的关系提供一个全面的分析。

经过进一步的发展，乔瑞和张（Jorion & Zhang，2009）第一个通过交易对手影响对信用传染进行经验性分析，发现破产的发生会造成负的异常股的收益并且增加信用违约互换（Credit Default Swaps，CDS）。此外，具有大额风险敞口的债权人更有可能遭受金融损失。这表明交易对手风险是潜在的信用传染的额外渠道。金姆等（2009）利用莫顿的KMV模型的预期违约概率来估计借款人的违约风险，并表明这是一种可以将金融活动中的连锁效应用概率估计出来的前瞻性的估计方法。阿西莫格鲁（Acemoglu et al.，2013）在上述模型上继续发展，不再采用外部的直接合同关系来研究，而是通过各种各样的市场参与者内在的反应来研究交易对手风险对系统的传染效应，最后基于一系列假设研究金融网络结构的稳定性和系统性风险之间的关系，研究表明，只要负面冲击的幅度（或数量）低于临界阈值，银行间债务的更平等分配会导致系统脆弱性降低。

尽管有越来越多的关于银行间风险传染的理论文献实证结果，似乎暗示了直接暴露的网络不是金融传染的主要渠道，但是，卡乔里（Caccioli et al.，2013）的研究向我们展示了同业银行金融网络暴露可以显著地放大资产组合重叠风险传染。为了证明这一点，文章针对奥地利银行金融网络，并根据不同的协议对其进行压力测试，测试内容主要包含了交易对手损失风险传染、展期风险传染以及资产组合重叠风险传染。得出以下结论：如果这些传染路径孤立地考虑，由交易对手风险传染和展期风险传染造成的银行破产数量较少，一旦加入资产组合重叠传染路径，同业银行暴露将会显著性地造成系统风险。卡乔里等（2014）进一步验证了资产重叠风险可以作为一种风险传染途径，并得出了其关键因素是稳定性的结论：如果系统是稳定的，冲击将不会传播；如果系统是不稳定的，一个冲击可能会被放大，并触发连锁破产。

阿查里雅等（Acharya et al.，2011）基于三个基本假设，为有限期资产的短期融资市场的冻结提供了一个简单的信息理论模型。模型的主要因素是展期风险、清算风险、新消息冲击下的快速再融资比率和金融机构期限错配的相似性，它可以为资产和负债之间具有极端期限不匹配的金融机构，或特殊机构的资本结构产生的融资风险提供微观解释基础。最终发现基础资产价值一个微小的变化会造成债务资本灾难性的下降，并可能造成市场的冻结，由此表明，展期风险也是风险传染的重要途径。基纳齐和法焦洛（Chinazzi & Fagiolo，2015）主要运用复杂网络理论来解释金融市场的传染源和系统性风险，根据金融网络影响、金融机构异质性、金融市场存在的不确定性以及银行资产组合对现有成果进行分类，最后提出了基于网络的系统性风险模型。这样可以更好地理解银行网络结构和系统性风险之间的因果联系，并使用关于现实世界金融网络结构的经验知识以校准理论模型。陈和杜（Chen & Du，2016）建立了一个模型，并从这个模型推导出一个理论机制，揭示两个独特的由金融衍生品的盈利能力决定的影响模式：当金融衍生工具的预期风险溢价为正时，金融创新和银行系统性风险对中国银行稳定性影响关系是线性的；相反，当预期风险溢价为负时为非线性，二者关系可以为U形曲线或三次方曲线。实证结果表明，金融产品创新和系统性风险对我国金融体系的稳定性具有显著影响。因此，中国应该在鼓励金融创新的同时，注重金融体系的风险传染分析，加强对于风险的监管工作。

本章基于银行网络视角，将不同的初始冲击情况下风险传染途径的叠加效应考虑在内，分析风险冲击程度、传染概率与传染范围，进一步研究风险传染的特性与影响因素。

7.2.3 金融网络结构研究

艾伦和盖尔（2000）最早将金融网络结构纳入到风险传染的研究当中，研究表明，完全的债权结构比非完全的债权结构具有更强的稳定性，更有利于系统风险的分散。同时，在一个密集互联的金融网络中，陷入困境的银行的损失可以被分配给更多的债权人，从而减少负面冲击对个别机构的影响。泽维尔等（Xavier et al.，2000）有类似的观点，他们认为银行间均等的分配加强了单个银行面对破产的弹性。但是，也有人持相反的观点，布鲁姆等（Blume et al.，2011）认为银行间的传染是一种传染病，随着银行对手的增加，系统崩溃的可能性也在增加。霍尔丹（Haldane，2013）的观点介于前面两种之间，他认为高度连接的金融网络是稳健但是脆弱的，在一定的范围内网络是冲击的吸收者，但超过了这一范围，网络就成为坏冲击的传播者。

在金融网络的具体结构方面，阿西莫格鲁等（2010，2012）表明如果网络间的交互作用是线性的或对数线性，环状就像其他网络结构一样稳定。阿西莫格鲁等（2013）首次定义了环状金融网络和全连接金融网络，并得出与全连接的网络结构相比环状金融网络结构是十分脆弱的。进一步，还提出了双环和互连环状金融结构。同时，还引入 γ 凸组合金融网络和 δ 结构金融网络，并认为面对大的冲击时这种网络结构是比较稳定的。当消极冲击超过一定的阈值时，全连接网络结构就不再是稳定的保证，反而可能是重要的系统性风险和不稳定的来源。

从结合风险传染途径的角度方面，卡乔里和法梅尔（Fabio & Farmer，2013）通过研究奥地利银行间网络在2006~2008年间的情况，看出资产重叠这种风险传染途径的影响借由银行间网络可以被显著地放大，即会显著地导致系统性风险。其中运用压力测试研究了三种风险传染方式的不同，并得出银行破产主要是由于对手风险所导致的。卡乔里等（2014）又进一步研究了资产重叠风险对于银行网络稳定性的影响，分别从杠杆、分散投资、聚集因素这三方面来考虑。文中通过分支过程来计算资产组合的稳定性，同时也用了宏观压力测试的方法。最后得出杠杆在阈值之下金融网络是稳定的，否则，随着杠杆率增加越不稳定；过度的分散化投资会使金融传染变得更糟。本杰明等（Benjamin et al.，2013）运用巴西银行间网络的数据，通过直接的集聚系数来度量系统性风险，并且还得出直接集聚系数与利率是负相关的结论。

尼尔等（Nier et al.，2008）把银行系统看做是具有不同连通度的网络，对于低水平的连通度，额外的联系会使传染风险增加；反之，则会使传染风险降低。阿南德等（Anand et al.，2011）研究了网络拓扑结构与决定整个系统危机的金融机构资金结构之间的相互影响。当发生危机时金融体系从一个密集信用关系网络向一个稀疏信用关系的急剧转变，而且信用关系的重建有一个滞后效应。哈拉米略等（Jaramillo et al.，2014）将网络模型拓展到实证，采用墨西哥金融网络，运用拓扑矩阵和支付网络来度量和监测风险，最后发现在危机之后，暴露网络的拓扑结构改变了，但是支付网络的结构没有改变，还发现银行的连通性与资产的规模无关，与它可能造成的传染有关。阿西莫格鲁等（2015）研究了金融网络的形成，最后得出金融网络外生性的存在不能经由简单的双边合约关系而内生化。盖等（Gai et al., 2015）认为网络结构对于传染概率有重要的影响，提出了具有 5 个节点的加权定向网络。格拉瑟曼和扬（Glasserman & Young, 2015）用欧洲银行的数据来研究金融网络与传染性的关系，假定关于网络结构的信息最小化，单个机构作为网络的节点，用资产种类、杠杆、金融的连通性来衡量节点的情况。贝纳佐利和佩尔西奥（Benazzoli & Persio, 2016）利用图论中关于随机图分析的方法再加上数值模拟来研究高度连接的金融网络中违约的扩散情况。伯布沙纳（Babusana, 2016）模拟了银行系统中的网络形成过程，得出银行能够成功形成对于传染来说有弹性的网络，并且在一个均衡的网络中，传染的概率几乎为 0。

在国内研究中，鲁皓等（2012）研究了网络拓扑结构对系统性风险的影响。结论显示簇状网络和环状网络具有相同的风险分摊功能，环状比簇状网络更易收到违约预警信号，但是系统性风险更易在簇状网络中发生。鲍勤等（2014）采用国内数据，通过最大熵方法得出金融机构间的资产负债关系，通过金融网络分析由于某个金融机构违约而发生传染的概率，同时通过建立多主体仿真模型来研究网络结构和资产负债表结构对金融风险传染的影响。吴畏等（2014）主要研究了金融网络与系统性风险间的关系，通过研究单个机构受到金融网络的初始冲击发生破产后所带来的风险传染效应来研究系统性风险，得出网络中不同的节点对系统性风险的影响不同、体量大的节点影响更大的结论。

本章所运用的金融网络模型是在阿西莫格鲁等（2013）的研究基础之上，进一步从整齐的金融网络扩展到非整齐的金融网络，对于约束条件进行了放宽，具有更加普遍的现实意义。基于上述研究，本章在分析金融产品创新的内涵、特征、动因与效应的基础之上，借助空间网络模型，研究金融产品创新过程中带来的风险传染问题，并分析风险传染机制，进而提出相应的免疫策略。

7.3 金融产品创新的内涵、特征、效应

7.3.1 金融产品创新的内涵

针对金融产品创新，姚良（2010）认为主要包含宏观和微观两个方面，从微观视角来看，金融产品创新是金融机构为满足不同种类客户的不同需求而开发的新的金融服务；从宏观视角来看，某国家从国外吸收新型金融产品，并结合本国

实际需要进行改造所产生的金融产品就是金融产品创新。然而，从宏观与微观视角都可以看出，金融产品创新本身就是一个复杂的系统性工程，金融机构在当前国家的金融体制框架中，通过创新服务模式、开发服务工具、开拓服务渠道、引进服务技术等方法，从而满足目前的模式、工具、渠道、技术等无法达到的金融需求。本章主要侧重于微观角度的金融机构所进行的金融产品创新，因此选择微观视角来分析金融产品创新的问题。

虽然美国次贷危机为全球金融业展示了金融创新的巨大风险，但基于现实金融需求以及经济发展需要，金融产品创新仍具有重大的宏观和微观现实意义。对于金融机构来说，推陈出新的金融产品为其带来了相当可观的利润；对于非金融机构而言，种类繁多的金融产品为其提供了能够满足各类金融需求的产品；另外，金融产品的创新也符合我国的"创新驱动"发展战略，能够极大地推动供给侧改革顺利进行。

7.3.2 金融产品创新的特征

由于金融产品具有典型的服务特性，因此其具有鲜明的不可感知性、不可贮存性、不可分离性以及双向信息交流（Harrison，2000）等特征，与其他实体产品在本质上存在巨大差别，因此金融产品创新也具有其鲜明的特征。

第一，专利保护不足导致易被模仿侵权。金融产品作为一种不可见的金融服务，其创新本身只是一种商业方法的创新，几乎没有任何一个国家和地区能够建立对于服务的创新专利保护（黄毅和尹龙，2004）。因此，鉴于大多数的金融创新产品无法获得有效专利保护，其被模仿的侵权成本非常低（Petruzzi，1988）。

第二，创新成本较低。针对金融服务的研发投入远小于实体产品的研发投入，其本质为服务思维、路径的创新，不涉及高成本的有形资源投入。许多基于服务思维创新、路径创新的金融产品研发和成果转化过程非常快（Parkinson，1994），同时金融产品的创新是一个连续的过程，基于之前的创新结果进行新的开发创新，故分割为单独的某项金融产品创新中所投入成本将大大减少。

第三，创新成果扩散较快。由于金融产品创新缺乏有效的专利保护，模仿成本较低，一旦某金融机构推出新的金融产品，其余金融机构也会效仿推出类似新产品，因此在金融市场中创新成果被行业内金融机构不断模仿、改进并扩散的速度较快。

7.3.3 金融产品创新的效应

金融产品的创新自始至终贯穿于金融业的发展历程中，是推动金融发展的主要动力之一，金融产品的创新不仅能够消除单个金融机构的风险，还会带来巨大的利润。金融产品创新的积极效应主要包括：促进金融产品服务多元化，满足不同机构和个人的金融需求；增强金融机构的盈利能力，提高金融机构的风险管理水平，在一定程度上消除单个金融机构的异质性风险；促进整个金融市场的发展，提高市场效率。

与此同时，金融产品创新也是一柄"双刃剑"，从19世纪80年代至今，几乎每一次的金融危机背后都或多或少地与金融产品创新的不断发展存在联系。金融产品创新的消极效应主要包括：加大了金融产品的复杂性，掩盖了产品内部所包含的资产负债关系；金融创新产品带来了新的风险传染途径，由于资产重叠程度不断增强，导致整个金融体系潜在联系越来越密切；冲击货币供给与需求，削弱中央银行货币政策效力与风险调控能力。

金融产品的创新进程必然同时会导致金融机构间联系程度的增强，带来潜在的风险传染效应。根据美国次贷危机的经验和教训，正是由金融产品创新的结果，例如抵押贷款支持证券、债务担保凭证、信用违约互换等新型金融产品，导致金融网络中金融机构联系紧密，进而由于持有共同资产以及对手风险所导致的风险传染可能性剧增，一旦其中一家金融机构破产，将导致一系列连锁反应。针对我国经济转型，为了防范其间金融产品创新带来的潜在风险传染效应，本章将从风险传染的途径建立数理模型，研究由金融产品创新导致的金融网络中金融机构联系紧密而产生的潜在的风险传染，并通过数值模拟分析其大小，进而据此提出相应的免疫策略。

7.4 金融风险传染模型

假定在一个初始状态良好的经济体（即全部银行都不存在违约风险和流动性风险，能够保持同业借贷的正常展期）中包含 N 个金融机构（以下简称银行）。银行的资产分为现金、资产投资组合与项目投资。该经济历时两个时期：$t=0$，1。在0时期，某银行必须从其他银行借款来投资。与戴蒙德（Diamond，1982）提出的"椰子"模型相比，本模型的银行必须从其他银行借款，因为他们不能用自己的资金直接投资，这符合商业银行的经营行为。

在 $t=0$ 时 j 银行拥有 K_j^0 单位资金。假定银行的借款范围受到监管要求、流动性或期限错配导致的外因限制，例如 j 银行有足够的资金出借但并未全部借出，因此假定 j 银行最多能够从 i 银行借得 K_{ij}^0 单位资金。

同业拆借在 $t=0$ 时签订债务契约生效，假设 L_{ij}^0 代表 j 银行从 i 银行借得的资金，j 对 i 债务的面值为：

$$y_{ij}^t = e^{R_{ij} \cdot t} L_{ij}^0 \qquad (7.1)$$

其中，R_{ij} 为相应的利率。由定义可知，$L_{ij}^0 < K_{ij}^0$。j 银行在 $t=0$ 时借得 L_j^0 单位资金：

$$L_j^0 = \sum_{i=1, i \neq j}^{N} L_{ij}^0 \qquad (7.2)$$

同时，银行 j 在借出资金后剩余资金即为银行库存现金：

$$C_j^0 = K_j^0 - \sum_{i=1, i \neq j}^{N} L_{ji}^0 \qquad (7.3)$$

在项目投资方面，假定 j 银行在 $t=0$ 时投资某项目 Z_j^0，则同时会承担一个 $t=1$ 时的外部债务 $V>0$，且该外部债务优先于对于其他银行及外部银行的债务，该优先的外部债务或许是由于工人工资或政府税金等。

在资产投资组合方面，市场中的资产种类为 M，银行 n 中资产投资组合的所有资产种类为 w_n，持有资产投资组合中资产 m 的所有银行数量为 O_m。那么，每项资产投资组合中的资产被持有的平均银行数量为：

$$u_a = \frac{1}{M} \sum_{m=1}^{M} O_m \qquad (7.4)$$

每家银行持有资产投资组合的资产平均数量为：

$$u_b = \frac{1}{N} \sum_{n=1}^{N} w_n \qquad (7.5)$$

由于银行与资产间的关系是一一对应的，因此全部银行持有的全部资产投资组合中资产数量与全部资产投资组合中资产被持有的全部银行数量是相等的，即：

$$u_a M = u_b N \qquad (7.6)$$

该金融网络的银行投资组合资产矩阵可表示为：

$$Q_{j,m} = \begin{bmatrix} Q_{1,1} & Q_{1,2} & \cdots & Q_{1,M} \\ Q_{2,1} & Q_{2,2} & \cdots & Q_{2,M} \\ \cdots & \cdots & \cdots & \cdots \\ Q_{N,1} & Q_{N,2} & \cdots & Q_{N,M} \end{bmatrix}_{N \times M} \qquad (7.7)$$

其中，$Q_{j,m}$ 表示银行 j 持有资产 m 的数量。同时，金融网络中的投资组合单个资产的市场价格 P_m^t 为：

$$P_m^t = \begin{bmatrix} P_1^t \\ P_2^t \\ \cdots \\ P_M^t \end{bmatrix}_{M \times 1} \qquad (7.8)$$

那么，若银行 j 在 t 时刻持有资产投资组合 $\{Q_{j,1}, Q_{j,2}, Q_{j,3}, \cdots, Q_{j,M}\}$ 且具

有偿付能力，则此时银行 j 的资产投资组合价值为：

$$Q_j^t = \sum_{m=1}^{M} Q_{j,m} P_m^t \tag{7.9}$$

其中，$Q_{j,m}$ 表示银行 j 持有资产 m 的数量，P_m^t 表示资产 m 在 t 时刻的价值，这里假设只要银行没有破产就会继续持有资产投资组合，因此 $Q_{j,m}$ 与时间无关。

假定银行投资只包含上述两方面，且银行必须从其他银行借款，因为他们不能用自己的资金直接投资，因此在 $t=0$ 时，满足：

$$Y_j^0 = Q_j^0 + Z_j^0 \tag{7.10}$$

其中，Y_j^0 为初始债务：

$$Y_j^0 = \sum_{i=1, i \neq j}^{N} y_{ij}^0 \tag{7.11}$$

因此项目初始投资额可表示为：

$$Z_j^0 = Y_j^0 - Q_j^0 \tag{7.12}$$

同时，在 $t=0$ 时，银行 j 资产负债关系可表示为：

$$Q_j^0 + Z_j^0 + C_j^0 + \sum_{i=1, i \neq j}^{N} L_{ji} = Y_j^0 + E_j^0 \tag{7.13}$$

其中，E_j^0 为初始股东权益，由此得出：

$$E_j^0 = C_j^0 + \sum_{i=1, i \neq j}^{N} L_{ji} \tag{7.14}$$

即在 $t=0$ 时，股东权益一分为二，一部分借出给其他银行，另一部分留存为现金。假定在 $t=1$ 时，投资项目的投资回报为：

$$Z_j^1 = e^{R_z} \cdot Z_j^0 \tag{7.15}$$

其中，R_z 为该项目的收益率。

为简化模型，这里主要考虑资产投资组合中资产价值由于银行破产所引起的资产折价出售导致的价值变化，忽略资产投资组合中资产的收益。在 $t=1$ 时，j 银行的总债务为 $Y_j^1 + V$，其中：

$$Y_j^1 = \sum_{i=1, i \neq j}^{N} y_{ij}^1 \tag{7.16}$$

如果 j 银行在 $t=1$ 时全部资产并不能全额支付其全部债务，必然会导致该银行破产并发生债务违约，此时，全部资产将在其债权人间分配。同时，这里不考虑剩余所有者权益在股东中的最后分配。假设全部次级债权人拥有相同的优先级。因此，如果 j 银行可以支付优先债务 V，但无法支付次级债务，则次级债务人（其余银行）将获得投资合同面值的一部分。另外，如果 j 银行无法支付优先债务 V，那么次级债权人（其余银行）将一无所得。

假定 X_{js}^1 表示在 $t=1$ 时银行 s 能够向银行 j 偿还的债务，根据定义有：

$$X_{js}^1 \in [0, y_{js}^1] \tag{7.17}$$

那么，银行 j 在 $t=1$ 时的全部资产可表示为：

$$A_j^1 = Q_j^1 + C_j^1 + Z_j^1 + \sum_{s=1 s\neq j}^{N} X_{js}^1 \tag{7.18}$$

由于库存现金不产生收益或产生很小的收益，因此这里假定收益为 0，那么 $t=1$ 时现金可表示为：

$$C_j^1 = C_j^0 = K_j^0 - \sum_{i=1 i\neq j}^{N} L_{ji}^0 \tag{7.19}$$

在 $t=1$ 时期，银行资产一旦小于负债，即：

$$A_j^1 < Y_j^1 + V \tag{7.20}$$

则破产。若 $A_j^1 \geq Y_j^1 + V$，则银行 j 有能力完全支付其债务，结果为：

$$X_{ij}^1 = y_{ij}^1, \quad i \neq j \tag{7.21}$$

若 $A_j^1 < Y_j^1 + V$，银行 j 破产，导致其债权人能够得到的偿付低于面值。其中，若 $A_j^1 < V$，银行 j 将在优先债务中违约，次级债权人将血本无归，即：

$$X_{ij}^1 = 0 \tag{7.22}$$

若 $V \leq A_j^1 < Y_j^1 + V$，银行同业间债务只能够被偿付面值的一部分，即：

$$X_{ij}^1 = \frac{y_{ij}^1}{y_j^1}(Q_j^1 + C_j^1 + Z_j^1 + \sum_{s=1 s\neq j}^{N} X_{js}^1 - V) \tag{7.23}$$

综上，在 $t=1$ 时银行 j 对银行 i 能够偿付的金额为：

$$X_{ij}^1 = \frac{y_{ij}^1}{y_j^1}[\min\{y_j^1, Q_j^1 + C_j^1 + Z_j^1 + \sum_{s=1 s\neq j}^{N} X_{js}^1 - V\}]^+ \tag{7.24}$$

其中，$[\cdot]^+ = \max\{\cdot, 0\}$。为了使情景更加简化，本章假设金融网络中内部银行间债务利率恒定为 R，那么对于全部银行来说：

$$y_{ij}^t = e^R L_{ij}^0 \tag{7.25}$$

这样就排除了其他因素的干扰，从而可以重点分析银行间债务分布与风险传染的关系。这里进一步假设给定银行 j 的项目投资回报只存在两个可能值：

$$Z_j^1 \in \{e^{R_z}Z_j^0, (1-\varepsilon)e^{R_z}Z_j^0\} \tag{7.26}$$

其中：

$$e^{R_z}Z_j^0 > V \tag{7.27}$$

即投资项目在正常情况下的回报大于外部债务费用 V。

$$\varepsilon \in (0, 1) \tag{7.28}$$

即 ε 在 0 和 1 之间取值，其大小是取决于该项目的不利冲击程度的损失情况。另外，还假定所有银行短期回报的实现是完全独立同分布的。

这里主要考虑两种初始冲击：

（1）某资产 m 价值 P_m 突然下降 εP_m；

（2）某项目投资收益 Z_j^1 受到初始冲击短期回报下降 $\varepsilon e^{R_z}Z_j^0$。

在受到上述初始冲击后，每个银行将检测是否满足公式（7.20）的破产条件。当某银行失去偿付能力濒临破产时,首先其资产组合将不得不减价出售,进而导致其他银行持有的相同投资组合的价值下降β,其次将导致破产银行无法偿付或者无法全额偿付债权人的同业借贷资金,导致债权人资产价值下降,上述过程将不断重复直到再没有新的银行破产。在此过程中,假设没有新的银行加入,一旦某银行破产,将保持破产状态直到最后不再变化。

在现实金融网络中,当 N 与 M 趋于无穷大时,参数 u_b 仍是有限的,因此初始冲击只影响整个金融网络中极小的一部分。在本模型中,为了集中研究风险传染的特性,进行如下假定:第一,利率一致,银行间同业借贷不考虑借款期限以及信用评级对于利率的影响;第二,银行破产后,由于资产无法按照原价值出售而不得不减价出售,将导致资产价格下降;第三,本模型所指的现金为广义的现金,包含央行准备金等现金等价物,且不考虑这部分的利息收益;第四,银行所持有的所有投资组合的价值、数量,负债分配以及项目投资的收益分布全部服从正态分布,具体数值由系统随机产生。

7.5 金融网络

阿西莫格鲁等(2013)提出,银行间借贷关系可以等价的表示为金融网络,在这里将经济中的双边借贷合约相应的金融网络表示为一个具有 N 个节点的加权定向图,每个节点表示一个银行,由 j 到 i 的定向边界表示 i 银行是 j 银行的债权人。该边界的权重分配等于 y_{ij},即两银行间债务合约的面值。若所有银行都有相同的同业债权债务关系,即对于所有银行 j 来说:

$$\sum_{i \neq j} y_{ij} = \sum_{j \neq i} y_{ji} = y \tag{7.29}$$

那么,这个金融网络就被称作是整齐的金融网络。尽管在整齐的金融网络中全部银行的总债权债务是相同的,但不同银行的同业间债权分配或许并不相同。以下是两个重要的具有相似特征的整齐的金融网络。

定义 1:环状金融网络,也称为信用链,在此结构中银行 $i(i>1)$ 是银行 $i-1$ 唯一的债权人,1 银行是 n 银行唯一的债权人;也就是,对于任意 y:

$$y_{i,i-1} = y_{1,n} = y \tag{7.30}$$

如图 7-1(a)所示,信用关系只存在一个方向。尽管存在特殊性,但环状金融网络概括了简单金融网络的性质。

定义 2:全连接金融网络,与环状金融网络相反,其具有高度多样化的同业债务。如图 7-1(b)所示,所有银行互相之间平等地借贷;也就是说,对于所有 $i \neq j$,两银行间的直接信用关系为:

$$\tilde{y}_{ij} = \frac{y}{(n-1)} \tag{7.31}$$

（a）环状金融网络 （b）全连接金融网络

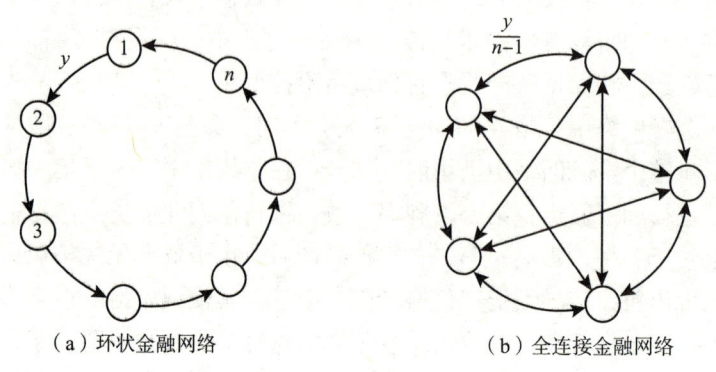

图 7-1 金融网络

上述两种金融网络在密集程度上分别代表了两个极端，因此需要定义一类在银行间联系程度上位于中间水平的金融网络和另外一种特殊网络。

定义 3：如果对于所有成对的 i 银行与 j 银行，其呈现出相应于环状金融网络 $\{y_{ij}\}$ 与全连接金融网络 $\{\tilde{y}_{ij}\}$ 的两种整齐的金融网络的 γ 凸组合，j 银行对于 i 银行的债务的面值为：

$$\bar{y}_{ij} = \gamma\{y_{ij}\} + (1-\gamma)\{\tilde{y}_{ij}\} \tag{7.32}$$

定义 4：若银行集 $M \subset N$，且满足：(1) M 外的所有银行对于 M 内任意银行的债务总和至多为 $\delta \geq 0$，(2) M 内的所有银行对于任意 M 外银行的债务总和至多为 $\delta \geq 0$，则银行集 M 在金融网络中组成 δ 结构，包含有一个 δ 结构的金融网络被称为是 δ 连接的。如图 7-2 所示，假定金融网络中包含 $n/2$ 个 δ 结构银行集（每个银行集包含 2 个银行）。

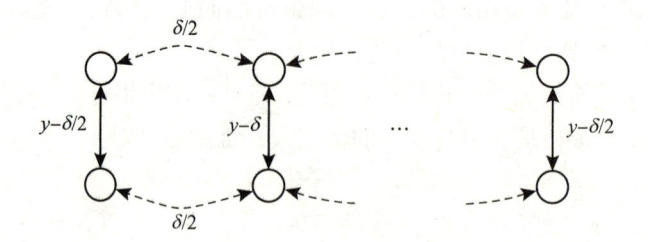

图 7-2 δ 结构银行集

本部分借鉴阿西莫格鲁等（2013）的金融网络，将上述四种网络结构一般化，扩展至非整齐金融网络，即每个网络结构中，银行间债务值由程序产生服从正态分布的随机数,以此更加贴近金融系统中的现实情况。

7.6 数值模拟

本部分将上述模型通过 Microsoft Visual Studio 软件与 Matlab 软件编程,实现数值模拟过程。由于这里主要关注极小的初始冲击如何放大成为系统性的危机,因此"传染概率"是指发生风险传染的概率,即有不止 1 家银行破产或停止展期的概率,"传染范围"是指发生风险传染时破产银行数量。模拟过程中的随机值包括:银行 j 在 0 期的现金剩余 C_j^0,投资组合中银行 j 持有资产 m 的数量 $Q_{j,m}$,资产 m 在 0 期的价格 P_m^0,金融网络中任意两银行之间的初始同业借贷值 L_{ij}^0。为简化模拟过程,将一些数值设定为固定值:$R_z = 0.1$,$R = 0.03$,$\beta = 0.02$,$Z_j^1 - V = 1$,$\gamma = 1/4$,$\delta = 0.01Y$。

7.6.1 第一类初始冲击

图 7 - 3 显示了在 $N = 100$,$M = 100$ 的四种金融网络中,经过 10000 次模拟某一随机资产在初期受到不同程度的初始冲击后的结果,显示了资产重叠程度、初始冲击大小与传染概率、传染范围的关系。其中 X 轴表示资产重叠程度,Y 轴表示初始冲击大小,Z 轴表示风险传染概率与传染范围。(a)与(b)表示环状金融网络,(c)与(d)表示全连接金融网络,(e)与(f)表示环状金融网络与全连接金融网络的 γ 凸组合,(g)与(h)表示 δ 结构银行集。

首先,从图 7 - 3 (a)、(c)、(e)、(g)所显示的传染概率来看。对于任意一种网络结构,随着资产重叠程度的增大,风险传染概率呈现先增大后减小的倒 U 形变化趋势;当资产重叠程度趋于无穷大时,风险传染概率降至很低;当资产重叠程度较低时,风险传染概率与传染窗口随着初始冲击的增加而增大。分析原因:一方面,若资产重叠程度很小时,由于金融机构间联系很弱,风险无法通过网络传染,资产重叠程度不足以放大风险;另一方面,若资产重叠程度很大时,资产多样化程度很高,每个银行都持有很多种类的重叠资产,任何单一的资产受到冲击而贬值时只影响其他银行投资组合中的很小一部分,因此并不会导致新的银行破产。

对于不同种类的网络结构,风险传染概率及窗口区间由大到小依次为环状金融网络、环状金融网络与全连接金融网络的 γ 凸组合、全连接金融网络与 δ 结构银行集,表明环状金融网络最不稳定,全连接金融网络与 δ 结构银行集最稳定,

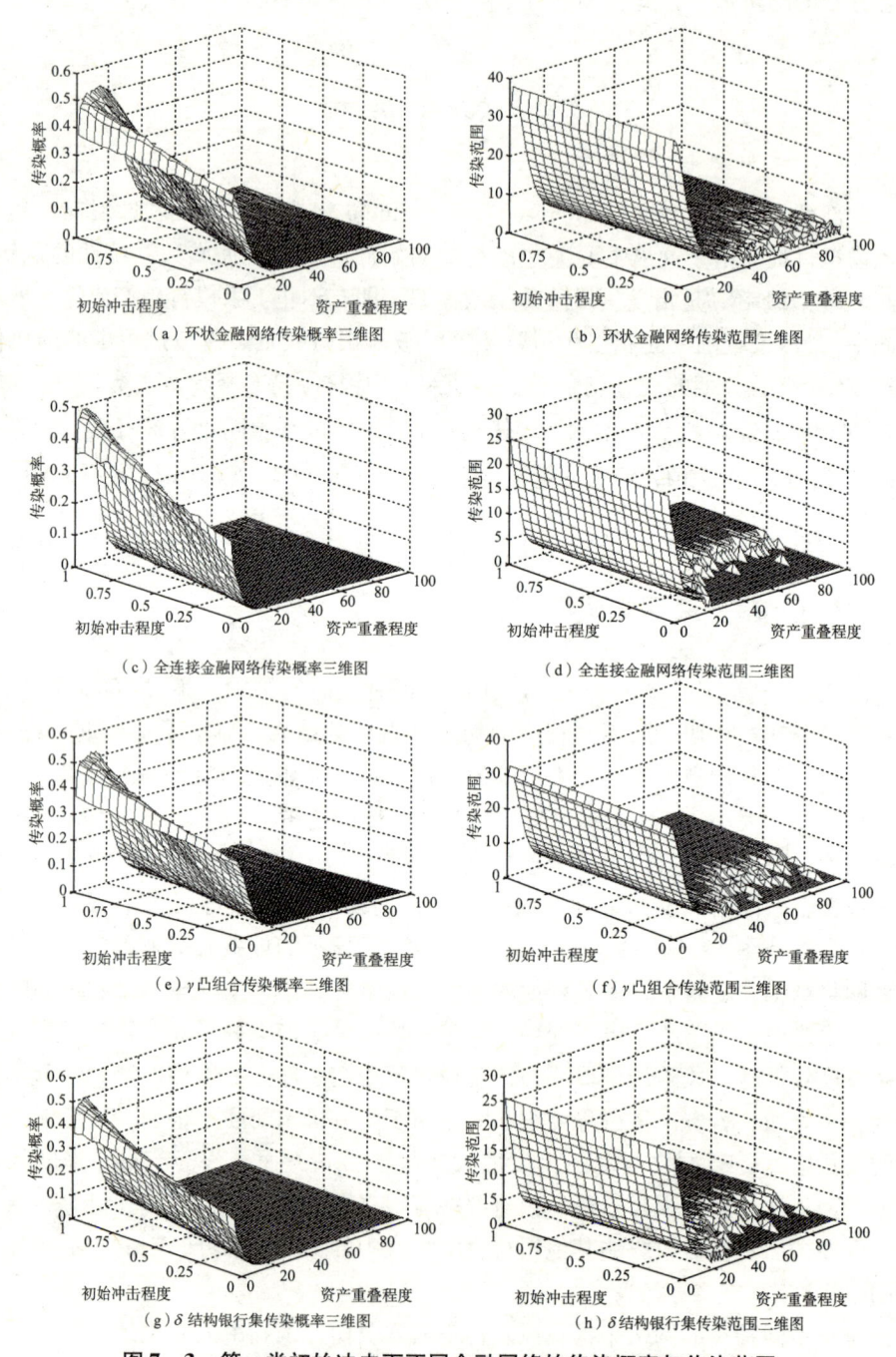

图 7-3　第一类初始冲击下不同金融网络的传染概率与传染范围

而环状金融网络与全连接金融网络的 γ 凸组合稳定性介于环状金融网络与全连接金融网络之间。

其次，从图7-3（b）、（d）、（f）、（h）所显示的传染范围来看。对于任意一种网络结构，风险传染范围随着资产重叠程度的增大，呈现先增大后减小的倒U形变化趋势或者逐渐减小的变化趋势；当资产重叠程度很高时，风险传染范围降至很低，此时初始冲击增大会在一定程度上增加传染范围，但随着资产重叠程度的提高，对于初始冲击的吸收能力不断增强（需要更高的初始冲击才增大传染范围），分析原因为资产重叠程度较高时，资产重叠程度的不断增强使得金融机构的资产进一步多样化，单个金融机构拥有大量的重叠资产，从而导致金融网络受某单一资产的减值影响不断降低；当资产重叠程度较低时，风险传染范围和初始冲击无关。

对于不同种类的网络结构，当资产重叠程度较低时，风险传染范围由大到小依次为环状金融网络、环状金融网络与全连接金融网络的 γ 凸组合、全连接金融网络与 δ 结构银行集；当资产重叠程度很高时，对于初始冲击的吸收能力由大到小依次为全连接金融网络、δ 结构银行集、环状金融网络与全连接金融网络的 γ 凸组合、环状金融网络，表明环状金融网络最不稳定且当资产重叠程度较高时对于冲击吸收能力有限，全连接金融网络和 δ 结构银行集最稳定且全连接金融网络的冲击吸收能力更强，环状金融网络与全连接金融网络的 γ 凸组合稳定水平介于环状金融网络与全连接金融网络之间。

7.6.2 第二类初始冲击

上一部分模拟过程全部是在初始冲击为某资产在 $t=0$ 时价值减少的条件下进行的，若初始冲击为项目投资收益短期回报下降时，则模拟结果如图7-4所示。

如图7-4所示，风险传染概率在冲击方式不同的条件下呈现略微不同的结果：风险传染概率窗口区间的右边界向右移动，窗口区间增大，且窗口中的传染概率值增大，但传染范围无明显变化。分析原因为：虽然初始冲击方式不同，但其动力学原理是一致的，一旦风险开始传播则传染的程度与初始冲击种类无关而只与冲击大小、资产重叠程度相关。然而，项目投资收益在银行资产中占有较大比重，因此，比某项资产的减值会产生更高的破产风险与更大的绝对损失，从而导致更高的传染概率。

(a) 环状金融网络传染概率三维图

(b) 环状金融网络传染范围三维图

(c) 全连接金融网络传染概率三维图

(d) 全连接金融网络传染范围三维图

(e) γ凸组合传染概率三维图

(f) γ凸组合传染范围三维图

(g) δ结构银行集传染概率三维图

(h) δ结构银行集传染范围三维图

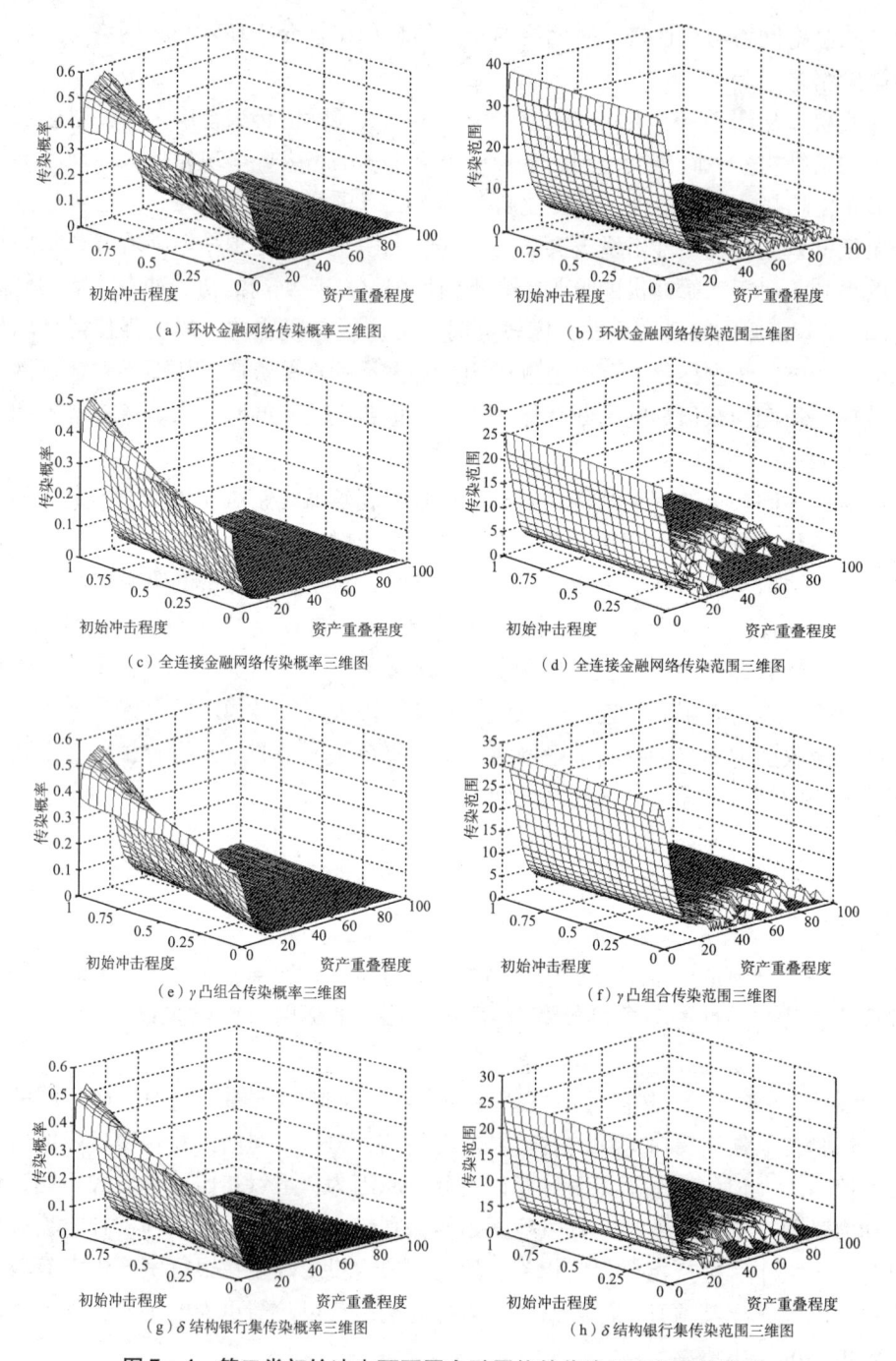

图7-4 第二类初始冲击下不同金融网络的传染概率与传染范围

7.7 风险免疫策略

从上述两类冲击的结果来看,风险传染概率和范围与初始冲击大小、资产重叠程度具有很强的相关性,因此,针对金融创新带来的风险传染问题提出以下免疫策略:

(1) 从重叠资产风险传染的分析来看,随着金融产品创新进程的推进,必然会不断增加金融机构的资产多样化程度以及资产重叠程度,使得风险传染发生概率以及传染范围经历不断上升的过程,但不能因噎废食,这就要求监管机构密切关注当前金融网络中的资产重叠比例,稳步推进金融创新,尽快度过风险传染窗口区间,进入资产多样化程度较高的区间,这样可以使风险传染概率和范围降低至较低水平。

(2) 从金融同业借贷网络结构来看,金融创新使得金融网络中单个金融机构联系不断加强,金融网络结构将会由环状金融网络向全连接金融网络转型,在转型过程中即会呈现出环状金融网络与全连接金融网络的 γ 凸组合,即两者的中间状态。随着 γ 值的不断增加,会更趋向于全连接金融网络,稳定性增强,说明金融创新有利于规避对手风险的传染,因此我国更应推进金融创新发展,促进金融机构间风险分担机制的完善;与此同时,我们看到 δ 连接的金融网络,即当金融网络中包含许多区域性网络时,在遭遇冲击时也展现出较高的稳定性,提示我们尽量避免覆盖全部金融机构的金融产品创新过多出现,适当鼓励地域性、差异性的金融产品创新,以此将 δ 值控制在较小范围。

7.8 小 结

本章运用金融创新理论和风险管理理论,在分析商业银行金融产品创新内涵、特征与效应基础上,借鉴空间网络模型,从重叠资产风险与对手风险的传染途径建立数理模型,分析了由金融产品创新导致金融网络中金融机构联系紧密从而产生潜在的传染风险的大小,并针对金融创新风险传染问题提出相应的免疫策略。

第8章

信用风险转移市场对金融机构的影响研究

本章主要对信用风险转移市场的发展背景、金融工具演变、信用衍生工具与信用风险度量技术的发展过程、国际信用风险转移市场的发展现状进行阐述,研究我国信用风险转移市场的发展,在现有理论基础上,建立多主体博弈模型,研究信用风险转移市场因信息不对称问题引发的借贷者之间、银行和信用保护提供者之间的博弈问题。选取15家上市银行相关的信用衍生品市场数据,分析信用风险转移市场引入后,商业银行信贷监督和风险收益水平的变化。最后,针对我国信用风险转移市场健康发展提出相关建议。

8.1 引　言

2015年是中国经济形势自2008年金融危机以来最严峻的一年,国家统计局在4月15日向外界公布的统计数据表明,前三个月的GDP同比增长7%,与2014年最后一个季度7.4%的GDP增速相比速度减缓明显,而7%是政府确立的2015年经济增长目标,是政府对经济增长的最低预期。中国经济增速下滑存在如下原因:第一,投资增速下滑,企业家对未来资产边际收益率预期悲观,央行持续降准降息,但对投资的刺激效果甚微,企业家投资普遍谨慎;第二,世界贸易复苏乏力,石油等相关大宗商品价格大幅波动,整个世界贸易疲弱,从而加大了世界经济复苏难度,外部需求明显不足遏制了国内出口的增长。

针对国内需求不足和外部需求疲弱的状况,李克强总理指出"大众创新"、"万众创业"、"互联网+"等一系列改革措施,通过改革可以倒逼中国金融市场结构的优化升级,推动金融市场创新。中国金融市场是一个以商业银行为主导的金融市场,在此金融模式下,间接融资就自然成为支持和推动经济发展的主要动力。此种模式的弊端就是，市场中资金得不到有效利用，市场参与者没有正常渠道参与金融市场交易，经济中的风险全部集中到商业银行，且主要体现为信用风险。20世纪末，我国成立的四大资产管理公司，主要职能就是剥离四大商业银行的不良资产，即企业因经营不善发生破产或违约之后而产生的烂账。之所以这样通过政策手段来解决金融问题，就是因为当时还没有建立起发达的金融市场，缺乏信用风险转移工具和管理方法，缺乏通过市场手段解决信用风险的机制。如今，中国金融市场的发展水平和成熟度已经今非昔比，逐渐开放的市场经济已经占据主导地位，金融市场多元化主体、多层次结构、多目标需求、多样化工具已经形成，市场经济思维已经在金融市场中得到升华。但是，相对而言，以商业银行为代表的信贷市场，仍然在我国经济发展中占据着主导地位，信贷产品仍然是我国经济发展的主要力量。尽管我国开始了信用衍生工具的交易，但是市场规模很小。因此，为了在新一轮金融市场改革中，充分发挥各种市场主体的作用，防范和化解可能产生的信用风险，加强信用衍生工具的创新和利用，加强信用风险的监督和管理，促进我国信用风险转移市场的发展，这对于完善我国金融市场，促进我国经济可持续发展具有比较重要的现实意义。

8.2 文献综述

国内外对信用风险转移问题的研究大致存在以下两种结论截然相反的结论：

第一，信用风险转移（Credit Risk Transfer，CRT）不但可以把信贷风险转向其他金融机构，而且在降低信贷风险的同时也能更好地利用资金，促进银行业健康有序的发展。瓦格纳和马尔什（Wagner & Marsh，2004）指出商业银行将风险较大的资产转移给其他金融机构，增加了金融系统的稳定性；艾伦和卡莱蒂（FAllen & Carletti，2005）构建了商业银行与保险两机构模型，指出信用风险转移不仅可以分散风险，同时可以增加收益；韩琳（2007）通过建立多主体博弈模型，研究指出适当的风险转移会降低商业银行风险，提高整个经济系统的稳定性；许坤殷和孟波（2014）运用面板数据回归和DAG因果分析法，剖析了商业银行风险承担行为受信用风险缓释工具的影响程度，研究结果表明，信用风险转移创新使我国商业银行风险承担行为发生改变，减弱商业银行的风险承担程度。

第二，信用风险转移行为会增加商业银行的系统性风险。阿尔平（Arping，2004）指出信用风险转移工具会引发放贷机构的道德风险和逆向选择；瓦格纳（2007）指出信用风险转移工具使整个金融机构的风险承担水平提高，单个金融机构的系统性风险增加；周天芸和余洁宜（2012）运用扩展的CAPM模型（Capital

Asset Pricing Model，资本资产定价模型）对中国上市银行的面板数据进行了分析，研究表明，贷款转让会增加银行的系统性风险；韦起（2014）从微观银行个体和金融系统两个层面，采用广义线性混合模型（Generalized Linear Mixed Models，GLMMS）分析了信用风险转移对金融系统风险的影响，研究表明，商业银行运用信用风险转移工具，会增加整个金融系统的风险。

8.3 信用风险转移市场的发展

信用风险转移市场（CRT 市场）的最早参与者是商业银行与信用风险接受者，其中信用风险接受者通常是商业银行或保险公司。商业银行参与到 CRT 市场，主要是为了分散风险，而信用风险接受者则承担商业银行的部分信用风险，获得相应的风险收益。商业银行遵循三大基本原则：营利性、流动性、安全性。为了保证安全性，由于大部分贷款是非流动性的，商业银行发放贷款后不得不持有贷款，直到期限截止或者被迫接受贷款违约。但是，随着科技进步和计算机技术的发展，金融创新得以深化，金融市场风险管理产品创新得到广泛应用，以国际活跃银行为主导的风险管理技术突飞猛进，信用风险管理工具应运而生，CRT 市场得到了迅速发展。最初，CRT 市场中的 CRT 工具较为简单，大部分是贷款出售和信用保险。在接连经历了 20 世纪多次金融危机后，商业银行不得不认真对待信用风险带来的严重问题，对信用风险管理的要求越来越高，并开始借助各种信用风险转移工具，解决"信用悖论"。随着金融风险管理水平的逐渐提高，金融机构为了追求较高收益，主动承担一定的信用风险以参与到 CRT 市场中。对于信用风险出售者来说，CRT 市场不仅能转移信用风险，还可以调整资产组合、释放资本金，以及获得更多的手续费收入（周健，2008）。

8.3.1 信用风险转移市场发展现状

8.3.1.1 国际信用风险转移市场的发展现状

1991 年，美国交易了第一笔信用衍生产品，到 2016 年 5 月，其规模已经达到 1500 万亿美元，亚洲地区的资产证券化起步较晚，不同地区与国家的 CRT 市场的发展状况不同，主要是因其具有不同的金融体系、金融监管措施甚至法律体系。例如，加拿大和日本保险公司能够直接参与到交易过程中，但欧洲的保险公司只能通过特设机构参与信用衍生品的交易。在证券化市场比较发达的国家，市场参与者众多，结构比较分散；但在证券市场欠发达的国家和地区，市场参与者少，市场集中度比较高，因此，大多数的信用风险转移产品集中于少数几家规模较大的金融机构。从 2002 年开始，CRT 市场在欧盟国家市场发展迅速，各种创新工具特别是担保债务凭证（Collateralized Debt Obligations，CDOs）发展迅速。欧盟国家的主要参与机构是银行，信用风险接受者即风险购买者是保险公司，由于成本限制，银行和保险公司参与购买评级较低的 CDOs 的意愿大为降低，对冲基金替代保险公司接受了更多的信用风险。对冲基金的投资方向是债券市场中的长期投资以及信用违约互换（CDS）市场中的短期交易。对短期市场来说，公司债券的逆回购市场不够发达，不能满足对冲基金这种投资策略的要求。在 CRT 市场中，尤其是信用衍生产品，参与者大多数都是跨国银行，拥有成熟定价模型的大型跨国银行将第三方机构提供的信息作为补充信息，主要基于银行内部的判断及自身的定价模型进行交易。但规模较小的银行没有成熟的分析工具，因此，第三方信用评级机构提供的信息对其交易具有关键作用。

在新兴市场国家的 CRT 市场中，韩国的证券化市场发展比较成熟，韩国为了冲销坏账，筹集资金以缓解金融危机带来的影响，大力发展证券化市场。但随着金融危机的爆发，信用评级机构对韩国的评级持续下调，导致其跨国信用衍生品市场规模迅速萎缩。对于墨西哥来说，1995 年信贷规模开始快速萎缩，信用衍生品市场的主要参与者积极性降低，公司债券市场流动性缺乏，CRT 市场缺乏定价基础，相关市场的监管措施不匹配等问题使墨西哥银行直到 2001 年才开始尝试建立 ABS 市场。以上两个国家的信用衍生产品市场的共同点是，其当地的信用衍生品市场不成熟，同时受制于法律障碍、投资者基础缺乏，以及 CRT 工具定价困难等约束性因素。新兴市场经济体的 CRT 市场发展程度还远远不够。

8.3.1.2 我国信用风险转移市场的发展现状

改革开放近 40 年来，我国金融体系取得了巨大的变化，但是同发达国家的金融服务业相比，仍有不小的差距。我国金融机构的主体类型少，大量的金融风险集中于商业银行，而商业银行面临的主要是信用风险。为了解决金融市场中信用、期限以及资金流动性等问题，CRT 市场随之产生。推动我国 CRT 市场飞速发展，有利于我国更快建立一个完善成熟的金融体系。对我国金融市场来说，尽管经过了 30 多年的全力发展，但它仍是一个新兴转型市场。2016 年 11 月 1 日，银行间市场进行了首批信用违约互换（CDS）交易，共计 15 笔，名义本金为 3 亿元。但是，与发达经济体相比，我国金融市场运行机制和基础设施亟待完善，金融市场的管理手段仍需提高，投资品种需进一步创新，金融服务业亟待改革，加强我国金融市场的国际竞争力任重道远。

8.3.2 信用风险转移工具及其特征

8.3.2.1 信用风险转移市场传统工具

信用风险转移市场是商业银行利用多样化的金融工具将其集聚的信用风险转移到其他银行或金融机构的主要市场，主要由商业银行、各种机构投资者和信托公司等金融机构参与者构成。在 CRT 市场中，作为信用保护购买者、风险销售者或被保险者的商业银行将信用风险转移出去；市场中的买方，即接受信用风险的金融机构被称作信用风险接受者，也被称作信用保护出售者、提供者或保险人。最初，信用风险转移工具的作用是信用保险和银行担保，但是随着市场需求的变化和技术的进步，越来越多的信用风险转移工具也随之发展并应用到 CRT 市场中（周丽莉，2010）。

传统 CRT 市场的工具为：担保、信用保险、贷款销售。其中，贷款销售是银行为了转移风险将单笔贷款出售，前提条件是贷款销售之前必须获取借款人的同意（阳晓辉，2012）。除了传统的信用风险转移工具之外，还有许多证券化产品。例如，资产支持证券（Assets Backed Security，ABS），作为金融创新过程中最重要的创新之一，资产支持证券就是基于现有的金融产品所能带来的未来现金流，使用证券化的形式来发行各种结构化票据。目前，资产证券化已成为商业银行信用风险转移广泛应用的重要方法之一。这种方法可以改善商业银行资产负债表，加大商业银行的风险承担能力。最初的资产证券化是房地产抵押贷款证券化，现在已经扩大到商业银行其他表内资产的证券化。

8.3.2.2 信用风险的转移衍生工具

20 世纪 90 年代涌现的信用衍生工具仅是商业银行信用风险的转移工具，这些工具并没有改变商业银行资产负债表的结构，只是将风险资产中的信用风险转移出去。商业银行可以借助于衍生工具降低信用风险，同时能够保留银行的法定权益。对于银行与借款客户来说，风险承担主体的改变对其并没有产生影响，同时银行仅依赖买入风险头寸就可以优化风险与收益结构。相比较而言，其他金融机构能够通过表外持有信用风险对冲头寸来优化自己的资产组合。

信用衍生工具可分为信用违约互换、总收益互换、信用利差期权等多种方式。信用违约互换是签订合约的双方，基于特定资产相关的信用状况达成一致，在这个协议中风险转出者定期支付协定好的费用以换来风险转出，风险接受者也会弥补在协议期间出现的类似破产、违约等相关事件带给风险转出者的相关损失。事实上，这种违约互换更类似于一种保险合约，保险人（信用风险接受者）在获得保费之后，信用事件一旦在合约期间发生，需要赔偿被保险人（信用风险转出者）的相关损失。总收益互换是指信用风险转出者将付给保护提供者相关特定资产的总收益，而保护的提供者将浮动利率（通常为 LIBOR 加一个差额）支付给信用风险转出者。在合约到期、特定资产贬值时，保护提供者就会赔偿损失；而当违约事件发生时，保护提供者会支付差额，即特定资产初始价值与残值之间的差值。信用利差是信用敏感性债券收益与无风险债券收益之间的差值，信用利差期权也有看涨期权和看跌期权，在协议到期时买方可以选择支付或不支付事先约定的利差。信用利差期权购买者，通过购买利差期权来获得信用保障防范由于信用等级下降导致信用敏感性债券发生的损失。尽管存在众多的信用衍生工具，但根本原理是借助这些产品来转移资产中全部或者部分风险，同时对其进行一系列的组合、定价，最终形成完善的转移机制。

8.3.2.3 信用风险转移工具的特征

传统金融衍生品具有杠杆、替代、组合、反向性、融资等方面的特点，信用衍生工具除了具有上述特点外，还包括：第一，具有保密性。使用这种衍生工具，仅仅存在着单独交易的风险，并不需要与交易对手直接面对面，客户记录更容易受到保护。第二，具有可交易性。信用衍生工具交易范围广、可交易性强，克服了传统信用担保工具不可交易的缺陷。第三，具有灵活性。信用衍生工具的设计不仅仅局限于交易对象、交易期限、交易金额等方面，而且能够根据交易需求的不同，定制多样化的产品。第四，具有债务不变性。信用衍生工具通过交易转移信用风险，处理债务的结构成分，不影响原来的债权债务关系，也没有对贷款、债券等信用敏感性产品进行实际运作。与其他金融产品相比，信用衍生工具效率更高、成本更低、管制更少。

8.3.3 信用风险转移市场参与机构

对大部分国家来说，CRT 市场是一个银行间市场，特别是在欧洲和亚洲，因为其主要参与者是商业银行。CRT 市场交易的基础资产是具有高信用级别的信贷资产，其信用保护的净出售者是商业银行。这种交易行为不仅可以转移商业银行贷款的信用风险，也可以用来降低商业银行的信贷集中度风险，而且通过这种方式还能够获得较高的收益。保险公司（包括再保险公司）通常是 CRT 市场中的风险接受者。通过参与 CRT 市场的交易，保险公司能够进入到信贷市场，并得到相对应的收益，同时优化了它的资产组合结构，降低组合中的风险。CRT 市场的其他参与者还有证券公司、资产管理公司、养老基金和对冲基金等。这些参与者的目的和保险公司大致相同。随着现代金融工具技术的不断发展和新的信用衍生工具的应用，这些机构开始追逐更高的利润，它们参与信用风险市场的目的开始产生变化，更青睐于套利交易。对冲基金和资产管理公司在信用衍生品市场上也很重要，从 2004 年开始，CRT 市场中对冲基金参与程度不断提高。对冲基金为信用风险购买者提供购买保护，缩短公司债券持有时间，同时降低成本。目前，对冲基金扩大了参与 CRT 市场的战略和方式，同时参与买卖信用保护。

8.4 信用转移市场对商业银行的影响分析

8.4.1 信用转移市场的信息不对称问题分析

面对国内外激烈的竞争，我们应该立足本国基本现实，学习借鉴国外金融市场成熟的经验。其中，解决信用风险集中度与不良贷款率高的最有效方法就是信用风险转移业务，而信息不对称影响着市场整体效率以及参与机构的动机和行为。信贷市场的参与者只有借贷双方，双方之间的博弈是基于信息不对称视角下的银企信贷博弈，这种博弈分为贷前与贷后（涂杰平，2013）。贷前博弈是指逆向选择导致双方博弈产生，对于银行来说，企业会刻意隐藏一些会损害其利益的信息，以使自身的信用等级提升，进而得到银行贷款。而企业为了刻意隐藏信息会产生成本，当银行把款项贷给诚实企业时，银行会得到贷款收益，企业与银行共赢。当银行把款项贷给隐藏信息的企业时，很可能因为其资质比较差，导致贷款损失。道德风险产生于贷后，是后续博弈，企业为达到相关的目标，可能会不再遵守贷前双方约定好的经营内容或者投资方向，企业也有可能随意处置贷款，最后使银行无法按时收回款项。在银企信贷博弈中，商业银行一旦发现企业不按规定使用贷款，就会采取一些惩罚手段。如果商业银行贷款给企业，企业又没有涉嫌违约操作时，银行与企业都能获得收益；但是，如果企业不遵守约定，商业银行也并没有采取惩罚手段，就可能导致贷款的完全损失（徐宁，2009）。以上是未引入 CRT 市场的银企博弈，许坤等（2014）认为引入 CRT 市场后，信用衍生品市场中的主要参与者有三方：即借款企业、贷款银行和风险接受者。其中，商业银行是在借款企业与风险接受者之间起到桥梁作用的金融机构，贷款银行与借款企业，贷款银行与信用风险接受者都是互相并且直接联系的。因此，影响 CRT 市场参与者行为的重要因素是贷款银行的行为。随着 CRT 市场的出现，商业银行能够更加主动地进行信用风险转移，但同时也降低了贷款发放前后对企业的监督与审查，影响各参与者之间的关系以及系统整体的效率。引入 CRT 市场后，逆向选择表现为贷款银行在贷款之前对企业审查动机弱化，为低质量的贷款购买保护。道德风险表现为贷款银行不征得借款企业的同意，出售信用风险，影响了借款企业与贷款银行之间的关系。李研妮（2014）认为没有引入 CRT 市场时，贷款银行为了收回贷款，必须对企业进行贷后监督，但贷款银行把贷款出售给了信用保护者，贷款银行不会因为贷款违约而受到损失，这就导致了贷款银行对企业贷后监督动机弱化。

综上所述，贷款银行与信用保护提供者之间基于信息不对称引发的道德风险以及逆向选择问题有：

（1）提供贷款的银行将自己判断未来违约概率大的贷款转移出去。

（2）信用风险转移市场不仅降低了银行贷前审查力度，也会减弱银行贷后监督意愿。

（3）对于信用保护提供者来说，考虑到贷款银行提前触发信用事件的概率，应在合约中明确规定其相对应的条款。

（4）由于贷款银行与信用保护者对合约条款的理解不同，信用保护者可能会延缓或者拒绝对贷款银行进行赔付。

因此，有必要分析 CRT 市场对商业银行的影响，并据此制定出合理的应对措施。

8.4.2 信用转移市场参与者的博弈问题分析

本节建立银行与企业借贷者之间、银行和信用保护提供者之间的博弈模型，研究 CRT 市场由于信息不对称问题引发的博弈过程及结果。

8.4.2.1 银行与企业借贷者之间的博弈分析

某企业向银行申请贷款投资一项目，假设将资金的需求标准化为一个单位，贷款利率为 r，在没有引入 CRT 之前，企业与贷款银行之间订立了一个合约，企业成功的概率是 P_a，预期收益率为 R_a。在引入 CRT 市场之后，由于贷款银行可以把不良贷款转移出去，贷款银行会弱化对企业贷款的监督，因而，企业可能不再遵守合同的约定或者更改贷款用途，此时项目成功的概率是 P_b，预期收益率为 R_b。企业贷款收益与概率矩阵见表 8-1。

表8-1　　　　　　　　　企业贷款收益与概率矩阵

收益＼概率	履约	违约
成功	$(R_a-r,\ P_a)$	$(R_b-r,\ P_b)$
失败	$(0,\ 1-P_a)$	$(0,\ 1-P_b)$

企业期末最大化收益为：

$$E_1 = \max \begin{cases} (R_a-r-1)P_a - (1+r)(1-P_a) = R_aP_a - rP_a(\text{未引入 } CRT \text{ 市场}) \\ (R_b-r-1)P_b - (1+r)(1-P_b) = R_bP_b - rP_b(\text{引入 } CRT \text{ 市场}) \end{cases} \tag{8.1}$$

贷款银行期末最大化收益为：

$$E_2 = \max \begin{cases} rP_a - (1+r)(1-P_a) = (2r+1)P_a - 1 - r(\text{未引入 } CRT \text{ 市场}) \\ rP_a - (1+r)(1-P_b) = (2r+1)P_b - 1 - r(\text{引入 } CRT \text{ 市场}) \end{cases} \tag{8.2}$$

引入 CRT 市场后，因缺乏贷款银行的监督，企业可能会不再遵守贷款合同的约定，暗自改变资金用途，企业更容易将贷款用于投机交易，增加信贷资产风险，项目失败的可能性更大，于是可得 $P_a > P_b$。

对于贷款银行来说，未引入 CRT 市场时，期望收益为最大，最大值为 $(2r+1)P_a - 1 - r$。为了解决企业不履行合约给贷款银行带来的期望收益的减少问题，可以增加一个惩罚成本 C，则企业的预期收益为：

$$E_1 = \max \begin{cases} R_aP_a - rP_a(\text{未引入 } CRT \text{ 市场}) \\ R_bP_b - (r+C)P_b(\text{引入 } CRT \text{ 市场}) \end{cases} \tag{8.3}$$

贷款银行的预期收益为：

$$E_2 = \max \begin{cases} (2r+1)P_a - 1 - r(\text{未引入 } CRT \text{ 市场}) \\ (2r+1+C)P_b - 1 - r(\text{引入 } CRT \text{ 市场}) \end{cases} \tag{8.4}$$

引入 CRT 市场后，贷款银行弱化企业贷款的监督，为了强迫企业遵守之前约定好的用途，增加一个惩罚成本 C，企业未发生风险转移时的收益大于发生风险转移的收益，即：

$$R_aP_a - rP_a > R_bP_b - (r+C)P_b$$

此时，企业违反合同的约定，或者更改贷款用途，违约风险远远大于履约收益；贷款银行把不良贷款转移出去，弱化对企业的监督而产生的风险大于未引入 CRT 市场时的风险，此时，银行未引入 CRT 市场收益大于引入 CRT 市场时的收益，即：

$$(2r+1)P_a - 1 - r > (2r+1+C)P_b - 1 - r$$

综上所述，惩罚成本 C 的增加减少了企业与贷款银行之间的道德风险。

8.4.2.2 银行与信用保护提供者之间的博弈分析

引入 CRT 市场之后，市场之间博弈的主体主要是贷款银行和信用保护提供者，借鉴韩琳（2007）的方法来分析。假设贷款银行把不良贷款转移出去，转移比例为 $1-x$，贷款银行的留存比例为 x，设这家贷款银行为 Bank 1，简称 B_1，信用保护提供者也是一家与 B_1 同质的银行 Bank 2，简称 B_2，它们的贷款利率相等，这个项目成功的概率为 P_c，其中存款利率为 r_D，贷款利率为 r_B，银行 B_1、B_2 的预期收益为 0，我们以 B_1 为研究对象。银行与信用保护者的博弈矩阵见表 8-2。

表 8-2　银行与信用保护者的博弈矩阵

B_2 \ B_1	成功	失败
成功	$P_c^2(r_B+1)$	$P_C(1-P_C)(1-x)(r_B+1)$
失败	$P_c(1-P_C)x(r_B+1)$	0

银行总收益为：

$$R_B = P_C(r_B+1) - (r_D+1) \tag{8.5}$$

令 $r_B = 0$，得：

$$r_B = (r_D+1)(P_C-1) \tag{8.6}$$

从以上结果可知，转移信用风险比例对贷款银行的收益并没有影响。对于贷款银行来说，存款人收益是贷款银行的筹资成本，表 8-3 是银行与存款人之间的博弈，其中转移比例 $1-x$ 是确定的，存款人的收益是贷款银行有能力进行支付的金额。银行与存款人的博弈矩阵见表 8-3。

表 8-3　银行与存款人的博弈矩阵

B_2 \ B_1	成功	失败
成功	r_D+1	$\min\{r_D+1,\ (1-x)(r_B+1)\}$
失败	$\min\{r_D+1,\ x(r_B+1)\}$	0

对于存款人来说，期望收益为：

$$R_D = P_C^2(r_D+1) + P_C(1-P_C)\min\{r_D+1,\ (1-x)(r_B+1)\}$$
$$+ P_C(1-P_C)\min\{r_D+1,\ x(r_B+1)\} - 1 \qquad (8.7)$$

假设贷款银行的留存比例为 x，转移比例为 $1-x$。因此，当 $x \leq P_C$ 时，$1-x \geq 1-P_c$，则此时风险转移比例偏大。同理，当 $x \geq P_c$ 时，$1-x \leq 1-P_c$，此时风险转移比例偏小。对存款人的期望收益分三类进行讨论：

当 $P_C \leq x \leq 1-P_c$ 时，信用风险转移比例适中，存款人的期望收益为：

$$R_D = P_C^2(r_D+1) + 2P_C(1-P_C)(r_D+1) - 1 \qquad (8.8)$$

假设存款人期望收益为 0，得：

$$r_D = \frac{1}{(2P_C - P_C^2) - 1} \qquad (8.9)$$

当 $x \geq P_C$ 时，信用风险转移比例偏大，由式（8.7）并结合存款人 0 期望收益假设可得：

$$r_D = \frac{1}{(P_C - x + xP_C) - 1} \qquad (8.10)$$

当 $x \leq P_c$ 时，信用风险转移比例偏小，同理由式（8.7）并结合存款人期望收益为 0 可得：

$$r_D = \frac{1}{(P_C + x - xP_C) - 1} \qquad (8.11)$$

对于式（8.10），$\frac{\partial r_D}{\partial(1-x)} > 0$，表示存款人的回报率与信用风险转移成正比，当信用风险转移比例上升，存款人要求回报率也越多，意味着贷款银行的成本上升，但如果信用风险转移比例太大，风险分散效应减少，反而容易失败，此时，贷款银行可以通过降低转移比例来提升其效率。

对于式（8.11），$\frac{\partial r_D}{\partial(1-x)} < 0$，表示存款人的投资回报低于未考虑 CRT 市场的利率，对于贷款银行来说成本很低，效率得到改善，但不是最优解，为了追求更大利润，贷款银行会理性地提高信用风险转移比例。

因此，可以得出以下结论：

第一，引入 CRT 市场后，由于缺乏贷款银行的监督，企业可能会不再遵守贷款合同的约定，暗地改变资金用途，使得企业更容易将贷款用于投机，增加了相关风险，项目更容易遭受失败。因此，为了解决企业不履行合约给贷款银行带来的期望收益的减少，可以增加惩罚成本。

第二，信用风险转移创新对于银行来说使其受益颇多，将信贷风险转移给其他金融机构，降低了风险，缓减了风险过度集中，同时也加强了资金运用效率。

第三,在 CRT 市场中,风险转移比例需要适中,风险转移比例太大或者太小都不能很好地降低成本、提高效率,信用衍生品的创新需要有度的衡量。

8.4.3 信用转移市场对商业银行影响的实证分析

本小节选取我国 15 家上市商业银行(工商银行、农业银行、中国银行、建设银行、交通银行、招商银行、浦发银行、华夏银行、民生银行、深发展、光大银行、宁波银行、兴业银行、北京银行和中信银行)作为研究样本。由于国内信用衍生品市场 2005 年才开始发展,因此,本节选择了 2006~2014 年作为样本区间。

本节选取银行收益水平为因变量,即银行净收益比总资产(ROA),用来衡量银行收益水平。同时,选取以下指标作为解释变量:

(1)银行贷款损失准备水平(DLR):表示银行贷款损失准备总额与净贷款余额之比,用来衡量对银行的监督水平。

(2)银行的贷款规模($LOAN$):表示银行净贷款余额与总资产之比。

(3)银行风险水平($NPLR$):表示银行的贷款总额与存款总额之比,用来衡量银行的风险水平。

(4)银行信用衍生产品交易规模(CDS):表示银行信用衍生产品与总资产之比。

建立面板数据模型进行实证分析,回归方程如下:

$$TL_{it}(ROA) = b + \alpha_1 DLR_{it} + \alpha_2 NPLR_{it} + \alpha_3 LOAN_{it} + \alpha_4 CDS_{it} + \mu_{it} + \varepsilon_{it} \quad (8.12)$$

其中,b 表示截距项,变量下标 i 代表的是不同的银行,t 代表的是不同的年份,μ_{it} 表示截面固定效应,ε_{it} 表示残差项。

样本数据的描述性统计结果见表 8-4。

表 8-4　　　　　　　　　　　描述性统计

变量	均值	最大值	最小值	标准差	样本组数	样本总数
ROA	0.9721	1.4002	0.1087	0.2563	15	135
DLR	68.4316	83.7836	50.5	6.3258	15	135
LOAN	50.3026	67.2527	35.1591	6.1493	15	135
NPLR	1.7426	23.57	0.33	2.9282	15	135
CDS	1.6063	15.3781	0.0056	1.6063	15	135

使用 Stata14.0 软件对模型进行回归,得到如下结果:

（1）作为参照系，最先进行混合回归，解释变量银行贷款损失准备水平（DLR）的P值为0.764，因而DLR不显著，其他变量均显著；对固定效应模型（组内估计量）估计得到解释变量，即银行贷款损失准备水平（DLR）的P值为0.119，因而DLR不显著，其他变量均显著。接下来进行混合回归与固定效应模型之间的比较分析。

（2）对混合回归与固定效应模型进行选择，原假设为混合回归可以接受。对固定效应模型进行实证分析得到：$F(14, 116) = 8.47$，$Prob > F = 0.0000$，在1%的显著性水平下拒绝原假设，即混合回归不能接受，应该优先选择固定效应模型。

（3）固定效应模型需要考虑时间效应，也就是使用双向固定效应来检验所有年度中虚拟变量的联合显著性，在这个检验中F检验原假设为无时间效应，得到：$F(7, 14) = 14.15$，$Prob > F = 0.0000$，在1%的显著性水平下拒绝原假设，即固定效应模型必须考虑时间效应。

（4）使用LM检验对混合回归与随机效应模型进行选择，原假设为：不存在个体随机效应。实证结果得到：Test：$chibar2(01) = 64.31$，$Prob > chibar2 = 0.0000$ 在1%的显著性水平下拒绝原假设，故选择随机效应模型。

（5）使用豪斯曼检验对固定效应与随机效应模型进行选择，实证结果得到：$chi2(5) = 11.99[0.035]$，在5%的显著性水平下拒绝原假设，选择固定效应模型。整理回归结果见表8-5。

表8-5　　　　　　　　　　　　　回归结果

变量	最小二乘法回归	固定效应模型	双向固定效应模型	随机效应模型
DLR	-0.0133	0.0122	-0.0176	0.0087
NPLR	-0.0314	-0.025	-0.0296	-0.0261
LOAN	-0.0089	-0.0204	0.0094	-0.01808
CDS	0.0072	-0.2299	-0.0217	-0.01456

综上所述，最优模型是双向固定效应模型，根据表8-5得到以下的结果：

（1）银行收益水平（ROA）与银行贷款损失准备水平（DLR）负相关，银行贷款损失准备水平（DLR）衡量的是银行的监督水平。银行监管水平下降会使得银行收益增加，引入CRT市场后，银行可能过分放松监督，但在最优信用风险转移水平下，银行反而会加强对贷款组合而非单笔贷款的监督，贷款组合的监督成本大大增加，而且更由于衍生品交易之间的关联性，使银行更可能因系统风险遭到损失，收益减少。

(2) 银行收益水平（ROA）与银行风险水平（NPLR）负相关，收益和风险如影随形。商业银行的经营目标就是获得收益，而它又无法规避相关风险。引入 CRT 市场后，商业银行把可能发生损失的低质量的贷款转移出去，同时，信用风险保护者提供风险赔付，银行缺乏对企业的监督动力，借款企业就可能改变贷款经营的方向与内容，从而提高银企之间的风险，使银行贷款遭受损失，银行收益水平降低。为了解决企业不履行合约给贷款银行带来的期望收益减少的问题，可以增加惩罚成本，使企业的违约风险远远大于履约收益。

(3) 银行收益水平（ROA）与银行的贷款规模（LOAN）正相关，CRT 市场会将保险公司等其他金融机构加入到信贷市场，同时使银行更容易满足资本金监管要求，从而扩大实际的可贷资金，银行贷款规模增加，随之银行的非利息收益与利息收益都会增加。

(4) 银行收益水平（ROA）与银行信用衍生产品交易规模（CDS）负相关，银行为了取得高收益会进行风险较大的投资，增加对信用衍生品的持有。但是，信用衍生品交易之间的关联性，增加了整个系统的风险，使银行更可能因系统风险遭到损失、减少收益。对于单个银行来说，市场竞争的加剧，商业银行利润降低。为了获得超额利润，商业银行有较强的冒险冲动，引入 CRT 市场后，为了降低成本，提高效率，增加收益，商业银行会将一定的信用风险转移出去，这里主要考虑的是要权衡转移后的成本与收益，使风险转移比例适中。这是因为，风险转移比例太大，风险分散效应提高，银行成本也会上升，同时增加了银行收益减少的可能性；风险转移比例太小，虽然银行成本会降低，但银行的信用风险没有得到有效化解，仍然面临信用风险损失的可能，没有达到风险管理的目的，银行仍存在着提高转移比例的冲动。总体来看，商业银行通过运用信用衍生工具把信贷风险转移给了其他金融机构，实现了风险分散，解决了信贷风险集中问题，降低了信贷风险，从而提升了其收益水平。

8.5 信用风险转移市场健康发展的建议

第一，成立专门监督机构。由于信息不对称，CRT 市场往往会出现道德风险与逆向选择。商业银行把可能发生损失的低质量的贷款转移出去，由信用风险保护者提供风险赔付，商业银行对借款企业缺乏监督动力，借款企业可能会改变贷款经营的方向与内容，反而会提高银企之间的风险。因此，商业银行需要加强贷后监督，并且可以适当增加一些惩处手段，使借款银行违约机会成本大于其收益，这样可以有效地降低银企风险。商业银行应该召集评估分析方面的专家和人才成立专门监督机构，专职监督贷款后企业的经营行为。

第二，加大监督的力度，提高监管人员业务能力。面对金融产品的不断发展与创新，监管机构必须要与时俱进，加强监管人员的业务能力提高整体经济效益降低成本，防止出现因为创新过度而使监管失效的现象。更重要的是，加大被监督方发生道德风险行为的相关惩处力度，使其因不遵守约定增加的收益远远低于它可能遭受的损失。

第三，加强监管部门间的沟通。我国信用衍生产品交易的发展仍然处于初级阶段，金融监管部门的监管权限划分不明确。随着金融产品的不断发展，金融产品涉及的已经不是一种金融产品，而是已经发展为一系列经济实体组合的信用衍生产品，因此，不能只要求某一个部门对其进行监管，各个监管部门间应该共同合作，加强对信用衍生品的管理和监督。

第四，处理好金融产品创新中的"度"。我国应吸取美国金融产品过度创新的教训，意识到我国的信用衍生产品仍处于起步阶段，不能因为金融危机而止步，更不能停止金融衍生品发展的脚步。我国应该全面地、正确地、科学地对待金融创新产品，要结合实际情况，健康地发展我国金融衍生品，把握好创新的"度"。

第五，加强建设资本市场的信用制度。金融产品的创新对资本市场的信用水平起着重要的作用，完善资本市场的信用制度可以促进我国金融衍生产品创新的健康发展。我国应该加强金融基础设施建设，逐步建立健全信用制度体系，涵盖整个金融市场，将市场的每个参与者都纳入其中，对违反信用制度的金融机构和个人给予严厉处罚。同时，对于一个完善的信用市场来说，科学的监控预警系统也是必不可少的。

第六，规范金融创新业务市场的准入制度。信用衍生产品创新是一把"双刃剑"，如果运用得当可以使投资工具发展充分，金融资产结构得到优化，提高整个金融体系的效率。但如果为了追求高收益，过度进行金融产品创新，会增加整个系统的风险。对于金融监管机构来说，要求金融创新产品参与者提供真实的、详细的产品说明，对创新产品进行风险评估，深入分析给市场可能带来的隐患，严格限制潜在风险大的创新业务。

第七，完善金融监管体系。在现行金融监管体系之上，我国需要建立一个能够协调各自权限的、统一的金融监管体系。随着金融创新的不断发展，它涉及多个机构部门。因此，我国应逐渐构建一个综合的监管体系，从宏观及微观两个层次进行审慎监管。

8.6 小　　结

本章首先对 CRT 市场出现的相关背景进行了考察。其次，对发达国家与新兴市场国家 CRT 市场的发展现状、CRT 市场中参与机构的交易情况和特征进行了分析。随后，基于 CRT 市场中信息不对称特征，通过建立多主体博弈模型对借贷者之间、银行和信用保护提供者进行了研究，研究表明，CRT 市场的存在使银行在贷前、贷后降低了对借款企业的审查动机以及监督意愿，并选取 15 家上市银行对影响因素进行了实证分析。最后，针对 CRT 市场发展中存在的问题提出了若干对策建议。

第 9 章

金融创新微观动机与金融监管的演化博弈研究

本章主要对转型期经济发展起关键作用的金融创新微观动机及金融创新与金融监管的演化博弈两个问题进行研究。[①] 首先,从我国步入"经济新常态"的时代背景出发,分析我国商业银行金融创新的发展现状。其次,将商业银行 R&D 投入水平、技术溢出水平与投资者网上交易概率引入霍林特模型,研究商业银行金融创新的微观动机及其纳什均衡结果;运用演化博弈模型研究金融产品创新适度或过度及创新环境下的金融监管问题。再其次,运用面板数据模型实证分析商业银行的金融创新能力是否具有个体效应和时间效应,以及金融监管程度对商业银行金融创新能力的影响效果。最后,基于博弈研究与实证分析提出金融创新与金融监管的一些建议。

9.1 引　言

9.1.1 研究背景

目前,我国经济步入了以"中高速增长、结构优化升级、创新驱动"为标志的"经济新常态",是不同于以往高速增长的新时期。经济新常态强调在经济结构对称态基础上的可持续发展,即调结构、稳增长。全面深化改革是适应经济新常态、抓住时代发展机遇的关键,金融是现代经济的核心,经济发展方式的转变和全面深化改革必将催生"金融新常态"。党的十八届三中全会对金融重点领域和关键环节的改革进行了全面部署,以进一步激发金融发展的内在动力;党的十

---

① 本章是沈沛龙、靳林炜(2016)研究工作的扩展。

八届五中全会更是将创新放置于发展全局的核心；2015年中央经济工作会议又强调：抓紧研究金融监管体制改革方案。商业银行作为中国金融业的中流砥柱，应积极提高自身的治理能力、风险管理能力、金融创新能力与服务实体经济等能力，努力成为适应社会主义市场经济体制的现代化商业银行。

创新是一个民族进步的灵魂，金融创新是新常态下刺激金融发展最根本的手段。熊彼特（1912）提出创新理论，认为创新是将生产要素进行重新整合，并指出了五种创新模式，即新产品、新生产方法、新市场、新供应来源和新组织形式。国内外关于金融创新的定义大多由熊彼特的创新概念演变而来，归纳起来共有三个层面的含义：第一是宏观层面的金融创新，该层面的金融创新内容广泛，具体包括金融制度创新、金融市场创新、金融产品创新、金融科技创新和金融管理创新等，在时间长度上包括了金融史上的历次重大突破；第二是中观层面的金融创新，该层面的金融创新主要指20世纪60年代初以后，金融机构（特别是商业银行）中介功能的变化，包含制度创新、技术创新和产品创新；第三是微观层面的金融创新，即通过金融工具的创新使得金融市场的投融资更加高效，比如：为转移风险而出现的期权、期货、互换等金融衍生工具；为增强流动性而产生的股权贷款和资产证券化等；为改变权益结构而发行的可转换债券等。本章所指的金融创新含义限定在微观层面。

"金融新常态"下，自主创新、技术学习和互联网应用对商业银行寻求新的盈利增长点尤为重要。国际上常用R&D指标（包括投入规模和强度）来反映一个公司甚至一个国家的科技实力和核心竞争力。若某公司通过R&D投入成功实现产品或技术创新，一方面将大大提高该公司的营业利润和市场竞争力；另一方面，由于技术溢出效应，生产同类产品或运用同类技术的公司可不再重复投资原始的研究工作，而可以通过产品或技术的学习与模仿，提高自身收益。前者是R&D投入的私人收益，后者是社会收益，这一现象同样也存在于商业银行的金融产品创新过程中。"金融新常态"处于"互联网+"的时代背景之下，商业银行开始积极探索互联网金融，针对互联网应用的一批金融创新产品纷纷投入市场，且市场反应良好，银行客户开始偏好于线上操作，不再频繁往返于银行网点，而是利用互联网进行在线支付、结算和交易等操作。因此，将互联网技术融入金融业发展，才能在新常态下实现金融质的增长。截至2015年底，我国银行业金融机构包括3家政策性银行、5家大型商业银行、12家股份制商业银行、133家城市商业银行、5家民营银行、859家农村商业银行、71家农村合作银行、1373家农村信用社、1家邮政储蓄银行。[①] 根据2015年银行业金融机构资产负债

---

① 数据来源于银监会2015年报。

情况表，商业银行总资产合计 1558257 亿元，5 家大型商业银行、8 家上市股份制商业银行和 3 家上市城市商业银行的资产占比分别为 50%、21.28% 和 2.16%，16 家上市银行总资产合计占比 73.44%，具有较强的寡头垄断特征。① 我国自加入 WTO 以来，国内商业银行不断发展特色经营、提高服务质量、推出新产品，但从现代金融角度来看，我国金融领域落后于实体经济，金融市场尚不完善，金融工具也并不丰富，商业银行仍主要依赖于息差收益，企业融资主要依赖于银行贷款，直接融资规模较小；手续费、佣金等中间业务收入较低。中间业务可认为是商业银行的创新型业务，能较好地体现银行创新能力，然而，我国商业银行的中间业务收入占比一直在 20% 左右徘徊。究其原因不难发现，我国商业银行特别是国有商业银行，由于体制原因承担着较多的社会职能，尚未成为真正的现代化商业银行，追求利润最大化的动力不足，缺乏竞争意识和创新意识，金融创新发展相对滞后。

金融创新是实现金融深化改革、促进经济成功转型的关键，商业银行积极创新、寻求产品差异可有效提高自身在金融市场中的竞争力，推动整个银行业乃至金融市场的创新和改革。虽然理论上处于寡头垄断地位的大型商业银行创新动力并不强，但由于我国正处于经济转型期，各类银行竞争加剧，其垄断地位不断削弱。由于大型商业银行资本雄厚、流动性充足，有足够能力支持自身的 R&D 投入，同时在金融深化改革的目标下，政府激励大型商业银行引领创新，所以本章认为大型商业银行是我国潜在的金融创新引领者，其他类型的商业银行是潜在的金融创新跟风者。

9.1.2 研究意义

金融创新是一把"双刃剑"。纵观美国的金融发展史，金融创新使金融市场产品日益丰富，有效提高了金融市场和金融机构的运行效率，促进了资源的优化配置，使社会投资、融资需求更容易满足。然而，金融创新也带来很多新风险，金融创新使相关主体增加、环节增多、各方联系更加错综复杂，若其中一个环节出错，容易造成连锁反应和恶性循环，最终引起系统性风险，进而对整个经济产生不可估量的破坏性影响。金融过度创新及与其相适应金融监管的缺乏在 2008 年次贷危机中得到深刻体现。纵观西方发达国家的金融体系发展过程，金融创新与金融监管经历了"自由放任→加强监管→金融创新→放松监管→金融危机→加强监管"的博弈发展，既要通过金融监管预防过度创新，又要避免过度监管对适

---

① 数据来源于中国银行业监督管理委员会网站披露的 2015 年银行业金融机构资产负债情况表（法人）。

度创新的抑制作用。

研究金融创新微观动机、金融创新和金融监管的演化博弈是促进金融体制改革的关键。研究我国商业银行的金融创新策略，分析各个商业银行创新策略间的相互作用，寻求金融创新的纳什均衡结果，可以有效促进商业银行主动创新，积极开发金融新产品，完善金融市场，促使金融创新更好地服务于金融深化改革。此外，我国的金融监管制度虽然依照巴塞尔协议与我国实际制定，但还远远谈不上动态监管。我国金融监管机构一直以来进行审慎监管，也正因为如此，我国所受次贷危机的影响较小，但同时也说明我国金融市场参与国际竞争的能力不足。因此，与金融创新动态匹配的金融监管是必不可少的，研究我国金融创新与金融监管之间的演化博弈和动态均衡，可以使金融监管及时跟踪金融创新动态，更有针对性地指导金融监管实践，有效防止金融过度创新，避免其可能引起的系统性风险乃至金融危机，最终高效地推进金融深化改革。结合我国宏观经济政策和现实金融体系运行情况，促进我国金融创新与金融监管动态发展是当前金融业的重要课题之一。

9.2 文献综述

9.2.1 霍特林模型

商业银行进行金融创新本质上是为了增强自身竞争力，以追求更多利润，目前国内外学者已逐渐将广泛应用于实体经济的霍特林模型转而应用于金融市场，探究商业银行的空间位置、消费者购买金融产品的运输成本如何影响商业银行竞争，以及探究商业银行通过 R&D 投入或模仿引领创新者进行金融创新的一系列行为。霍特林（1929）模型的产生可以追溯到寡头垄断模型。古诺（Cournot，1838）提出的双寡头模型是纳什均衡最早的应用版本，古诺模型假设某产品市场上只有两个寡头垄断厂商，两个厂商在市场上相互竞争，且没有任何相互协调或相互勾结的行为，厂商通过预测另一厂商的产量来决定使自身利润最大化的产量水平，达到古诺均衡时，预测产量恰好是双寡头垄断厂商实际选择的最优产量。双寡头模型是一种产量竞争模型，其结果很容易推广到存在 n 家寡头厂商的市场当中，但双寡头模型没能解释这一均衡是如何实现的，也没有涉及双寡头垄断厂商的定价策略。伯特兰德（Bertrand，1883）提出伯特兰价格竞争模型，他假设两个厂商没有串谋行为，其产品是同质的，边际成本也相同，是完全替代品，如果某厂商的产品价格提高会导致完全没有销量,因此两个厂商会降低产品价格以占有市场,直到双方价格均下降至相同的边际成本,达到均衡。伯特兰德认为产品价格是厂商的决策变量,产品销售量由市场决定,达到伯特兰均衡时,产品价格等于产品边际成本,因此,双寡头垄断厂商并不能获得垄断利润。然而,现实生活中寡头垄断厂商可以获得垄断利润,这就是著名的"伯特兰悖论"。埃奇沃思(Edgeworth,1897)对古诺模型的假设进行了修改,他假设单个寡头垄断厂商的生产能力有限,不能提供市场所需要的全部产量,而另一寡头厂商可以高于边际成本的价格出售产品,以更好地满足市场需求,即假设市场在一段时间段内可以同时存在两个价格。埃奇沃思将生产能力约束引入伯特兰模型,成功解释了"伯特兰悖论"。以上三个模型达到均衡时,双寡头厂商的均衡价格相等且唯一。然而,在现实经济生活中,同一质量的同类产品可能有两种或多种价格,各个产品在同一质量条件下仍是有差异的,且产品差异越大,其需求价格弹性越小,因此寡头垄断厂商并不能以降价吸引更多的消费者。

霍特林(1929)提出的霍特林模型是最早的空间竞争理论,他认为价格或产量的不稳定并不是寡头垄断的基本特征,引入双寡头厂商的空间位置与消费者购买产品的运输成本,很好地解释了现实中同一质量的产品为何会存在两个价格。霍特林假设寡头垄断厂商的产品是无差异的,产品的生产成本函数相同,即产品的平均成本、边际成本都相同;假设消费者均匀分布于一条线性市场,每一位消费者只消费一单位产品;假设消费者对产品的偏好取决于产品价格和线性运输成本,如果两个厂商在空间位置和产品特征上越接近,对消费者而言就是越好的替代品,但如果厂商在位置或产品特征空间中离消费者越远,消费者的购买成本就越高。因此,霍特林认为在现实产品竞争中,厂商增加产品价格将引起消费者逐渐转移,若某厂商略微提高产品价格,只会失去少量消费者,市场仍可以保持稳定。最后,霍特林得出"最小差异化原则":位于线性市场的双寡头垄断厂商将模仿彼此的产品质量、商店位置等,使产品趋于同质。

随后,经济学家们将价格竞争引入该模型,建立二阶段霍特林模型,即厂商先选址竞争,再进行价格博弈。达斯普勒蒙等(D'Aspremont et al.,1979)将产品定价和厂商位置决策结合起来,将线性运输成本修正为二次运输成本,并得出结论:两个厂商距离足够近时,通过价格博弈不会得到纯策略的价格均衡,即"最大差异化原则"——双寡头垄断厂商将在线性市场的两端选址。他们认为产品差异化是寡头垄断竞争的重要组成部分,厂商通过细分市场获得一定程度的垄断地位,以追求更大利润。此后,不断有经济学家改变霍特林模型的各个假设条件进行拓展。比如,施密斯(Smithies,1941)最早改变霍特林模型的无须求弹性假设,得出结论:在线性递减需求函数条件下,双寡头企业将分散选址。赛洛普（Salop，1979）将霍特林模型的线性市场假设改变为圆形市场，认为两个寡头垄断厂商最终会在圆形市场的分散区位得到均衡。阿夫纳和约翰（Avner & John，1982）改变了产品同质假设，将质量差异引入霍特林模型，认为双寡头垄断厂商的产品价格相等时，消费者倾向于质量较好的产品，因此厂商将生产与竞争者具有最大差异的产品。帕尔马等（Palma et al.，1987）改变了垄断厂商数量假设，认为市场若存在三个寡头垄断厂商，且消费者购买每个厂商产品的概率为正，霍特林模型有可能存在均衡结果。安德森等（Anderson et al.，1992）假设消费者偏好是随机的，厂商事先不能确定消费者需求，最终得到最小差异化结论。曹韫建（2002）认为运输成本可由厂商自身决定，若产品集中于某一细分市场，运输成本则较高；若产品分布广泛，运输成本则较低。基于此假设，建立了包括改变运输成本决策在内的三阶段博弈模型，得到了不同于外生运输成本的子博弈精炼纳什均衡结果。从各个方向拓展空间竞争理论的文献非常多，本章将焦点集中于霍特林模型在经济，尤其是金融中的应用。

上述拓展的霍特林模型大多建立在完全信息基础上，但在实际的市场经济中，尤其是金融市场，信息往往是不完全的，商业银行正是利用自身的信息优势而作为借贷双方的媒介。胥莉等（2003）将霍特林模型与借贷模型相结合，研究了信息不对称与消费者偏好如何影响银行在信贷市场上的竞争战略。胥莉认为在信贷市场上，信息不对称不仅存在于商业银行和企业之间，各商业银行之间也存在信息不对称，此外，消费者对不同金融产品的消费偏好不同，因此商业银行选择信贷竞争战略时应充分考虑这两个因素。最后，胥莉得出结论：如果银行对贷款申请人的资信状况持悲观态度，且对提高甄别能力的投资较少，银行会选择最大差异化战略。随着"互联网+"时代的到来，互联网金融对金融市场的影响越来越深，目前我国商业银行实践中应用较多的是网上银行和手机银行等。常玉春（2005）运用霍特林模型分析了双寡头垄断商业银行同时开展传统业务与网上业务的综合竞价策略。其后，殷仲民等（2006）基于常玉春的研究，进一步补充分析了双寡头垄断商业银行既经营传统业务又经营网上业务时的选址策略，他们认为商业银行的竞争优势不仅跟产品定价相关，而且与空间差异和产品差异相关，商业银行选址时应当采取适度化策略以获得竞争优势。以上文献都将厂商或商业银行的生产技术水平视为外生条件，并没有考虑厂商或商业银行进行产品创新以提高产品质量或交易效率的可能性。若将产品创新引进模型，必然会涉及为了创新而进行的 R&D 投入和技术溢出效应。

R&D 即研究与发展，在科学技术领域中，增加知识并运用其发展新应用的一种创造性活动。达斯普勒蒙和雅克曼（D'Aspremont & Jacquemin，1988）是研究厂商 R&D 行为的开创者之一，他们将技术溢出效应引入两阶段 R&D 合作博弈，分析 R&D 投资和技术溢出效应对双寡头垄断厂商市场竞争的影响。奥多诺体和兹威姆勒（O'Donoghue & Zweimüller，2005）通过质量阶梯模型指出，保护现有创新不被其他产业模仿将激励创新投资增加，良好的知识产权保护制度能有效提高研发投入，提高社会技术创新水平，促进一国经济发展。李卫红等（2011）认为双寡头垄断厂商进行产品创新后，面临着产品重新定价问题，将非对称 R&D 行为引入霍特林模型，研究厂商的定价策略，最后得出结论：产品创新可有效提升厂商竞争力，歧视定价是厂商获得超额利润的占优策略，厂商的 R&D 投入与技术溢出水平负相关。梁涛等（2012）建立了集群双寡头厂商创新博弈模型，研究得出：过度的技术溢出会抑制企业创新。张志强（2012）基于内生增长理论，对金融发展、研发创新和区域技术深化进行实证研究，结果表明：金融发展的规模与效率有显著的研发创新效应和空间溢出效应，但区域差异显著。于燕等（2014）运用实证分析得出：在开放的经济系统中，通过进口贸易，发达国家 R&D 投入显著促进了我国行业全要素生产率的提高，并指出加强自身 R&D 投入的同时，要提高对进口产品附带高新技术的消化吸收和二次创新能力。胡立君等（2014）结合我国经济转型背景，运用面板门限回归模型发现：知识产权保护对外国直接投资的技术溢出存在显著的门限效应，外国直接投资的技术溢出能有效促进企业创新绩效。目前霍特林模型应用于金融市场的文献还比较少，本章将金融市场的信息不完全特征、投资者网上交易概率、商业银行创新的 R&D 投入和创新技术溢出水平引入霍特林模型，以研究潜在引领创新商业银行与潜在跟风创新商业银行动态博弈的纳什均衡结果。此外，在衡量投资者的运输成本时，按投资者选择的不同交易方式区别对待：如果投资者选择在商业银行营业网点交易金融产品，则假设其运输成本为二次函数；如果投资者选择在网上银行或手机银行交易金融产品，则假设其运输成本为某一常数，表示投资者为实现每一次网上交易而付出的单位成本。

9.2.2 金融创新与金融监管博弈模型

关于金融创新与金融监管间的关系，有以下三种不同观点：

9.2.2.1 金融创新决定金融监管

明斯基（Minsky，1982）提出的"金融不稳定假说"开创了金融脆弱性理论的先河。他认为商业银行的高负债经营和信用创造机制使其具有内在不稳定性，商业银行为追求利润最大化从事的风险业务增多，导致金融系统内在不稳定，最终难以避免金融危机对整个宏观经济产生的巨大危害，因此，需要有监管机构对商业银行进行监管。戴蒙德和迪布维格（Diamond & Dybvig，1983）建立了银行挤兑模型，他们认为在信息不对称情况下，存款人预期的不确定性增加容易造成商业银行的挤兑现象，指出政府提供存款保险可以克服商业银行的系统脆弱性。考夫曼（Kaufman，1996）认为商业银行之间复杂的债权债务网络容易引起"多米诺骨牌效应"，一家商业银行的内部危机可能引发系统性风险，如果监管机构介入，将大大降低商业银行的系统性风险。

9.2.2.2 金融监管决定金融创新

西尔柏（Silber，1975，1983）的"约束引致假说"认为约束成本（影子价格）上升将激励金融创新，而政府管制是最主要的外部约束，并通过实证证明1952~1970年期间，一半以上的创新都与摆脱监管约束有关。凯恩（Kane；1978，1981）认为政府管制相当于隐性税负，提高了金融机构的运营成本，当成本上升至一定水平，金融机构为规避监管而创新，当创新威胁到金融稳定性时又受到更严厉的监管，如此反复的斗争下去，创建了"斗争模型"，金融创新是这种斗争的结果。米勒（Miller，1986）认为管制和税收是推动金融创新的主要力量。邓静（1991）认为我国的金融改革沿着"管制→市场创新→管理者创新"进程走走停停，指出我国金融创新历程中存在的四大误区及影响。朱菁（1992）将金融创新分为两类：为降低管制措施成本的金融创新和降低有形交易成本或改善风险分配的金融创新。

9.2.2.3 金融创新与金融监管相互促进

凯恩（1978，1981）的"斗争模型"已经开始转向侧重于金融创新与金融监管之间的相互影响，但仍视二者为矛盾双方。20世纪80年代以来，演化博弈理论逐渐得到经济学家的关注，尝试研究金融创新与金融监管的动态博弈过程。传统博弈论假设在完全信息条件下参与者进行完全理性的博弈，但现实中的人不能做到完全理性，参与人之间的信息也是不完全的，尤其是经济领域，这导致传统博弈下的均衡并不能代表实际均衡。演化博弈理论摒弃了上述两种完全假设，强调参与者之间通过相互学习，不断修正其行为。演化博弈理论起源于费希尔（Fisher，1930）等遗传生态学家对动植物行为的博弈分析，研究某一群体随时间的行为变化以及最终如何达到稳定状态。然而，在以静态分析为主的新古典经济学时期，演化思想就已在经济领域占一席之地。纳什（1950）提出的"群体行为解释"被认为是较完整的演化博弈思想最早的理论成果，纳什认为博弈双方不需要有总体博弈结构的充分知识，也不需要有进行复杂推理的能力，只需要能积累各种纯策略的相对优势的实证信息，就可能达到纳什均衡。阿尔奇安（Alchian，

1950）建议将经济系统看做一种动态选择机制，社会的优胜劣汰将促使每个参与主体通过模仿和试错在竞争中生存，最终得到的演化均衡即为纳什均衡，这为演化博弈发展提供了思路。史密斯和普赖斯（Smith & Price，1973）提出了演化博弈的基本概念，即演化稳定策略，从此演化博弈理论正式诞生，并在经济领域迅速发展，是演化博弈理论发展的里程碑。史密斯（1982）出版的《演化与博弈论》奠定了演化博弈理论的理论基础，由此史密斯被公认为演化博弈之父。弗里德曼（Friedman，1991）将演化博弈理论应用于经济领域，对具体经济问题进行了探讨，并指出演化博弈将在经济领域有很大的应用前景。

贝奇格和亨斯（Bettzüge & Hens，2001）建立 CAPM 经济，通过转移函数连接各阶段经济，分析其演化均衡状态，并解释金融创新产品为什么在一些市场上会成功而在另外一些市场却以失败告终。张静等人（2001）认为金融创新与金融监管的发展过程，在现实中表现为两者之间的动态博弈，指出监管滞后使银行业金融创新乏力，并构想了适应我国银行金融创新的监管制度创新。宋立新（2002）指出突破信息、交易、工具三个方面约束能有效提高金融监管整体绩效，以促进金融监管更加有效地防范金融风险，保障金融体系稳健运行。卡鲁阿纳和杰米（Caruana & Jaime，2005）认为金融监管要跟上金融创新的步伐才能形成良性循环。易余胤等（2005）建立演化博弈模型，研究企业自主创新行为、模仿创新行为与市场结构的演化。尹龙（2005）探索了金融创新与金融监管相互作用的内在机理，认为我国在经济转型期应鼓励创新而非限制，应放松监管而非加强。于海东和罗云峰（2007）通过无限次重复博弈模型，测度金融创新动力，设计与金融创新相匹配的监管机制。

2008 年次贷危机以来，学者们开始致力于研究金融过度创新与次贷危机关系，强调金融监管与金融创新的动态协调发展，寻求二者的均衡关系。葛奇（2008）通过分析次贷危机的发生过程，认为金融监管机构有不可推卸的责任，急需改进监管。赵晓钧（2010）重新梳理了金融产品创新与金融监管之间的关系，提出具体措施以确保有效监管。吴桐和徐荣贞（2010）通过演化博弈，指出金融机构内部控制和外部监管共同影响金融稳定。崔晓蕾和徐龙炳（2011）运用演化博弈分析了金融机构间的对称博弈以及金融机构与监管机构的非对称博弈。周毓萍和陈中飞（2012）构建银行同业的演化博弈模型，提出要通过适度监管和制定相应创新制度以提高银行的竞争力。杜杨（2015）建立了创新路径和监管的演化博弈模型，揭示出互联网金融创新路径的选择及其与监管的博弈互动机制。彭红枫等（2016）将演化博弈应用于监管机构对合规金融创新的激励机制研究中，得出激励型监管能够引导金融机构进行合规创新的结论。

上述研究大多只涉及金融创新和金融监管的演化博弈分析，模型内变量繁琐。本章在演化博弈模型的设计中，舍去了金融适度创新的收益和放松监管的普通成本，针对不同战略选取不同变量，使博弈分析更有针对性。本章在实证分析中选取商业银行手续费及佣金净收入占营业收入比率衡量金融创新能力，选取不良贷款率、资本充足率、流动性比例和贷存比四个变量衡量银行风险水平指标，间接反映各个银行受到的监管程度，建立面板模型，探究商业银行的金融创新能力是否具有个体效应和时间效应，以及金融监管程度对商业银行金融创新能力的影响效果。

9.3 金融创新微观动机研究

9.3.1 模型建立

假设金融市场上存在甲、乙两类商业银行：甲类商业银行是潜在的金融创新引领者，乙类商业银行是潜在的金融创新跟风者。两类商业银行发行传统金融产品的边际成本 c 和产品初始质量 k 均相同，以下甲、乙类商业银行简称甲、乙。甲的金融产品价格为 P_1，乙的金融产品价格为 P_2。商业银行通过金融创新可以提高产品质量或产品交易效率，增强其市场竞争力。甲进行金融创新后，产品质量为 $k+y$，其中 $y(y>0)$ 表示商业银行金融创新的 R&D 投入水平，而 R&D 投入成本为 $ry^2/2$，其中 r 表示金融创新效率，令 $r=1$ 不影响分析结果。若乙选择跟风创新，则金融创新后，乙的产品质量为 $k+\beta y$，其中 $\beta(0<\beta<1)$ 为创新技术溢出水平，表示乙通过学习并吸收甲研发成果的获益程度。甲、乙分别位于一个单位长度的线性市场两端，其中甲的位置记为 0，乙的位置记为 1。

假设不同风险偏好的投资者在该线性市场上均匀分布，位于每一点上的投资者具有单位需求，即只购买某一类商业银行发行的金融产品，投资者可以选择网点交易或者网上银行交易两种方式（假设投资者均已开通网上银行或者手机银行），投资者选择网点交易的概率为 $\alpha(0<\alpha<1)$，选择网上银行交易的概率为 $1-\alpha$。假设投资者对金融产品的保留价格 v 足够大且相同，商业银行的任何定价都足以覆盖线性金融市场。由于投资者的风险偏好存在差异，定义投资者购买金融产品具有一定的交通成本，表示金融产品与投资者偏好不完全匹配带来的效用损失。若位于 x 位置的投资者选择网点购买甲产品，其效用损失为 qx^2，购买乙产品其效用损失为 $q(1-x^2)$，其中 $q(q>0)$ 表示到网点购买产品产生的单位交通成本；若投资者选择网上银行或手机银行购买产品，其效用损失为常数 w，w

表示为实现网上交易而付出的成本,比如均摊到每次上网的网费、用于网络安全或维护的成本。

金融市场中,商业银行间并不具有完全信息,甲、乙的金融创新策略博弈过程如下:首先甲选择是否引领金融创新;若甲选择金融创新,乙再选择是否跟风创新。在各阶段给定创新策略后,商业银行进行价格竞争使自己的利润最大化。本节按博弈顺序进行分析。

9.3.2 模型分析

9.3.2.1 初始状态

初始状态下,甲、乙均向投资者发行传统金融产品。投资者购买金融产品所获得的净效用取决于产品质量、价格以及交通成本。位于 x 位置的投资者购买甲、乙产品获得的净效用分别是:

$$\begin{cases} U_1 = k + v - P_1 - [\alpha q x^2 + (1-\alpha)w] \\ U_2 = k + v - P_2 - [\alpha q (1-x)^2 + (1-\alpha)w] \end{cases} \tag{9.1}$$

假设位于 x_0 处的投资者购买甲、乙的金融产品是无差异的,则有 $U_1(x_0) = U_2(x_0)$,即:

$$x_0 = \frac{1}{2} + \frac{p_2 - p_1}{2\alpha q} \tag{9.2}$$

根据式(9.2)可得甲、乙的需求函数:

$$\begin{cases} Q_1 = x_0 = \frac{1}{2} + \frac{p_2 - p_1}{2\alpha q} \\ Q_2 = 1 - x_0 = \frac{1}{2} + \frac{p_1 - p_2}{2\alpha q} \end{cases} \tag{9.3}$$

此时,甲、乙所获利润分别为:

$$\begin{cases} \pi_1 = (p_1 - c) Q_1 \\ \pi_2 = (p_2 - c) Q_2 \end{cases} \tag{9.4}$$

因为 $\frac{\partial^2 \pi_i}{\partial p_i^2} = -\frac{1}{\alpha q} < 0$,所以 π_i 是价格 p_i 的凹函数,对 π_i 求 p_i 的一阶导数,求解得到此时的均衡价格:

$$p_e = p_1 = p_2 = \alpha q + c \tag{9.5}$$

由式(9.5)可知,甲、乙均不进行金融创新时,存在纳什均衡价格 p_e,且均衡价格与 α(投资者网点交易的概率)、q(网点购买产品产生的单位交通成本）和 c（甲、乙发行传统金融产品相同的边际成本）正相关。

9.3.2.2 引领创新决策

若甲选择引领创新，经过 R&D 投入发行新金融产品，在新产品定价时，针对原均衡价格 p_e 向上或者向下偏离 θ：向上偏离 θ，甲出于新产品改善了投资者的效用水平或交易效率的考虑，而提高新产品价格；向下偏离 θ，是甲希望新产品在推广时期能以低价格来诱导投资需求。因此，新产品价格变为：

$$p_1' = p_e + \theta, \ (-\infty < \theta < +\infty)$$

由于商业银行之间存在信息不对称，乙对甲的金融创新反应有时滞，此时乙不创新，乙发行产品的价格仍为 p_e，位于 x 位置的投资者购买甲、乙产品获得的净效用、需求函数和利润函数分别为：

$$\begin{cases} U_1' = k + y + v - (P_e + \theta) - [\alpha q x^2 + (1-\alpha)w] \\ U_2' = k + v - P_e - [\alpha q (1-x)^2 + (1-\alpha)w] \end{cases} \tag{9.6}$$

$$\begin{cases} Q_1' = \dfrac{1}{2} + \dfrac{y - \theta}{2\alpha q} \\ Q_2' = \dfrac{1}{2} + \dfrac{\theta - y}{2\alpha q} \end{cases} \tag{9.7}$$

$$\begin{cases} \pi_1' = (p_e + \theta - c)Q_1' - \dfrac{1}{2}y^2 \\ \pi_2' = (p_e - c)Q_2' \end{cases} \tag{9.8}$$

由 $\dfrac{\partial^2 \pi_1'}{\partial y^2} = -1 < 0$ 和 $\dfrac{\partial^2 \pi_1'}{\partial \theta^2} = -\dfrac{1}{\alpha q} < 0$ 可知，π_1' 是创新研发投入水平 y 和价格偏离 θ 的凹函数，根据利润最大化的一阶条件，得到甲最优 R&D 投入水平和最优价格偏离值 θ，即：

$$\begin{cases} \theta = \dfrac{\alpha q}{4\alpha q - 1} \\ y = \dfrac{2\alpha q}{4\alpha q - 1} \end{cases} \tag{9.9}$$

又由 $\dfrac{\partial \pi_2'}{\partial y} = -\dfrac{1}{2}$ 和 $\dfrac{\partial \pi_2'}{\partial \theta} = \dfrac{1}{2}$ 可知，乙的利润随着甲 R&D 投入水平 y 的增加而降低，随着价格偏离值 θ 的增加而增加。

将式（9.9）代入式（9.7）求甲进行金融产品创新后甲、乙的需求量的变化。由结果可知，甲的金融创新活动使甲产品的需求量增加：

$$\begin{cases} \Delta Q_1 = \dfrac{1}{8\alpha q - 2} \\ \Delta Q_2 = -\dfrac{1}{8\alpha q - 2} \end{cases} \tag{9.10}$$

9.3.2.3 跟风创新决策

在本阶段，乙观察到甲的金融创新行动，选择是否跟风创新。若乙选择跟风创新，金融市场上将形成新的纳什均衡，此时，位于 x 位置的投资者购买甲、乙创新产品获得的净效用、需求函数和利润函数分别是：

$$\begin{cases} U_1'' = k + y + v - P_1' - [\alpha q x^2 + (1-\alpha)w] \\ U_2'' = k + \beta y + v - P_2' - [\alpha q (1-x)^2 + (1-\alpha)w] \end{cases} \quad (9.11)$$

$$\begin{cases} Q_1'' = \dfrac{1}{2} + \dfrac{p_2' - p_1' + (1-\beta)y}{2\alpha q} \\ Q_2'' = \dfrac{1}{2} + \dfrac{p_1' - p_2' - (1-\beta)y}{2\alpha q} \end{cases} \quad (9.12)$$

$$\begin{cases} \pi_1'' = (p_1' - c)Q_1'' - \dfrac{1}{2}y^2 \\ \pi_2'' = (p_2' - c)Q_2'' \end{cases} \quad (9.13)$$

由于 $\dfrac{\partial^2 \pi_i''}{\partial p_i'^2} = -\dfrac{1}{\alpha q} < 0$，所以 π_i 仍是价格 p_i 的凹函数，对 π_i'' 求 p_i' 的一阶导数得到新的均衡价格，即：

$$\begin{cases} p_1^* = \alpha q + c + \dfrac{1}{3}(1-\beta)y \\ p_2^* = \alpha q + c - \dfrac{1}{3}(1-\beta)y \end{cases} \quad (9.14)$$

将式（9.14）代入式（9.13）得到甲和乙均进行金融产品创新后，达到新均衡时二者利润的变化：

$$\begin{cases} \Delta\pi_1 = \pi_1'' - \pi_1 = \dfrac{1}{3}(1-\beta)y + \dfrac{(1-\beta)^2 y^2}{18\alpha q} - \dfrac{1}{2}y^2 \\ \Delta\pi_2 = \pi_2'' - \pi_2 = -\dfrac{1}{3}(1-\beta)y + \dfrac{(1-\beta)^2 y^2}{18\alpha q} \end{cases} \quad (9.15)$$

由 $\dfrac{\partial \Delta\pi_1}{\partial \beta} = -\dfrac{y}{3} - \dfrac{(1-\beta)y^2}{9\alpha q} < 0$ 可知，甲乙均选择金融创新后，甲总利润的增量 $\Delta\pi_1$ 会随着技术溢出水平 β 的增加而减少，也就说明乙学习和吸收甲研发成果的能力越强，越不利于甲因创新而获得更高的利润，创新技术溢出水平一定程度上会抑制潜在的金融创新引领机构进行创新。

由于 $\dfrac{\partial \Delta\pi_2}{\partial \beta} = \dfrac{y}{3} - \dfrac{(1-\beta)y^2}{9\alpha q} < 0$，$\dfrac{\partial^2 \Delta\pi_2}{\partial \beta^2} = \dfrac{y^2}{9\alpha q} > 0$，则当 $\dfrac{\partial \Delta\pi_2}{\partial \beta} = 0$，即 $\beta = 1 - \dfrac{3\alpha q}{y}$ 时，$\Delta\pi_2$ 取最小值；当 $\beta > 1 - \dfrac{3\alpha q}{y}$ 时，$\Delta\pi_2$ 才会随着技术溢出水平 β 的增加而增

加。这说明乙学习并吸收甲研发成果达到一定程度，把握一定创新精髓后才会给自身带来利润的增加。

又由 $\dfrac{\partial \Delta \pi_1}{\partial \alpha} = \dfrac{\partial \Delta \pi_2}{\partial \alpha} = -\dfrac{(1-\beta)^2 y^2}{18\alpha^2 q} < 0$ 可知，甲、乙创新后的利润将随着投资者选择线下网点交易的概率 α 的增加而降低，因此，甲、乙应该采取一些激励措施，积极引导投资者进行网上交易，既有助于增加自身的利润，又可以减少投资者到网点交易的时间成本和一些其他效用损失。

本节将投资者选择商业银行营业网点和网上交易金融产品的概率引入霍特林模型，强调在信息不完全的金融市场中，潜在引领创新的商业银行通过 R&D 投入引领金融产品创新，而潜在跟风创新的商业银行选择是否跟风创新，与引领创新者进行动态博弈，分析二者的行为选择及选择结果，得到了创新前后的纳什均衡结果。由模型分析结果可知：甲、乙均不进行金融创新时的均衡价格，与投资者网点交易概率、网点购买产品产生的单位交通成本和甲、乙发行传统金融产品的边际成本正相关；当甲通过 R&D 投入进行金融创新，而乙对甲创新行动的反应存在时滞，仍出售传统金融产品，此时甲的金融创新活动促进甲产品的需求量增加，乙的利润则由于甲创新产品的强大竞争压力而减少；当乙发现甲金融创新行为后，若选择跟风创新，甲的利润增加量会随着创新技术溢出水平的增加而减少，即乙学习和吸收甲研发成果的能力越强，越不利于甲因金融创新而获得更高的利润，说明创新技术溢出水平一定程度上会抑制潜在的金融创新引领机构进行金融创新，因此，政府应重视对金融创新的知识产权保护，使引领金融创新机构的研发动力更加充足且持久；此外，甲、乙金融创新后的利润将随着投资者选择线下网点交易的概率增加而降低，因此，商业银行应该采取一些激励措施，即在"金融新常态"和"互联网+"大背景下，积极引导投资者进行网上交易，尝试以互联网金融为基础进行更高效率的金融创新，实现金融产品的多样化，使金融市场更加完善。

9.4 金融创新与金融监管的演化博弈研究

9.4.1 模型假设

假设博弈双方，即商业银行和监管机构均是有限理性的，存在信息不对称，需要经过相互模仿、学习的调整过程，经过反复、长期的动态博弈才能达到演化均衡。假设商业银行进行过度的金融创新会获得额外收益 ΔR,但同时将承受风险成本 K,为应付严厉监管需支付成本 C_1,此外,过度创新被监管者发现会被罚款 P。假设监管机构进行严格监管的额外成本为 ΔC,而放松监管将造成的声誉损失和社会财富损失为 C_2,且假设该声誉损失和社会财富损失大于严厉监管的额外成本,对商业银行过度创新的罚款也大于严厉监管的额外成本,即 $C_2 > \Delta C$,$P > \Delta C$。商业银行与监管机构的非对称演化博弈矩阵如表 9-1 所示。

表 9-1 非对称演化博弈矩阵

监管机构＼商业银行	适度创新 (x)	过度创新 ($1-x$)
严格监管 (y)	$-\Delta C$, $-C_1$	$P - \Delta C$, $\Delta R - C_1 - P - K$
放松监管 ($1-y$)	$-C_2$, 0	$-C_2$, $\Delta R - K$

9.4.2 模型分析

商业银行的博弈战略空间为(适度创新,过度创新),选择适度创新的概率为 x,选择过度创新的概率为 $1-x$。

选择适度创新的期望收益为:

$$E_{11} = -yC_1 \tag{9.16}$$

选择过度创新的期望收益为:

$$E_{12} = \Delta R - yC_1 - yP - K \tag{9.17}$$

商业银行的平均期望收益为:

$$E_1 = \Delta R - yC_1 - yP - K - x\Delta R + xK + xyP \tag{9.18}$$

商业银行模仿者的复制动态方程为:

$$F(x, y) = x(E_{11} - E_1) = x(1-x)(yP + K - \Delta R) \tag{9.19}$$

监管机构的博弈战略空间为(严格监管,放松监管),选择严格监管的概率为 y,选择放松监管的概率为 $1-y$。

严格监管的期望收益为:

$$E_{21} = P - \Delta C - xP \tag{9.20}$$

放松监管的期望收益为:

$$E_{22} = -C_2 \tag{9.21}$$

监管机构的平均期望收益为:

$$E_2 = yP - xyP - y\Delta C - C_2 + yC_2 \tag{9.22}$$

监管机构模仿者的复制动态方程为:

$$G(x,y) = y(E_{21} - E_2) = y(1-y)(P - xP - \Delta C + C_2) \quad (9.23)$$

为了求得局部均衡点，联立式（9.19）和式（9.23），即：

$$\begin{cases} F(x,y) = x(1-x)(yP + K - \Delta R) = 0 \\ G(x,y) = y(1-y)(P - xP - \Delta C + C_2) = 0 \end{cases} \quad (9.24)$$

得五个均衡点：

$$x_1(0,0), \ x_2(0,1), \ x_3(1,0), \ x_4(1,1), \ x_5\left(\frac{P - \Delta C + C_2}{P}, \frac{\Delta R - K}{P}\right) \quad (9.25)$$

由假设 $C_2 > \Delta C$ 可知，$\frac{P - \Delta C + C_2}{P} > 1$，因此，$x_5$ 不是局部均衡点，其余四个解为局部均衡点。演化均衡是演化动态过程的任一渐进稳定不动点，均衡不仅是指动态过程的静止状态，还意味着在静止点的某种形式的稳定性。因此，在演化均衡状态处，应有 $F_x(x,y) < 0$ 且 $G_y(x,y) < 0$；若它们的两个偏导数均大于零，是非均衡点；若两个偏导数一个大于 0，而另一个小于 0，则意味着该点在某一个方向是稳定的，另一个方向是不稳定的，该点是鞍点。

对复制动态方程求偏导，可得：

$$F_x(x,y) = (1 - 2x)(yP + K - \Delta R) \quad (9.26)$$

$$G_y(x,y) = (1 - 2y)(P - xP - \Delta C + C_2) \quad (9.27)$$

9.4.3 演化均衡点分析

演化均衡点的求解见表 9-2。

表 9-2　　　　　　　　　演化均衡点的求解

点	一阶偏导	$K < \Delta R - P$		$\Delta R - P < K < \Delta R$		$K > \Delta R$	
X_1	$F_x(0,0) = K - \Delta R$	−	鞍点	−	鞍点	+	非均衡点
	$G_y(0,0) = P - \Delta C + C_2$	+		+		+	
X_2	$F_x(0,1) = K - \Delta R + P$	−	演化均衡点	+	鞍点	+	鞍点
	$G_y(0,1) = -P + \Delta C - C_2$	−		−		−	
X_3	$F_x(1,0) = -K + \Delta R$	+	非均衡点	+	非均衡点	−	鞍点
	$G_y(1,0) = -\Delta C + C_2$	+		+		+	
X_4	$F_x(1,1) = -K + \Delta R - P$	+	鞍点	−	演化均衡点	−	演化均衡点
	$G_y(1,1) = \Delta C - C_2$	−		−		−	

从表 9-2 可以看出：

当 $K+P<\Delta R$ 时，$(0,1)$ 是演化均衡点，即（过度创新，严格监管）；

当 $K+P>\Delta R$ 时，$(1,1)$ 是演化均衡点，即（适度创新，严格监管）。

商业银行过度创新可获得的额外收益 ΔR、被罚款额 P 和风险成本 K 的相对大小影响着双方的演化博弈均衡。当 $K+P<\Delta R$ 时，商业银行通过过度创新获得的额外收益足够高，或被监管机构罚款数额和过度创新本身所承担的风险成本较小，在高收益、低损失的激励下，商业银行与监管机构经过长期动态博弈，最终将趋向于（过度创新，严格监管）。现实中，商业银行激烈竞争，市场机制不完善导致市场约束力较弱，为避免金融风险、维护金融秩序和安全，监管机构必须严格监管。在监管者和同行的双重压力下，商业银行冒险动机增强，涉险过度创新以追求超额收益，但严格监管者发现商业银行过度创新后，将对其进行更加严厉的监管。这种状态下的演化均衡是低效的，容易陷入"过度创新→严格监管→再过度创新→更严厉监管"的恶性循环。因此，监管机构应把握监管力度，设置合理的罚款额度，加强完善市场机制建设从而增强市场约束力，改变商业银行适度与过度创新的相对收益，使金融监管和市场约束有机配合，促使博弈均衡达到更高效率。当 $K+P>\Delta R$ 时，商业银行过度创新成本较大，发生金融危机时，过度创新会使其遭受巨大损失、甚至破产，经过与监管机构的反复博弈，最终将达到（适度创新，严格监管）。在这种情况下，监管当局仍应把握监管力度，让市场约束发挥更大作用，不能过度严格监管，以免阻碍金融创新或迫使商业银行冒险尝试过度风险，使商业银行适度创新的相对收益维持在可接受范围内，鼓励有益的金融创新，共同推动合理均衡状态的发展。

9.5 金融创新与金融监管的实证分析

9.5.1 指标选取

目前，关于商业银行金融创新能力，学术界还没有普遍认可的衡量指标，但针对我国商业银行的现实情况，中间业务能较好地表现银行金融创新能力。中间业务按照中国人民银行的相关规定，可分为支付结算类、银行卡、代理类、担保类、承诺类、交易类、基金托管、咨询顾问类和其他等九类，绝大多数金融创新产品都包含在这九类业务当中。中间业务收入反映在各大商业银行财务报表中，手续费和佣金净收入无疑最具说服力。虽然各大商业银行对手续费及佣金净收入的表述不完全一致，但大致分为结算与清算手续费、银行卡手续费、代理业务手续费、担保手续费、信用承诺手续费、理财产品业务收入、托管及其他受托业务佣金、顾问和咨询费和电子银行业务收入等。因此，手续费及佣金净收入可以很好地表示中间业务收入，本节选取手续费及佣金净收入占营业收入的比例作为衡量商业银行金融创新能力的指标。

对于金融监管程度，尚未有明确的指标可以直接衡量每家商业银行所受到的监管程度。根据巴塞尔协议和我国银行监管当局的相关要求，本节选取衡量商业银行风险水平的不良贷款率、资本充足率、流动性比例、贷存比四个指标来间接反映各银行受到的监管程度。不良贷款率是评价商业银行信贷资产安全的重要指标，不良贷款率高，商业银行整体的风险暴露大，会引起监管部门的重视，随之将对其进行严厉监管。资本充足率是金融监管当局用于监测商业银行抵御风险能力的重要指标，资本充足率越高，商业银行抵御金融风险的能力越高，监管机构介入将会减弱，因为有足够的资本支持商业银行增加 R&D 投入进行创新，会提高商业银行金融创新能力；另外，不良贷款增加导致风险加权资产加大，将降低资本充足率，要改变现状，商业银行必须努力提高风险权重较小的资产，其中加强创新型中间业务以增加营业利润就是银行最主要的发展战略。因此，理论上资本充足率对商业银行金融创新能力的影响是正、负两方面的。流动性比例越大，商业银行的流动性风险就越小，监管机构介入越低，但其盈利能力也随之降低，将刺激商业银行进行金融创新，以增加自身的营业利润。贷存比是商业银行贷款总额与存款总额的比率，该比率越高，流动性越低，不良贷款率也将增加，引起监管程度的加强，由于贷存比对流动性比例和不良贷款比率的不同影响，而对商业银行金融创新能力产生正、负两种效应。此外，本节选取以商业银行年末总资产表示的商业银行规模和国内生产总值作为控制变量。

9.5.2　模型构建

本节所有样本数据均来自国家统计局和 16 家上市商业银行的年报，所有数据均为名义数据。本节将依照证监会的行业分类方式，以 16 家上市商业银行的数据为横截面空间，以 2010～2014 年为时间空间，构建短面板模型，以手续费及佣金净收入占营业收入的比重为因变量，以不良贷款率、资本充足率、流动性比例、贷存比为自变量，以商业银行规模和国内生产总值为控制变量，根据以上分析，提出以下面板数据模型展开实证研究。

$$FIA_{it} = \alpha_0 + \alpha_1 NPL_{it} + \alpha_2 CAR_{it} + \alpha_3 LR_{it} + \alpha_4 LDR_{it} + \alpha_5 SC_{it} + \alpha_6 GDP_{it} + \mu_{it} + \varepsilon_{it}$$

(9.28)

其中，FIA、NPL、CAR、LR、LDR、SC、GDP 分别代表商业银行金融创新能力、不良贷款率、资本充足率、流动性比例、贷存比、银行规模和国内生产总值；α_0 表示截距项，$\alpha_1 \to \alpha_6$ 分别代表相应解释变量的系数，其正负表明相应解释变量对被解释变量的正负效应，μ_{it} 表示截面固定效应，ε_{it} 表示随机误差。使用 Stata12.0 软件进行实证分析，16 家上市银行金融创新能力与不良贷款率、资本充足率等描述性统计结果如表 9-3 所示。

表 9-3　　　　　　　　变量的描述性统计

变量名称	范围	均值	标准差	最小值	最大值	观察值个数
金融创新能力	全部	15.85	5.09	5.9	28.23	$N=80$
	组间		4.06	9.88	21.49	$n=16$
	组内		3.20	8.82	23.67	$T=5$
不良贷款率	全部	0.90	0.28	0.38	2.03	$N=80$
	组间		0.22	0.62	1.53	$n=16$
	组内		0.18	0.58	1.39	$T=5$
资本充足率	全部	12.33	1.52	6.65	16.2	$N=80$
	组间		1.28	9.82	14.88	$n=16$
	组内		0.86	9.16	14.46	$T=5$
流动性比例	全部	42.40	8.26	27.6	59.64	$N=80$
	组间		6.98	31.06	52.12	$n=16$
	组内		4.69	28.91	51.51	$T=5$
贷存比	全部	68.21	5.33	47.43	74.59	$N=80$
	组间		4.75	56.87	73.05	$n=16$
	组内		2.64	58.76	74.16	$T=5$
银行规模	全部	52585.86	54984.48	2214.93	206099.5	$N=80$
	组间		55130.93	3708.57	172010.8	$n=16$
	组内		11737.45	15161.25	86674.56	$T=5$
国内生产总值	全部	530326.2	79855.68	408903	636462.7	$N=80$
	组间		0	530326.2	530326.2	$n=16$
	组内		79855.68	408903	636462.7	$T=5$

注：银行规模与国内生产总值的数据单位为亿元。

其次，将 16 家上市银行按照国有商业银行、股份制银行和城市商业银行分为3类，分别检验不同类型商业银行金融创新能力的变化趋势，如图9-1所示。

从图9-1可以看出，不同类型银行近五年的金融创新能力趋势也不同。国有商业银行的金融创新能力一直在百分之十七八上下徘徊；股份制商业银行与城市商业银行的创新能力一直在提高，且都在2012年后加速上升。造成这种现象的原因可能是：国有商业银行由于体制原因，承担着较多的社会职能，还未成为真正的现代化商业银行，导致其追求利润最大化动力不足，此外，国有商业银行在我国金融体系中处于长期垄断低位，缺乏竞争意识和服务意识，这些均导致国有商业银行缺乏金融创新动力；目前，我国正处于经济转型攻坚期，基本上已经形成了多类型、多层次的金融机构体系，而股份制商业银行已经成为我国商业银行体系中的又一中坚力量，城市商业银行也成为银行业的主力军。股份制银行与城市商业银行为扩大市场份额，追求利润最大化，积极开展金融创新业务，开发各种金融创新产品，以满足客户的不同需求，因此，股份制商业银行与城市商业银行的金融创新能力逐年增加。

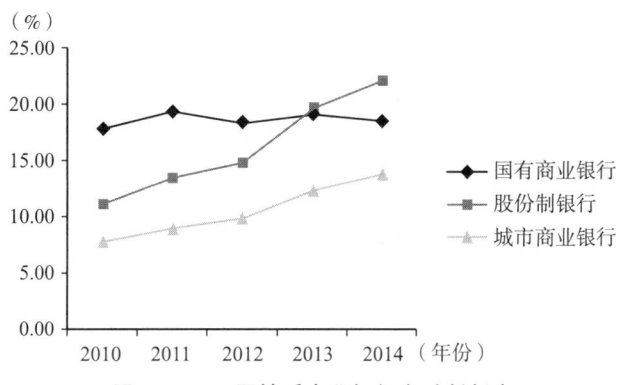

图9-1 不同性质商业银行金融创新度

样本说明：
(1) 国有商业银行包括：中国银行、工商银行、建设银行、农业银行、交通银行。
(2) 城市商业银行包括：宁波银行、北京银行、南京银行。
(3) 股份制银行包括：招商银行、中信银行、平安银行、华夏银行、兴业银行、浦发银行、民生银行、光大银行。
(4) 本章用每类性质银行金融创新能力的平均值来衡量其整体水平。

9.5.3 实证分析

关于面板数据模型，常用的有假设不存在个体效应的混合回归、存在个体效应的固定效应回归和随机效应回归。如果考虑时间效应，固定效应模型中还有双向固定效应回归。表9-4分别给出以上四种回归结果。

为筛选出合适的模型，对各个回归模型进行一系列检验。首先，进行F检验筛选混合回归和固定效应回归。F 检验的原假设是可以接受混合效应模型，经检验得到：$F(15,58)=24.59$，$\text{Prob}>F=0.0000$，拒绝原假设，即固定效应模型优于混合效应模型，每个上市银行拥有不同的截距项。其次，考虑固定效应中的时间效应，定义年度为虚拟变量，进行双向固定效应回归。对所有年度虚拟变量进行联合显著性 F 检验，原假设认为无时间效应，检验结果得到：$F(3,15)=12.86$，$\text{Prob}>F=0.0002$，拒绝原假设，认为存在时间效应，因此，双向固定效应回归优于固定效应回归。以上回归结果确定了存在个体效应，但其仍可能以随机效应形式存在。为进一步判断，进行豪斯曼检验。豪斯曼原假设为，随机效应模型更好。检验结果为 $\text{chi2}(5)=15.51$，$\text{Prob}>\text{chi2}=0.0084$，拒绝原假设。基于上述分析，双向固定效应模型的回归结果最优。

表 9-4　　　　　　　　　　　　　全部回归结果

项目	(1) 混合效应	(2) 固定效应	(3) 双向固定效应	(4) 随机效应
不良贷款率	2.399197 (2.22)	5.598276 *** (1.91)	6.109923 ** (2.20)	6.102332 *** (1.68)
资本充足率	-0.4338069 (0.48)	0.5725321 ** (0.24)	0.7859717 *** (0.25)	0.2601543 (0.30)
流动性比例	0.0210268 (0.08)	-0.0795503 (0.05)	-0.0547569 (0.05)	-0.0678325 (0.06)
贷存比	0.1731471 (0.11)	-0.1583422 (0.09)	-0.165529 * (0.09)	-0.1626954 (0.14)
银行规模	0.0000421 *** (0.00)	-0.0001306 *** (0.00)	-0.0001301 *** (0.00)	-0.0000134 (0.00)
国内生产总值	0.0000236 *** (0.00)	0.0000403 *** (0.00)	0.0000376 *** (0.00)	0.0000269 *** (0.00)
常数项	-8.3973 (10.89)	3.447911 (8.63)	0.9597019 (8.03)	7.600169 (11.22)
N	80	80	80	80
R^2	0.4953	（组内：0.8263）（组间：0.5120）（全部：0.0652）	（组内：0.8537）（组间：0.5227）（全部：0.0599）	（组内：0.7655）（组间：0.0601）（全部：0.1440）
F		18.23	31.89	57.39

注：括号中为标准误；显著性水平：$*P<0.1$，$**P<0.05$，$***P<0.01$。

从表 9-4 双向固定效应回归结果可以看出：

不良贷款率对上市银行金融创新能力的正向影响较为显著,这说明:如果商业银行不良贷款率增加,银行风险加大,促使监管部门对商业银行的监管趋严,将导致商业银行经营成本增加,加大商业银行进行金融创新以规避监管的动力,最终使商业银行金融创新能力提高。资本充足率对上市银行金融创新能力存在显著的正向影响,但影响系数不大。这说明:资本充足率对商业银行金融创新能力的正向效应大于负向效应,即资本充足率提高,商业银行风险承受能力随之提高,但是风险与收益一般成反比,为加大收益,商业银行进行金融创新动力随之增强,又有足够的资本支撑,可加大金融创新的 R&D 投入,从而提高上市银行的金融创新能力。流动性比例对上市银行金融创新能力影响不显著,说明商业银行的金融创新能力对流动性资产并不敏感。贷存比对上市银行金融创新能力存在较为显著的负向影响,但影响系数不大。理论上,贷存比增加,一方面会提高商业银行的流动性风险,另一方面又可能使不良贷款增加,对金融创新会产生正负两种效应,结果表明负向效应大于正向效应。商业银行规模对上市银行金融创新能力存在着显著的负向影响,这与将 16 家上市银行分类检验近五年的金融创新能力变化趋势的结果相同。五家国有商业银行的年末总资产大大超过其他上市银行,由于国有商业银行还没有真正成为现代化商业银行、长期处于垄断地位、缺乏竞争意识、金融创新动力不足,因此造成了银行规模整体上对金融创新能力存在负向效应。国内生产总值对上市银行金融创新能力存在着显著的正向效应。国内生产总值增大,说明国家总体经济状况提高,将提高金融创新的环境因素,分别从人力、资源、技术、市场等各方面增加金融创新的投入与产出效率。

从以上结果可以看出,上市银行的金融创新能力不仅具有个体效应而且具有时间效应,影响上市银行风险水平的不良贷款率、资本充足率、流动性比例和存贷比均通过各自的反应链,引起监管机构监管程度改变,进而影响金融创新能力;此外,金融创新能力的改变又将引起银行的风险、收益水平变化,反过来再影响监管程度的变化。随着时间的变化,商业银行金融创新能力与监管机构的监管进行动态博弈,最终将使二者趋于均衡状态。

9.6 金融创新与金融监管的建议

第一,金融监管部门应合理利用罚款等处罚机制。监管部门对商业银行过度创新的处罚机制是影响商业银行创新的重要因素,罚款是监管部门处罚机制中最重要的手段之一。罚款会对商业银行过度创新产生一定的威慑作用,但罚款额度必须设定在合理范围内，才能既有效防止商业银行冒险进行过度创新，又避免抑制金融创新。此外，设置合理的罚款额度，可以有效激励监管人员，提高他们的监管积极性；若设置的罚款额度过高，会使监管人员滋生懒惰心理，容易引起监管寻租行为的发生，降低监管的有效性。因此，监管部门应当有效利用处罚机制，合理设置罚款额度，改变商业银行适度创新与过度创新的相对收益，提高监管效率，促进商业银行适度创新，使金融市场逐渐趋于完善。

第二，加强商业银行的内部控制管理。在对商业银行与金融监管机构的演化博弈分析中，除了监管部门对金融过度创新的罚款会影响演化均衡以外，商业银行过度创新的额外收益和风险成本也会影响均衡结果。然而，这两方面单靠监管部门的监管是远远不够的，还必须依赖商业银行通过内部控制，对金融创新的风险收益进行审慎分析，针对创新过程、创新团队加强管理，从源头上消除金融过度创新的苗头。商业银行是经济主体，追求利润最大化是其最主要的目标，因此，需要通过立法明确其内部控制管理职责，使其承担维护金融稳定的社会责任。

第三，完善金融市场的信息披露制度，加快推进金融各部门的信息共享。实证结果中的脉冲响应分析表明：我国当前的金融监管相对于金融创新是滞后的，当金融创新力度改变时，监管机构不能及时做出反应，使得监管力度相对变弱。这是因为金融市场的信息披露制度还不完善，金融部门之间不能进行有效的信息共享。信息不对称既增大了监管部门的监管成本，又容易使拥有信息优势的商业银行降低内部控制，单方面追求利润最大化。因此，完善关于金融创新的信息披露法律法规，加快推进金融各部门的信息共享。

第四，各监管部门之间相互协调，建立预防监管机制和危机预警机制。2015年5月1日起，我国施行《存款保险条例》，标志着我国金融安全网的三大支柱正式确立，即中央银行最后贷款人职能、监管机构的审慎监管和存款保险制度。我国应加快建立监管协调机制，修订相关法律明确各部门的监管职责和监管权限，避免出现监管重叠和空白区域，给监管造成不必要的成本，对商业银行创新带来负面影响。在建立信息共享机制和监管协调机制的基础上，建立预防监管机制和危机预警机制，确保金融安全网三大支柱在协调监管中，能对潜在的过度金融创新做到早发现早处理，有效防范风险，减少商业银行和整个社会的损失。

9.7 小　　结

本章在分析我国商业银行金融创新现状、国内外学者关于霍特林模型与演化博弈模型理论研究成果的基础上，分别构建了霍特林模型和演化博弈模型研究商业银行金融创新的微观动机，以及金融创新与金融监管的演化博弈过程，并构建面板数据模型对金融创新与金融监管进行实证分析。最后对金融创新与金融监管提出了四点建议。

参 考 文 献

[1] Abderazak Bakhouche, Does the Financial Sector Promote Economic Growth? A Case of Algeria [J]. Savings and Development, 2007, 31 (1): 23 - 44.

[2] Acemoglu, D., Ozdaglar, A., Tahbaz - Salehi, A., Systemic Risk And Stability In Financial Networks [R]. NBER Working Paper 18727, 2013, 01.

[3] Acharya V V, Gale D, Yorulmazer T. Rollover Risk and Market Freezes [J]. The Journal of Finance, 2011, 66 (4): 1177 - 1209.

[4] Aghion, P., Howitt, P., A Model of Growth through Creative Destruction [J]. Econometrica, 1989, 60 (2): 323 - 351.

[5] Agoraki, M., Delis, M., Pasiouras, F., Regulation, Competition and Bank Risk Taking in Transition Counties [J]. Journal of Financial Stability, 2009, (5): 322 - 357.

[6] Akiyoshi, F., Banking Panics, Bank Failures, and the Lender of Last Resort: the Showa Depression of 1930 - 1932 [J]. Oxford economic papers, October, 2009, 61 (4): 776 - 800.

[7] Alex Bara, Gift Mugano, Pierre Le Roux, Financial Innovation and Economic Growth in the SADC [J]. Economic Research Southern Africa, 2016, 1 - 23.

[8] Allen, F., Gale, D., Financial contagion [J]. Journal of Political Economy, 2000, 108 (1): 1 - 33.

[9] Allen, F., Gale, D., Financial Innovation and Risk Sharing [M]. Financial innovation and risk sharing. MIT Press, 1994: 1681.

[10] Allen, F., Carletti, E., Credit Risk Transfer and Contagion [R]. Center for Financial Studies, 2005: 9 - 13.

[11] Allen, F., Trends in Financial Innovation and Their Welfare Impact: an Overview [J]. European Financial Management, 2012, 18 (4): 493 - 514.

[12] Anderson, S. P., Palma, D., Thisse, J. F., Discrete Choice Theory of Product Differentiation [M]. Cambridge: The MIT Press, 1992.

[13] Apergis, N., Filippidis, I., Economidou, C., Financial Deepening and

Economic Growth Linkages: A Panel Data Analysis [J]. Review of World Economics, 2007, 143 (1): 179 - 198.

[14] Armen A. Alchian, Uncertainty, Evolution, and Economic Theory [J]. The Journal of Political Economy, 1950, 58 (3): 211 - 221.

[15] Avner, S., John, S., Relaxing Price Competition through Product Differentiation [J]. The Review of Economic Studies, 1982, 49 (1): 3 - 13.

[16] Babus A. The formation of financial networks [J]. The RAND Journal of Economics, 2016, 47 (2): 239 - 272.

[17] Bakhouche, A., Does the Financial Sector Promote Economic Growth? A Case of Algeria [J]. Savings and Development, 2007, 31 (1): 23 - 44.

[18] Balcilar. M., Ozdemir, ZA, Arslanturk, Y., Economic Growth and Energy Consumption Causal Nexus Viewed through a Bootstrap Rolling Window [J]. Energy Economics, 2010, 32 (6): 1398 - 1410.

[19] Bara, A., Mugano, G., Roux, PL., Financial Innovation and Economic Growth in the SADC [J]. Economic Research Southern Africa, 2016, 1 - 23.

[20] Benazzoli, C., Persio, L D., Default contagion in financial networks [J]. International journal of mathematics and computers in simulation, 2016, (10): 112 - 117.

[21] Benjamin M. Tabak a, Marcelo Takami, Jadson M. C. Rocha, Daniel O. Cajueiro, Sergio R. S. Souza, Directed clustering coefficient as a measure of systemic riskin complex banking networks [J]. Physic A, 2014, (394): 211 - 216.

[22] Berger, A., The Relationship between Capital and Earnings in Banking [J]. Journal of Money, Credit, and Banking, 27 (2), 1995, 432 - 456.

[23] Bertrand, J., Review of Cournot's'Rechercher sur la Theorie Mathematique de la Richesse [J]. Journal de Savants, 1883, 499 - 508.

[24] Bettzüge, M O., Hens, T., An Evolutionary Approach to Financial Innovation [J]. Review of Economic Studies, 2001, 68 (3): 493 - 522.

[25] Blume L, Easley D, Kleinberg J, et al. Network formation in the presence of contagious risk [C]. ACM Conference on Electronic Commerce. DBLP, 2011: 1 - 10.

[26] Bofondi, M., Lotti, F., Innovation in the Retail Banking Industry: Credit Scoring Adoption and Consequences on Credit Availability [J]. Review of Industrial Organization, 2006 (07).

[27] Bolton, P., Freixas, X., Shapiro, J., The Credit Ratings Game [J]. The Journal of Finance, 2012, 67 (1): 85 - 111.

[28] Boot, AWA., Marinč, M., Financial Innovation: Economic Growth Versus

Insiability in Bank – based Versus Financial Market Driven Economies [J]. International Trade Statistics, 2010, (5): 1 –31.

[29] Brockett, PL., Wang, M., Yang, C., Weather Derivatives and Weather Risk Management [J]. Risk Management & Insurance Review, 2005, 8 (1): 127 – 140.

[30] Brunnermeier, MK, Deciphering the Liquidity and Credit Crunch 2007 – 2008 [J]. Journal of Economic Perspectives, 2009, 23 (1): 77 –100.

[31] Buckley, R P., Arner, D W., Panton, M, . Financial Innovation in East Asia [J]. Seattle University Law Review, 2013 (37): 307 –351.

[32] Caccioli, F., Farmer, J D., Foti, N., Rockmore, D., How Interbank Lending Amplifies Overlapping Portfolio Contagion: A Case Study of the Austrian Banking Network [R]. SFI Working Paper, 2013, 07.

[33] Caccioli, F., Shrestha, M., Moore, C., Farmer, D., Stability Analysis of Financial Contagion due to Overlapping Portfolios [J]. Journal of Banking & Finance, 2014, 46 (3): 233 –245.

[34] Carbo, V S., Lopez, R F., Rodriguez, F F., Financial Innovations in Banking: Impact on Regional Growth [J]. Regional Studies, 2007, 41 (3): 311 – 326.

[35] Caruana, J., Is Supervision Keeping Pace with Innovation? [J]. The Geneva Papers on Risk and Insurance – Issues and Practice, 2005, 30 (1): 11 –18.

[36] Chen Q, Du F. Financial innovation, systematic risk and commercial banks' stability in China: theory and evidence [J]. Applied Economics, 2016 (41): 1 –12.

[37] Chiara Benazzoli, Luca Di Persio, Default contagion in financial networks [J]. International journal of mathematics and computers in simulation, 2016, (10): 112 –117.

[38] Chinazzi M, Fagiolo G. Systemic Risk, Contagion, and Financial Networks: A Survey [J]. SSRN Electronic Journal, 2013.

[39] Chukwu, J O., Agu, C C., Multivariate Causality between Financial Depth and Economic Growth in Nigeria [J]. African Review of Money Finance and Banking, 2009, 24 (5): 7 –21.

[40] Claessens, S, . Laeven, L., Financial Development, Property Rights, and Growth [J]. The Journal of Finance, 2003, 58 (6): 2401 –2436.

[41] Colin Kirkpatrick, Ismail Sirageldin, Khalid Aftab, Financial Development, Economic Growth, and Poverty Reduction [J]. The Pakistan Development Re-

view, 2000, 39 (4): 363 - 388.

[42] Dasgupta, Amil, Financial contagion through capital connections: A model of the origin and spread of bank panics [J]. Journal of the European Economic Association, 2004, (2): 1049 - 1084.

[43] D'Aspremont, C., Jacquemin, A., Cooperative and noncooperative R&D in duopoly with spillovers: Erratum [J]. The American Economic Review, 1988, 80 (3): 641 - 642.

[44] D'Aspremont, C., Gabszewicz, JJ., On Hotelling's "Stability in Competition" [J]. Econometrica, 1979, 47 (5): 1145 - 1150.

[45] Demsetz, H., Toward a Theory of Property Rights [J]. American Economic Review, 1967, 57 (2): 347 - 359.

[46] Dennis Sherwood, Seeking the Forest for the Trees: A Manager Guides to Applying Systems Thinking [M]. Nicholas Brealey Publishing Press, 2008.

[47] Dewally, M., Shao, Y., Financial Derivatives, Opacity, and Crash Risk: Evidence from Large US Banks [J]. Journal of Financial Stability, 2013, (9): 565 - 577.

[48] Diamond, D. W., Dybvig, P. H., Bank Runs, Deposit Insurance, and Liquidity [J]. Journal of Political Economy, 1983, 91 (3): 401 - 419.

[49] Diamond, PA, . Aggregate Demand Management in Search Equilibrium [J]. Journal of Political Economy, 1982, (90): 881 - 894.

[50] Dornbusch, Rudiger, Yung Chul Park, and Stijn Claessens. Contagion: Understanding How It Spreads [J]. World Bank Research Observer, 2000, 15 (2): 177 - 197.

[51] Duca, M L., Peltonen, T A., Assessing systemic risks and predicting systemic events [J]. Journal of Banking & Finance, 2013, 37 (7): 2183 - 2195.

[52] Edgeworth, F. Y., The Pure Theory of Monopoly [J]. Journal of Economists, 1897, 15 (8): 405 - 414.

[53] Edward, J. Kane, Accelerating Inflation, Technological Innovation, and the Decreasing Effectiveness of Banking Regulation [J]. Journal of Finance, 1981, 36 (2): 355 - 367.

[54] Edward, J. Kane, Getting along without Regulation Q: Testing the Standard View of Deposit - rate Compatation during the 'Wild - card Experience' [J]. The Journal of Finance, 1978, 33 (3): 921 - 932.

[55] Elliott, Matthew, B. Golub, and Jackson, Matthew. "Financial Networks

and Contagion." Social Science Electronic Publishing 104. 10 (2014): 3115 – 53.

[56] Elsinger H. Financial Networks, Cross Holdings, and Limited Liability [J]. Social Science Electronic Publishing, 2009.

[57] Fisher, R A., The Genetical Theory of Natural Selection [M]. Oxford: University Press, 1930.

[58] Forrester, J W., Industrial Dynamics [M]. MIT Press, Mass. 1961.

[59] Frame, W S., White, L J., Empirical Studies of Financial Innovation: Lots of Talk, Little Action? [J]. Journal of Economic Literature, 2002, 42 (1): 116 – 144.

[60] Freixas, X., Parigi, B M., Rochet, J C., Systemic Risk, Interbank Relations, and Liquidity Provision by the Central Bank [J]. Journal of Money Credit & Banking, 2000, 32 (3): 611 – 638.

[61] Friedman, D., Evolutionary Games in Economics [J]. Econometrica, 1991, 59 (3): 637 – 666.

[62] Gai P, Kapadia S. Contagion in financial networks [J]. Proceedings Mathematical Physical & Engineering Sciences, 2015, 54, (2120): 779 – 831.

[63] Gennaioli, N., Shleifer, A., Neglected Risks, Financial Innovation, and Financial Fragility [J]. Journal of Financial Economics, 2012, 104 (3): 452 – 468.

[64] Glasserman, P., Young, H P., How likely is contagion in financial networks? [J]. Journal of Banking & Finance, 2015, 50: 383 – 399.

[65] Grossman, G M., Helpman, E., Trade, Knowledge Spillovers, and Growth [J]. European Economic Review, 1991, 35 (2 – 3): 517 – 526.

[66] Haldane, A G, Rethinking the Financial Network [R]. Speech delivered at the Financial Student Association in Amsterdam. 2013.

[67] Hao, J., Hunter, W C, . A Test of the Impact of Financial Innovation on Economic Growth [J]. Managerial Finance, 1997, 23 (1): 64 – 78.

[68] Harrison, T., Financial Services Marketing [M]. Pearson Education limited, 2000.

[69] Hotelling, H., Stability in Competition [J]. The Economic Journal, 1929, 39 (153): 41 – 57.

[70] Instefjord, N., Risk and Hedging: Do Credit Derivatives Increase Bank Risk? [J]. Journal of Banking & Finance, 2005, 29 (2): 333 – 345.

[71] James, C., Horne, V., Financial Innovations and Excesses [J]. The

Journal of Finance, 1985, 40 (3): 620 – 631.

[72] John C. Persons, Vincent A. Warther, Boom and Bust Patterns in the Adoption of Financial Innovations [J]. The Review of Financial Studies, 1997, 10 (4): 939 – 967.

[73] Jonathan Hao, William C. Hunter, A Test of the Impact of Financial Innovation on Economic Growth [J]. Managerial Finance, 1997, 23 (1): 64 – 78.

[74] Jorion P, Zhang G. Credit Contagion from Counterparty Risk [J]. The Journal of Finance, 2009, 64 (5): 2053 – 2087.

[75] Jude Okechukwu Chukwu, Cletus Chike Agu, Multivariate Causality between Financial Depth and Economic Growth in Nigeria [J]. African Review of Money Finance and Banking, 2009, 24 (5): 7 – 21.

[76] Karen, E., Douglas, W., Can Financial Innovation Help to Explain the Reduced Volatility of Economic Activity? [J]. Journal of Monetary Economics, 2006, 53 (1): 123 – 150.

[77] Kartik Anand, Prasanna Gai, Matteo Marsili, Rollover risk, network structure and systemic financial crises [R]. Discussion Paper, 2011 (52).

[78] Kaufman, G. G., Bank Failures, Systemic Risk, and Bank Regulation [J]. Cato Journal, 1996, 16 (1): 7 – 38.

[79] Kero, A., Banks' Risk Taking, Financial Innovation and Macroeconomic Risk [J]. The Quarterly Review of Economics and Finance, 2013, (53): 112 – 124.

[80] Kim, D H., Loretan, M., Remolona, E M., Contagion and Risk Premia in the Amplification of Crisis: Evidence from Asian Names in the Global CDS Market [J]. Journal of Asian Economics, 2010, 21 (3): 314 – 326.

[81] Kim, T., Koo, B., Park, M., Role of Financial Regulation and Innovation in the Financial Crisis [J]. Journal of Financial Stability, 2013, (9): 662 – 672.

[82] Kindleberger, C., Manias, Panics and Crashes: A History Financial Crisis [M]. Macmillan Press Ltd, London, 1996.

[83] Kirkpatrick, C, . Sirageldin, I, . Aftab, K, . Financial Development, Economic Growth, and Poverty Reduction [J]. Pakistan Development Review, 2000, 39 (4): 363 – 388.

[84] Laeven, L., Levine, R., Michalopoulos, S., Financial Innovation and Endogenous Growth [J]. Journal of Financial Intermediation, 2015, 24 (1): 1 – 24.

[85] Li, S., Marinč, M., The Use of Financial Derivatives and Risks of U. S.

Bank Holding Companies [J]. International Review of Financial Analysis, 2014, 35 (C): 46 – 71.

[86] Luc Laeven, Ross Levine, Stelios Michalopoulos, Financial Innovation and Endogenous Growth [J]. Journal of Financial Intermediation, 2015, 24 (1): 1 – 24.

[87] Lucas, RE. On the Mechanics of Economic Development [J]. Journal of Monetary Economics, 1988, 22 (1): 3 – 42.

[88] Majid, M S A. , Mahrizal, Does Financial Development Cause Economic Growth in the Asean – 4 Countries? [J]. Savings and Development, 2007, 31 (4): 369 – 398.

[89] MÉRÖ, K. , Financial Depth and Economic Growth—the Case of Hungary, the Czech Republic and Poland [J]. Acta Oeconomica, 2004, 54 (3): 297 – 321.

[90] Merton, R C. , Financial Innovation and the Management and Regulation of Financial Institutions [J]. Journal of Banking & Finance 1995, (19): 461 – 481.

[91] Merton, R C. , On Financial Innovation and Economic Growth [J]. Harvard China Review, 2004, 5 (1): 2 – 3.

[92] Miller, M. H. , Financial Innovation: The Last Twenty Years and the Next [J]. The Journal of Financial and Quantitative Analysis, 1986, 21 (4): 459 – 471.

[93] Minsky, H. P. , Can "it" Happen again? [M]. M. E. Sharpe, 1982.

[94] Nash, J. , Non – Cooperative Games [J]. Annals of Mathematics, 1951, 54 (2): 286 – 295.

[95] Nicholas Apergis, Ioannis Filippidis, Claire Economidou, Financial Deepening and Economic Growth Linkages: A Panel Data Analysis [J]. Review of World Economics, 2007, 143 (1): 179 – 198.

[96] Nicholas M. Odhiambo, Is Financial Development Still A Spur to Economic Growth? A Causal Evidence from South Africa [J]. Savings and Development, 2004, 28 (1): 47 – 62.

[97] Nier E, Yang J, Yorulmazer T, et al. Network models and financial stability [J]. Social Science Electronic Publishing, 2008, 31 (6): 2033 – 2060.

[98] Nijskens, R. , Wagner, W. , Credit Risk Transfer Activities and Systemic Risk: How Banks Became Less Risky Individually but Posed Greater Risks to the Financial System at the Same Time [J]. Journal of Banking & Finance, 2011, (35): 1391 – 1398.

[99] Norden, L. , Buston, S C. , Wagner, W. , Financial Innovation and Bank

Behavior: Evidence from Credit Markets [J]. Journal of Economic Dynamics and Control, 2014, 43: 130 – 145.

[100] O' Donoghue, T., Zweimüller, J., Patents in a Model of Endogenous Growth [J]. Journal of Economic Growth, 2005, 9 (1): 81 – 123.

[101] Odhiambo, N M., Is Financial Development Still A Spur to Economic Growth? A Causal Evidence from South Africa [J]. Savings and Development, 2004, 28 (1): 47 – 62.

[102] Oordt, M R C V., Securitization and the Dark Side of Diversification [J]. Ssrn Electronic Journal, 2012, 23 (2): 214 – 231.

[103] Pagano, M., Volpin, P., Credit Ratings Failures and Policy Options [J]. Economic Policy, 2010, (25): 401 – 431.

[104] Palma, A. D., Ginsburgh, V., Thisse, J. F., On Existence of Location Equilibria in the 3 – Firm Hotelling Problem [J]. The Journal of Industrial Economics, 1987, 36 (2): 245 – 252.

[105] Persons, J C., Warther, V A., Boom and Bust Patterns in the Adoption of Financial Innovations [J]. Review of Financial Studies, 1997, 51 (10): 939 – 967.

[106] Reinhart, C M., Rogoff, K S., Is the 2007 US Sub – Prime Financial Crisis so Different? An International Historical Comparison [J]. American Economic Review, 2009, 98 (2): 339 – 344.

[107] Robert, M., Solow, A., Contribution to the Theory of Economic Growth [J]. Quarterly Journal of Economics, 1956, 32 (3): 65 – 94.

[108] Romer, P. M., Endogenous Technical Change [J]. Journal of Political Economy, 1990, 98 (S5): 71 – 102.

[109] Romer, P. M., Increasing Returns and Long – Run Growth [J]. Journal of Political Economy, 1986, 94 (5): 1002 – 1037.

[110] Ross P. Buckley, Douglas W. Arner and Michael Panton, Financial Innovation in East Asia [J]. Seattle University Law Review, 2012, (37): 307 – 351.

[111] Salop, S. C., Monopolistic Competition with Outside Goods [J]. Bell Journal of Economics, 1979, (10): 141 – 156.

[112] Santiago Carbo, Paso Rafael Lopez, Fernandez Francisco Rodriguez. Financial Innovations in Banking: Impact on Regional Growth [J]. Regional Studies, 2007, 41 (3): 311 – 326.

[113] Santomero, A. M., Trester, J. J., Financial Innovation and Bank Risk

Taking [J]. Journal of Economic Behavior & Organization, 1998, 35 (1): 25–37.

[114] Schumpeter, Review of The Economics of the Recovery Program [J]. Accounting Review, 1934 (01).

[115] Schumpeter, Theory of Economic Development [M]. Kluwer Academic Publishers, 1912.

[116] Scott Frame, Lawrence J. White, Empirical Studies of Financial Innovation: Lots of Talk, Little Action? [J]. Journal of Economic Literature, 2004, 42 (1): 116–144.

[117] Serafin Martinez Jaramillo, Biliana Alexandrova Kabadjova, Bernardo Bravo Benitez, Juan Pablo Solórzano Margain, An empirical study of the Mexican banking system's network and its implications for systemic risk [J]. Journal of Economic Dynamics & Control, 2014, (40): 242–265.

[118] Shabri Abd, Majid, Mahrizal, Does Financial Development Cause Economic Growth in the Asean–4 Countries? [J]. Savings and Development, 2007, 31 (4): 369–398.

[119] Sherwood, D., Seeking the Forest for the Trees: A Manager Guides to Applying Systems Thinking [M]. Nicholas Brealey Publishing Press, 2002.

[120] Silber, W. L., The Process of Financial Innovation [J]. The American Economic Review, 1983, 73 (2): 89–95.

[121] Silber, W. L., Towards a Theory of Financial Innovation [J]. In his Financial Innovation, D. C. Heath, Lexington, 1975, (5): 53–85.

[122] Simon Johnson, James Kwark, Is Financial Innovation Good for the Economy? [J]. University of Chicago Press, 2012, (12): 1–15.

[123] Smith, J M., Price, G R., The Logic of Animal Conflict [J]. Nature, 1973, 246: 15–18.

[124] Smith, J M., Evolution and The Theory of Games [M]. Cambridge: University Press, 1982.

[125] Smithies, A., Monopolistic Price Policy in a Spatial Market [J]. Economics, 1941, 9 (1): 63–73.

[126] Stephen, A., Lumpkin, Regulatory Issues Related To Financial Innovation [J]. Financial Market Trends, 2009, (2): 1–31.

[127] Stefan Arping, Playing Hardball: Relationship Banking in the Age of Credit Derivatives [R]. Mimeo, University of Amsterdam, 2002: 1–33.

[128] Stijn Claessens, Luc Laeven, Financial Development, Property Rights,

and Growth [J]. The Journal of Finance, 2003 (10).

[129] Thakor, A., Incentives to Innovate and Financial Crises [J]. Journal of Financial Economics, 2012, 103 (1): 130 – 148.

[130] Tonzer, L., Cross – Border Interbank Networks, Banking Risk and Contagion [R]. FIW Working Paper No. 129, 2013, 11.

[131] Tufano, P., Financial Innovation, In Handbook of the Economics of Finance, edited by George Constantinides Milt Harris and Rene Stulz [M]. North Holland, Chapter 6, 2002.

[132] Verghese, S. K., Financial Innovation and Lessons for India [J]. Economic and Political Weekly, 1990, 25 (5): 265 – 272.

[133] William L. Silber, The Process of Financial Innovation [J]. The American Economic Review, 1983, 73 (2): 89 – 95.

[134] Wolf Wagner, Ian w: Marsh, Credit Risk Transfer and Financial Sector Performance [R]. CEPR Working Paper No. 4265. 2004.

[135] Wood, A., Financial Development and Economic Growth in Barbados: Causal Evidence, Savings and Development [J]. 1993, 17 (4): 379 – 390.

[136] Freixas Xavier, Bruno M. Parigi, Jean – Charles Rochet, Systemic Risk, Interbank Relations, and Liquidity Provision by the Central Bank [J]. Journal of Money, Credit and Banking, 2000, (32): 611 – 638.

[137] Yuan, K C., Modeling Financial Innovation and Economic Growth: Why the Financial Sector Matters to the Real Economy [J]. The Journal of Economic Education, 2007, 38 (1): 78 – 91.

[138] 奥古斯丹·古诺. 财富理论的数学原理的研究 [M]. 陈尚霖译. 上海: 商务印书馆, 1994.

[139] 曹小武. 美国次债危机对我国资产证券化创新的启示与对策研究 [J]. 湖北经济学院学报, 2008, (3): 60 – 64.

[140] 曹韫建. 运输成本内生化的三阶段 Hotelling 模型 [J]. 管理工程学报, 2002, 16 (1): 5 – 7.

[141] 常玉春. 网银业务冲击下的银行产品定价策略 [J]. 统计与决策, 2005 (5): 101 – 105.

[142] 陈菲琼, 孟巧爽, 李飞. 产业投资基金对产业结构调整的影响路径研究 [J]. 科学研究, 2015 (4): 522 – 529.

[143] 陈航. 后危机时代金融创新与风险管理的协调发展 [J]. 金融论坛, 2011 (12): 106 – 112.

[144] 陈和,申明浩. 中国巨灾保险制度初探及国外经验借鉴 [J]. 国际经贸探索, 2010 (3): 59-63.

[145] 陈柳钦. 美国房地产信托投资基金发展与启示 [J]. 建筑经济, 2004 (11): 77-82.

[146] 陈收,曾薇. 金融监管对金融产品创新影响研究新进展 [J]. 经济学动态, 2009 (10): 97-100.

[147] 陈彦玲. 农业金融衍生品的研究进展与文献综述 [J]. 科技传播, 2010 (17): 131.

[148] 崔晓蕾,徐龙炳. 有限理性下的金融创新与金融监管博弈分析 [J]. 上海金融, 2011 (1): 61-64.

[149] 邓静. 对我国金融创新的若干思考 [J]. 国际金融研究, 1991 (10): 50-52.

[150] 邓永亮. 基于VAR模型的金融发展与经济增长的实证分析 [J]. 兰州商学院学报, 2010 (1): 79-86.

[151] 邓智毅. 金融效率制度性分析 [M]. 北京: 中国金融出版社, 2003.

[152] 丁东洋,周丽莉. 信用风险转移对金融系统风险影响的实证研究 [J]. 南方金融, 2011 (9): 21-25.

[153] 杜伟. 浅议我国金融风险管理制度的建立与完善 [J]. 金融与经济, 2010 (1): 32-33.

[154] 杜恂诚. 近代中外金融制度变迁比较 [J]. 中国经济史研究, 2002, (3): 32-42.

[155] 杜杨. 基于动态演化博弈的互联网金融创新路径与监管策略 [J]. 统计与决策, 2015 (17): 37-41.

[156] 凡勃伦. 有闲阶级论 [M]. 商务印书馆, 1964.

[157] 范恒森. 金融制度学探索 [M]. 中国金融出版社, 1999.

[158] 方建珍. 信用风险转移机制研究 [D]. 武汉理工大学博士学位论文, 2009, 74-81.

[159] 葛奇. 次贷危机的成因、影响及对金融监管的启示 [J]. 国际金融研究, 2008 (11): 12-19.

[160] 郭连强,刘力臻. 我国房地产金融创新的有关问题研究 [J]. 求是学刊, 2015 (3): 63-70.

[161] 郭新梅. 国有金融产权改革模式与创新研究 [J]. 决策咨询, 2011 (3): 90-92.

[162] 韩国文. 金融制度创新的演化博弈分析 [J]. 武汉理工大学学报,

2008 (10): 156-159.

[163] 韩琳. 信用风险转移与商业银行表现: 基于信息不对称的理论与实证 [D]. 上海交通大学: 博士学位论文, 2007: 29-35.

[164] 何嗣江, 滕添. 订单农业风险管理与农民专业合作经济组织创新 [J]. 浙江社会科学, 2007 (6): 46-51.

[165] 贺俊, 陈华平, 毕功兵. 一个基于产品水平创新和人力资本的内生增长模型 [J]. 数量经济技术经济研究, 2006 (9): 127-131.

[166] 胡炳志. 罗默的内生经济增长理论述评 [J]. 经济学动态. 1996 (05): 60-63.

[167] 胡立君, 郑玉. 知识产权保护、FDI 技术溢出与企业创新绩效 [J]. 审计与经济研究, 2014 (5): 105-112.

[168] 胡珀, 孙建华. 试论金融创新与金融创新风险防范 [J]. 金融与经济, 2008 (4): 70-71.

[169] 黄亮亮. 我国商业银行信用风险转移博弈分析 [D]. 江西财经大学博士学位论文, 2008, 64-67.

[170] 黄云婷. 制度因素与金融深化: 基于发展中国家面板数据的实证研究 [J]. 对外经贸, 2014 (06): 101-105.

[171] 江曙霞, 郑亚伍. 金融创新、R&D 与经济增长 [J]. 金融理论与实践, 2012 (7): 6-12.

[172] 金俐. 资产证券化与美国次级抵押贷款市场的演变及危机 [J]. 南方金融 2008 (3): 57-59.

[173] 康芒斯. 制度经济学 [M]. 北京: 商务印书馆, 1997.

[174] 科斯. 财产权利与制度变迁 [M]. 上海: 上海三联书店, 1996.

[175] 克里斯汀·蒙特, 丹尼尔·塞拉. 博弈论与经济学 [M]. 张琦译, 经济管理出版社, 2005.

[176] 雷蒙德·W·戈德史密斯. 金融结构与发展 [M]. 中国社会科学出版社, 1993.

[177] 黎欢, 龚六堂. 金融发展、创新研发与经济增长 [J]. 世界经济文汇. 2014 (2): 1-16.

[178] 李宝礼, 胡雪萍. 金融发展、技术创新与经济增长——基于结构面板自回归模型的实证分析 [J]. 贵州财经大学学报, 2013 (5): 1-6.

[179] 李方旺, 曲富国, 刘毅飞. 大力发展股权投资基金, 加快战略性新兴产业发展和产业结构升级 [J]. 经济研究参考, 2014 (37): 47-53.

[180] 李华. 衍生金融工具会计: 问题与思考 [J]. 金融会计, 2000 (6):

4-7.

[181] 李苗苗,肖洪钧,赵爽.金融发展、技术创新与经济增长的关系研究——基于中国的省市面板数据[J].中国管理科学,2015,23(1):162-168.

[182] 李敏.金融创新与经济增长关联性的系统动态研究[D].武汉理工大学博士学位论文,2010.

[183] 李鹏.有关金融创新的理论述评[J].经济师.2006(1):33-35.

[184] 李树生,祁敬宇.从美国次贷危机看金融创新与金融监管之辩证关系[J].经济与管理研究.2008(7):34-37.

[185] 李卫红,陈圻,王强.基于产品创新的企业R&D行为与定价策略研究[J].研究与发展管理,2011(4):67-75.

[186] 李向军,解学成.引入金融创新的IS-LM模型:金融危机求解[J].中央财经大学学报,2010(2):39-44.

[187] 李研妮.最后贷款人与商业银行在流动性风险管理上的博弈分析[J].金融理论与实践,2014(5):8-13.

[188] 李艳.存款保险制度推动商业银行优化负债管理[J].银行家,2015(1):49-51.

[189] 李正辉,路芸.金融制度绩效评价方法及其实证研究[J].海南金融,2013(2):4-7.

[190] 李志锋.房地产金融理论研究的方法论创新[J].经济问题,2014(5):12-17.

[191] 梁涛,杨皎平,陆志宝.集群知识溢出对技术创新负效应的理论与实证[J].运筹与管理,2012(12):146-152.

[192] 林海涛.金融创新理论的发展与金融监管体制演进[J].现代经济信息.2014(23).

[193] 刘曙光,张慧.金融创新风险与防范研究[J].改革与战略,2007(2):68-70.

[194] 刘霞.金融创新背景下金融监管体制改革比较研究——基于2007年国际金融危机的经验研究[J].北京航空航天大学学报(社会科学版),2014(4):67-74.

[195] 刘晓星,赵鹏飞,卢菲.全球化条件下金融监管指数构建及其国际比较[J].江苏社会科学,2014(1):70-80.

[196] 刘亚琳.金融创新与经济增长的互动机理及其实证研究[J].金融经济,2009(6):58-60.

[197] 刘艳艳. 金融创新与金融监管: 以影子银行为视角 [J]. 南方金融. 2014 (3): 47-49.

[198] 伦墨华, 李建军. 互联网金融模式下各参与主体的竞争博弈分析 [J]. 商业时代, 2014 (7): 71-73.

[199] 罗泊. 信息不对称条件下现代商业银行风险规避的博弈分析 [D]. 湖南大学博士学位论文, 2005: 23-25.

[200] 罗纳德·麦金农. 经济发展中的货币与资本 [M]. 上海三联书店, 1997.

[201] 马运全. 金融创新的制度环境因素 [J]. 当代经济管理, 2011 (10): 87-91.

[202] 马运全, 朱宝丽. 金融创新中的制度因素: 理论框架与实证分析 [J]. 南京财经大学学报, 2011 (3): 64-70.

[203] 毛国英. 利率市场化背景下商业银行做好资产负债管理的探讨 [J]. 甘肃金融, 2015 (5): 6-11.

[204] 毛佳文. 我国金融创新与经济增长的研究 [J]. 新西部 (下半月), 2008 (5): 44-45.

[205] 聂名华, 杨飞虎. 劳动和资本双重过剩下的中国金融创新与经济增长 [J]. 理论探讨, 2010 (3): 65-69.

[206] 农发行安徽省分行课题组. 探索支持农村土地流转和规模经营的新途径 [J]. 农业发展与金融, 2015 (4): 56-58.

[207] 诺斯. 经济史中的结构与变迁 [M]. 上海三联书店, 1994.

[208] 潘士远, 史晋川. 知识吸收能力与内生经济增长——关于罗默模型的改进与扩展 [J]. 数量经济技术经济研究. 2001 (11): 82-85.

[209] 彭红枫, 杨柳明, 王黎雪. 基于演化博弈的金融创新与激励型监管关系研究 [J]. 中央财经大学学报, 2016 (9): 92-100.

[210] 青木昌彦, 周黎安. 为什么多样性制度继续在演进? [J] 经济社会体制比较, 2001 (06): 30-39。

[211] 武建华, 康晓虎. 农发行如何支持农村土地流转和规模经营 [J]. 农业发展与金融, 2014 (08): 38-41.

[212] 中国人民银行, 中国银监会. 《关于加大对新消费领域金融支持的指导意见》, 银发 [2016] 92号.

[213] 沈军. 金融体系效率的综合指标体系构建 [J]. 财经论坛, 2009 (10): 129-130.

[214] 沈沛龙, 靳林炜. 基于Hotelling模型的商业银行金融创新策略研究 [J].

经济与管理评论，2016（05）：112 - 117.

[215] 石睿. 金融创新、金融风险与金融稳定的理论分析 [J]. 南方金融，2011（06）：32 - 37.

[216] 斯蒂格利茨. 经济学 [M]. 北京：中国人民大学出版社，1993.

[217] 宋立新. 监管约束及其创新：金融监管绩效的实证分析 [J]. 金融研究，2002（11）：107 - 116.

[218] 宋征. 关于私募投资基金监管体制的思考 [N]. 证券市场导报，2010（11）：30 - 35.

[219] 孙浦阳，张蕊. 金融创新是促进还是阻碍了经济增长——基于技术进步视角的面板分析 [J]. 当代经济科学，2012（3）：26 - 34.

[220] 孙永波，陈柳钦. 论金融制度创新 [J]. 北京工商大学学报（社会科学版），2002（03）：34 - 38.

[221] 索彦峰，陈继明. 银行可持续发展：寻求金融创新与风险管理的适度平衡 [J]. 南方金融，2009（11）：11 - 13.

[222] 唐国华. 企业家精神、产品创新与内生经济增长——理论模型和基于中国数据的经验研究 [J]. 经济问题，2014（3）：11 - 16.

[223] 刘元勤，滕向丽. 创新：金融业发展的灵魂 [J]. 莱阳农学院学报（社会科学版），2003（02）：91 - 94.

[224] 田华，郭建业. 关于发展山西能源产业投资基金的思考 [J]. 中国能源，2008（3）：36 - 37.

[225] 田秀兰，闫学斌，曹瑛. 西北地区产业投资基金发展：类型和模式 [J]. 西部金融，2013（10）：48 - 50.

[226] 田原，陈炜. 金融创新系统结构模型及实证研究 [J]. 技术经济与管理研究，2015（04）：82 - 88.

[227] 涂杰平，夏彦娉. 基于信息不对称视角下银企信贷的博弈 [J]. 金融与经济，2013（05）：57 - 60.

[228] 涂明辉. 银行监管与金融创新 [J]. 法制与经济. 2014（10）：4 - 8 + 20.

[229] 汪杰东. 系统重要性金融机构监管改革对银行业的影响 [J]. 金融论坛，2012（7）：40 - 44.

[230] 王海鹏，田鹏，靳萍. 中国科技投入与经济增长的 Granger 因果关系分析 [J]. 系统工程，2005，23（7）：85 - 88.

[231] 王浩权，韩国文. 金融创新累积效应的混沌模型及其控制 [J]. 学习与探索，2008，15（2）：68 - 70.

[232] 王军, 邹广平, 石先进. 制度变迁对中国经济增长的影响——基于 VAR 模型的实证研究 [J]. 中国工业经济, 2013 (6): 70-82.

[233] 王延平, 张方群. 金融创新与经济增长的效应研究 [J]. 商业时代, 2011 (9): 64-66.

[234] 王永中. 浅析金融发展、技术进步与内生增长 [J]. 中国社会科学院研究生院学报, 2007 (4): 59-65.

[235] 韦起. 商业银行信用风险转移对金融系统 [D]. 湖南大学博士学位论文, 2014, 77-79.

[236] 吴敬琏. 金融创新是实现经济增长方式转变的关键 [N]. 中国改革报, 2006 (6): 12-14.

[237] 吴少新. 储蓄转化投资的金融机制论纲 [J]. 武汉金专学报, 1997 (3): 21-27.

[238] 吴桐, 徐荣贞. 金融危机下金融创新与监管的演化博弈分析 [J]. 统计与决策, 2010 (8): 74-76.

[239] 吴晓灵. 商业银行金融创新与监管 [J]. 新金融, 2010 (12): 4-5.

[240] 吴宗金. 构建金融创新的风险防范机制探析 [J]. 企业经济, 2005 (5): 165-167.

[241] 谢平, 邹传伟. 互联网金融模式研究 [J]. 金融研究, 2012 (12): 11-22.

[242] 谢文. 农村土地流转金融支持体系研究 [D]. 中南大学博士学位论文, 2010.

[243] 邢慧茹. 主体行为下农业自然灾害风险管理机制研究——以湖北省为例 [D]. 华中农业大学博士学位论文.

[244] 胥莉, 陈宏民. 基于非对称信息下的商业银行竞争研究 [J]. 华东师范大学学报, 2003 (9): 92-100.

[245] 徐宁, 廖列法. 银行信贷风险转移道德风险博弈分析 [J]. 生产力研究, 2009 (4): 43-45.

[246] 许崇正. 论金融市场创新与经济增长 [J]. 经济纵横, 1996 (5): 18-22.

[247] 许坤, 殷孟波. 信用风险转移创新是否改变了 [J]. 国际金融研究, 2014 (7): 55-61.

[248] 严太华, 王磊. 商业银行金融产品创新的机制分析与对策 [J]. 现代管理科学, 2008 (2): 64-66.

[249] 晏妮娜, 孙宝文. 面向小微企业的互联网金融模式创新与决策优化 [J].

科技进步与对策, 2014 (04): 74-78.

[250] 阳佳余, 赖明勇. 金融发展与基于水平创新的内生增长模型 [J]. 中国管理科学, 2007 (02): 21-27.

[251] 阳晓辉, 倪志凌. 信用风险转移工具 [J]. 金融讲坛, 2012 (10): 100-103.

[252] 杨蕾, 辛文玉, 杨伟坤. 互联网金融支农的SWOT分析. 国务院发展研究中心信息网, 2015-4-28.

[253] 姚瑜琳. 我国商业银行产品创新中的制度约束及对策研究 [J]. 上海金融, 2009 (04): 70-75.

[254] 易余胤, 盛昭瀚, 肖条军. 企业自主创新、模仿创新行为与市场结构的演化研究 [J]. 管理工程学报, 2005 (1): 14-18.

[255] 殷仲民, 刘萍, 胡碧. 商业银行产品定价选址策略 [J]. 统计与决策, 2006 (12): 109-111.

[256] 中国银监会. 关于规范商业银行理财业务投资运作有关问题的通知, 银监发 [2013] 8号.

[257] 尹静. 边干边学和人力资本内生化的内生经济增长模型 [J]. 世界经济文汇. 2003 (01): 30-43.

[258] 尹龙. 金融创新理论的发展与金融监管体制演进 [J]. 金融研究, 2005 (3): 7-15.

[259] 于东智, 郭娜, 黄静. P2P网贷: 商业银行转型发展的新可能 [J]. 中国银行业, 2015 (03): 78-80.

[260] 于海东, 罗云峰. 金融创新微观动机和监管的匹配机制 [J]. 2007管理科学与工程全国博士生学术论坛, 2007 (8): 485-493.

[261] 于梦尧, 宋玮. 中国金融创新: 美国次贷危机背景下的选择 [J]. 商业研究, 2010 (8): 180-183.

[262] 于燕, 杨志远. 行业R&D强度视角下中国进口贸易的技术溢出效应 [J]. 世界经济研究, 2014 (4): 44-50.

[263] 余斌. 从美国次贷危机看金融创新的风险问题 [J]. 经济纵横, 2008 (12): 25-27.

[264] 余波. 论中国金融产品创新的制度约束 [J]. 财贸研究, 2002 (04): 90-94.

[265] 喻平. 金融创新与经济增长的关联性研究 [D]. 武汉理工大学博士学位论文, 2004.

[266] 喻平, 蒋宝珠. 广义虚拟经济视角下金融创新与经济增长的协同度分

析 [J]. 广义虚拟经济研究, 2014 (4): 36-44.

[267] 袁放, 建惠萌, 韩丹. 产业投资基金及其组建模式的探析基于文化产业投资基金的角度 [J]. 上海管理科学, 3013 (3): 76-80.

[268] 苑书义. 我国金融制度创新的路径选择 [J]. 经济问题探索, 2009 (08): 93-97.

[269] 约瑟夫. 熊彼特著, 何畏、易家祥译. 经济发展理论 [M]. 北京: 商务印书馆, 1990.

[270] 泽广, 王刚. 金融创新与金融监管的结构性错配问题研究——理论逻辑与经验证据 [J]. 上海财经大学学报, 2014 (4): 64-73.

[271] 张凤岗. 六城市政府股权投资基金法规优惠政策比较 [J]. 信托周刊, 2012 (82): 35-47.

[272] 张桂玲. 公租房房地产信托投资基金融资模式构建 [J]. 对外经贸, 2012 (4): 116-118.

[273] 张杰. 究竟是什么决定——国银行制度的选择 [J]. 金融研究, 2005 (09): 1-18.

[274] 张静, 阙方平, 王英杰, 范薇, 夏洪涛. 开放趋势下银行业的金融创新与监管制度创新 [J]. 金融研究, 2001 (12): 88-95.

[275] 张莉. 浅论金融创新的风险及防范 [J]. 特区经济, 2007 (7): 76-77.

[276] 张雄, 万迪. 全球化背景下的金融产品创新及其风险防范问题探讨——基于不完全契约理论视角 [J]. 外国经济与管理, 2009 (10): 8-15.

[277] 张优君. 商业银行理财业务发展新方向的研究 [J]. 金融视线, 2015 (14) 163-164.

[278] 张兆君. 新常态下农村中小金融机构负债业务改革的战略思考 [J]. 中国农村金融, 2015 (5): 23-25.

[279] 张振刚, 田帅, 陈志明. 科技投入与经济增长的互动机制研究——基于珠三角地区静态和动态面板数据的实证研究 [J]. 科学管理研究, 2010, 28 (5): 89-93.

[280] 张志强. 金融发展、研发创新与区域技术深化 [J]. 经济评论, 2012 (3): 82-92.

[281] 赵俊英. 基于订单农业风险管理的农民专业合作社创新研究 [N]. 中国农学通报, 2012.

[282] 赵喜仓, 诸葛秀山. 金融创新推动经济增长——基于中国的实证分析 [J]. 江苏大学学报 (社会科学版), 2008 (2): 81-85.

[283] 赵晓钧. 后危机时代中国金融产品创新与金融监管 [J]. 上海金融, 2010 (10): 83-87.

[284] 郑丽. 金融创新与金融监管的动态博弈——兼论对我国金融监管的启示 [J]. 财经论丛, 2006 (7): 55-61.

[285] 郑兆祥, 粟勤. 信息不对称条件下银行业市场结构 [J]. 金融研究, 2008 (8): 192-201.

[286] 中国人民银行货币政策分析小组. 2013年中国区域金融运行报告 [Z]. 2014.

[287] 中国人民银行货币政策分析小组. 2014年中国区域金融运行报告 [Z]. 2015.

[288] 中国银监会. 商业银行金融创新指引 [Z]. 2006 (12).

[289] 周佰成, 朱斯索. 金融创新对经济增长的动态影响研究 [J]. 学习与探索, 2012 (7): 109-111.

[290] 周健. 商业银行信用风险及其转移研究 [J]. 哈尔滨金融高等专科学校学报, 2008 (3): 7-9.

[291] 周立. 中国大型商业银行国际竞争力的研究 [D]. 西南财经大学博士学位论文, 2013.

[292] 周丽莉, 丁东洋. 信息不对称视角下信用风险转移 [J]. 经济经纬, 2010 (3): 134-138.

[293] 周天芸, 余洁宜. 信用风险转移与中国商业银行的系统性风险 [J]. 金融论坛, 2012 (8): 58-61.

[294] 周毓萍, 陈中飞. 基于外部利益相关方博弈的商业银行竞争力研究 [J]. 武汉金融, 2014 (7): 46-49.

[295] 朱菁. 论金融创新及其影响 [J]. 世界经济文汇, 1992 (1): 21-27.

[296] 朱旭红. 商业银行发展中存在的主要问题 [J]. 经济研究与参考, 2014 (54): 19-20.

[297] 朱勇. 罗默的新增长理论述评 [J]. 中国人民大学学报. 1997 (5): 19-24.

后 记

本书是山西省普通高校特色重点学科建设项目《经济转型期金融产品创新理论及促进山西省资源型经济转型的金融策略研究》的部分主要成果的汇集,项目研究和专著出版得到了项目经费的资助,在此表示衷心的感谢!

在项目研究过程中,杨世超、李易宙、魏涵愉、杨洋、苏翌、李志楠、贺菲和靳林炜分别参与了第2~9章相应内容的研究,从文献收集,到完成写作,都投入了很大的精力;王晓婷博士在项目研究中参与了多次讨论并参与了书稿的校改,张文龙教授参与了项目研究内容的设计。在本书出版之际,对他们的付出表示感谢!

最后,要特别感谢经济科学出版社的编辑们,正是他们的热情支持和辛勤工作,使本书得以顺利出版。

沈沛龙